KB125466

청년일자리 愛센스
일·돈·밥

청년일자리 愛센스

일·돈·밥

초판 1쇄 발행 2022년 6월 1일

지 은 이   김홍기
발 행 인   권선복
편   집   권보송
디 자 인   김소영
전 자 책   서보미
발 행 처   도서출판 행복에너지
출판등록   제315-2011-000035호
주   소   (07679) 서울특별시 강서구 화곡로 232
전   화   0505-666-5555
팩   스   0303-0799-1560
홈페이지   www.happybook.or.kr
이 메 일   ksbdata@daum.net

값 20,000원
ISBN 979-11-5602-915-1 (13320)

Copyright ⓒ 김홍기, 2022

* 이 책은 저작권법에 따라 보호받는 저작물이므로 무단전재와 무단복제를 금지하며, 이 책의 내용을 전부
  또는 일부를 이용하시려면 반드시 저작권자와 〈도서출판 행복에너지〉의 서면 동의를 받아야 합니다.
* 잘못된 책은 구입하신 곳에서 바꾸어 드립니다.

도서출판 행복에너지는 독자 여러분의 아이디어와 원고 투고를 기다립니다. 책으로 만들기를
원하는 콘텐츠가 있으신 분은 이메일이나 홈페이지를 통해 간단한 기획서와 기획의도, 연락
처 등을 보내주십시오. 행복에너지의 문은 언제나 활짝 열려 있습니다.

청년일자리 愛센스

일·돈·밥

일 해서
돈 벌어
밥 먹자

김흥기 지음

도서
출판 행복에너지

Let's work to earn money and eat

WORK MONEY and BREAD

Work is the fulfillment of ourselves and through work
we contribute to the world we live in.

KIM Heung-kee

도서
출판 행복에너지

강석진
오이코스대학교 Vactor Business School 석좌교수

　김흥기 교수는 엘리트 행정관료, 도전적 기업가 및 창의적 교육자로서 남들은 평생 하나도 이루기 어려운 직업을 세 개나 훌륭하게 해낸 매우 독특한 인물이다. 그는 "가치창조"를 주제로 〈ABLE(에이블) 교육〉을 창안, 모스크바 국립대를 포함한 러시아의 명망 있는 대학에서 강의해왔고 미국의 오이코스 대학교는 이 프로그램에 기반, 세계 최초로 가치창조 특화대학원을 개원하였다. 김 교수는 정녕 자랑스러운 한국인이다.

　그는 창의와 자발적 협력에 기초한 ABLE 교육을 통해 삶의 문제해결과 가치창조가 가능하고 최종적으로는 개인의 행복과 공동체의 안전과 공동번영이 가능하다고 주장한다. 그는 "삶이 곧 교육이고 교육이 곧 삶"이라면서 "좋은 사회의 실현을 위해 학교와 공동체 모두 중요한 역할을 수행할 수 있고, 또한 수행해야 한다."고 역설한다.

나는 22년간 토마스 에디슨(Thomas Edison)이 창업한 GE의 한국 회장으로 일했으며 평생 글로벌 경영인으로 살았다. 후회 없이 일했다. 그런데도 "일 해서 돈 벌어 밥 먹자"라는 이 한 마디에 가슴 설레고 감격한다. 인간에 대한 깊은 이해와 사랑이 느껴진다. 나는 이 책이 한국을 넘어서 미국, 러시아, 중국, 일본, 유럽 등 김 교수의 발 길이 미치는 곳곳까지 애독되는 책이 될 것으로 믿고 기대한다.

강석진: Harvard 경영대학원, University of Twente 경영학박사, 前 GE Korea 회장, 이화여대 경영대학원 겸임교수, 한국전문경영인학회 이사장, 세계미술문화진흥협회 이사장, 現 CEO 컨설팅그룹 회장

Zeidula Yuzbekov
모스크바국립대 명예교수

김흥기 교수가 창안한 ABLE education은 "가치창출"이라는 주제를 통해 학교와 가정과 기업을 연결하고 있다. 교육과 일자리와 혁신을 연결하고 있다. 기존의 일자리는 사라지고 있지만 새로운 일자리는 아직 부족하다. 이러한 때에 이 책의 출간은 매우 시의적절하며 중요하다. 이 책이 러시아에서도 출간되기를 기대한다.

김흥기 교수의 책은 실업을 줄이고, 청년들의 금융지식을 향상시키며, 창업과 투자를 위한 전술적, 전략적 방법을 모색하는 플랫폼으로 러시아연방 다게스탄 공화국 대학교들의 프로그램에 포함될 예정이다.

Образовательная программа ABLE, созданная профессором Кимом, высокопрофессионально объединяет школы, семьи и предприятия посредством темы "создания ценности". Большой научный и практический интерес имеет представленная в книге связь образования, рабочих мест и инновации. Существующие рабочие места исчезают, но новых рабочих мест по-прежнему не хватает. Публикация этой весьма актуальной книги в такое время очень своевременна и важна. Я ожидаю, что эта книга быстро станет популярной и будет издана в России.

Книга профессора Ким Хын Ги будет включена в программы университетов Республики Дагестан, как платформа борьбы с безработицей, повышения финансовой грамотности молодежи в поисках тактических и стратегических путей создания бизнеса и поиска инвестиций. (Зейдула Юзбеков, заслуженный профессор МГУ, заслуженный экономист России)

Zeidula Yuzbekov: 모스크바국립대 명예교수, 러시아 명예 경제학자, 러시아연방 다게스탄 공화국 대통령 고문

실용을 중시하는 과학자이자 미국의 독립을 이끈 정치인이었던 벤저민 프랭클린은 "죽음과 동시에 잊히고 싶지 않다면 읽을 가치가 있는 글을 쓰라. 또는 글로 쓸 가치가 있는 일을 하라."고 말했다. 이 책의 저자야말로 괜찮은 일자리가 필요한 시대에 읽을 가치가 있는 글을 쓰고 글로 쓸 가치가 있는 일을 하고 있다.

　　　　　　　　　　　– 김대식 前 보험연구원 원장, 現 한양대 명예교수

대학생들이 직업만 생각하는 것은 절반의 교육만 되는 것이다. 청년들이 자신들만의 가치를 찾고 스스로 가치를 창출하도록 훈련하는 것이 필요하다. 그러면 개인이 직업도 만들고 삶의 문제도 해결할 에너지를 가지게 될 것이다. 이 책은 청년들에게 "어떻게, 무엇을 위해 살아갈 것인지" 근원적인 질문을 던지고 있다.

　　　　　　　　　　　– 임태희 前 고용노동부 장관, 국립 한경대 총장

경제학은 자원이 제한된 상황에서 사람이 어떻게 행동하는지 연구하는 사회과학의 한 분야다. 대부분 재화나 용역의 생산, 분배, 소비에 초점을 맞춘다. 그런데 김 교수는 경제학의 다양한 이론들을 "일과 일자리"라는 주제와 창의적으로 연결시켜 설명한다. 이렇듯 쉽고 재미있고 그리고 설득력 있게 설명할 수 있을까.

　　　　　　　　　　　– 좌승희 前 한국경제연구원장, 現 박정희학술원 원장

대표적인 경제문제로 실업과 인플레이션이 있다. 그런데 인플레는 모두가 겪는 것이라면 실업은 실업자만 겪는 경험이다. 그래서 실업문제는 경제문제를 넘어 정치문제이고 사회문제이다. 이 책의 저자는 어

떻게 일자리를 마련할 수 있는지 실용적이고 비범한 아이디어를 제공하고 있다.

− **정순원** 前 현대기아자동차 사장, 금융통화위원회 위원

경제학은 제약하의 최적화를 다룬다. 그런데 김 교수는 모스크바국립대에서 "How to create value?"라는 주제를 갖고 어떻게 제약을 뛰어 넘을 수 있는지 강의한다. 마치 장대높이뛰기의 전설 옐레나 이신바예바가 창공을 도약하는 모습이다. 김 교수가 바라보는 세상은 결핍과 희소성이 아니라 풍요롭다.

− Aleksandr Dmitrievich Nekipelov
모스크바 국립대 경제학부 학장, 러시아 과학아카데미 부회장

경제학 교과서에서 "제약하에서 최적화"를 공부했습니다. 하지만 김 교수님은 이러한 제약의 "벽"을 극복할 수 있다고 설명하며 완전히 다른 세상을 보여주었습니다. 김 교수님은 매력이 넘치는 인물이며 모스크바 국립대의 학생들은 김 교수님의 강의를 좋아합니다. 우리는 김 교수님의 신간을 늘 기대하고 있습니다.

− **마리아** 모스크바 국립대 경제학부 대학원생

모스크바 국립대(MSU) 경제학부 학생들과

청년 실업률 9.3%. 오늘을 살아가는 대한민국 많은 청년들이 좌절하고 있다. 실업은 공동체 구성원 모두가 그 비를 함께 맞는 인플레이션과는 달리 실업자만이 우산 없이 비를 맞는 다는 점에서 경제문제를 넘어 심각한 사회문제이고 정치문제이다. 그런데 일자리가 없는 건 우리경제가 나쁜 요인도 있지만 경제의 판이 바뀌고 있는 요인이 크고 그렇기에 지구촌이 몸살을 앓고 있는 것인데 마치 자본주의 경제만의 문제인 듯 호도되고 있다. 현재의 실업은 경제의 판이 바뀌는 과정에서 기존 일자리는 없어지는데 새로운 일자리가 그만큼 생기지 않아 생기는 구조적 문제로 시간이 필요한 면이 있다.

기업과 정부는 양질의 일자리 창출에 전력해야 한다. 하지만 "양질"이라는 단어 자체가 불확정적이고 상대적 개념이라서 제아무리 좋은 거라도 누군가의 마음에 차지 않거나 누군가의 것이 될 수 없다면 적어도 그에겐 양질이 아니다. 누군가는 여전히 Hell조선을 외치며 사회 탓을 할 것이다. 따라서 새로운 일자리 창출 노력과 더불어 현재 지구촌 일자리 시장의 변화양상과 특징을 쉽게 개관하여 청년들이 노동시장과 임금의 결정요인에 대해 이해를 높여야 한다.

시장에서 경쟁하여 "원하는 것"을 얻는 경쟁전략을 안내해주는 한편 [행복 = 충족/욕구]라는 "행복 방정식"에서 방정식의 분자인 필요를 충족하는 것과 함께 분모인 욕구를 현실화하여 행복수준을 높일 수 있듯이, 청년들이 남들 하는 대로 따라하는 것이 아니라 각자의 자원과 역량과 걸맞게 스스로 일자리를 탐색할 수 있도록 돕는다. 예를 들면 대기업과 공무원 등 보수가 높고 안정적인 일자리를 얻기 위해 "시험"이라는 방식을 통해 "정원"에 들어가려 경쟁하는 방법 외에 시험이 아닌 일자리의 다양한 획득 방식이 있음을 삽화와 도표를 곁들인 흥미로운 사례를 통해 스스로 깨닫도록 제시해 준다.

책 제목 청년일자리 愛센스 [일·돈·밥]이 표상하듯 청년들을 진정 사랑(愛)하는 마음으로 이 책을 썼다. 나는 청년들에게 "일해서 돈 벌어 밥 먹자"는 얘기를 하려고 한다. 이 책이 만병통치약은 아니다. 하지만 청년들이 이 책을 읽고 나면 기업 탓, 정부 탓, 세상 탓만 하는 태도를 버리고 비록 현실은 여전히 어렵지만 "나도 이만하면 괜찮아 그리고 나도 할 수 있어"라는 자기愛(Self-love)와 대담함을 마음에 품게 될 것으로 기대한다. 그리고 쥐떼들처럼 우~하고 한 방향으로 몰려가는 길을 멈추고 자신의 처지와 역량에 걸 맞는 비전과 경쟁전략을 갖추고 스스로의 삶을 개척해 나갈 것으로 확신한다. 이 책이 한 명이라도 더 많은 청년들의 손에 들려지고 읽혀지기를 기대한다.

★★ 목차 ★★

★★ 3장 ★★

어떻게 내 일자리를 마련할까?

김제동의 힐링 강연과
서장훈의 팩트 강연

몇 년 전 우리나라에 "헬조선"이라는 말이 유행했었다. 지옥을 뜻하는 "헬(Hell)"과 대한민국을 뜻하는 "조선"을 붙인 단어로, 현재 우리 사회가 지옥같이 살기 힘들고 희망이 없는 곳이라는 뜻이다. 그리고 그런 분위기 속에서 "힐링(healing)"이라는 콘텐츠 장르가 인기를 끌었다. 배가 고프면 밥을 찾듯이, 삶이 힘든 만큼 위로가 필요했던 것이라 생각된다.

그중에 대표적으로 방송인 김제동 씨가 2016년에 청년을 대상으로 했던 강연이 있다. 핵심 내용이 캡쳐되어 여러 커뮤니티에서 화제가 됐었다.

> 청년: 알바를 했긴 했는데 뭘 하고 싶은지 아직 못 찾았거든요. 그래서 취직도 못 하고 있는데 "왜 자꾸 아무것도 안 하냐"고 "놀고 있냐"고 압박을 주니까 그게 고민이에요.
> MC 김제동: 아무것도 안 해요? 일 안 하고 싶어요?
> 청년: 하고는 싶은데 뭘 해야 할지 모르겠어요.

> MC 김제동: 뭘 해야 할지 모르면 안되나? 아무것도 안 하면 쓸모없는 사람입니
> 까? 저렇게 있으면 되지! 아픈 사람들은 쓸모없는 사람입니까?
> MC 김제동: 뭘 하려면, 뭘 할 수 있는 시간을 주던가. 젊은 친구들한테 왜 취직 안
> 하냐고 묻지 마세요. 어른들이 취직 잘되는 사회를 만들든가!
> 청년: (눈물 흘리는 장면)
> 자막: 속이 뻥~!

당시에 취직을 앞두고 좌절을 겪고 있던 많은 청년들이 이 강연 내용에 위로를 받았고 그만큼 공유도 많이 되었었다.

그런데 1년 후인 2017년에 같은 청년을 대상으로 한 강연에서는 앞선 강연과는 조금 다른 성격의 이야기가 나왔다. "대한민국 국보급 센터"라는 별명을 가졌던 농구선수이자 은퇴 후에는 방송인으로서 제2의 삶을 도전하는 서장훈 씨의 강연이다.

> 서장훈: 무책임하게 여러분들을 응원한다? 여러분들의 청춘을 응원한다? 무슨 뭐 아프니까 어쩌고 뭐 이런… 다 뻥입니다. 저는 제 개인적으로 그런 생각을 합니다. 기성세대가 청춘, 젊은 분들한테 그냥 점수 따고 좋은 얘기하려고 여러분들이 하고 싶은 거 즐기면 다 된다?
>
> 즐겨서 절대 안 됩니다. 즐겨서 되는 거 단 한 번도 본 적이 없어요. 즐기는 것에 방법의 차이가 있겠지만 즐겨서 뭘 이루어낼 수 있는 건 저는 단연코 없다고 생각합니다. 그렇기 때문에 냉정하라고 말씀드리는 거고 여러분들을 응원한다? 물론 응원합니다. 당연히 응원하죠. 그런데 뭐 노력하는 자가 즐기는 자를 못 따라간다? 완전 뻥이에요.
>
> TV에서도 그런 얘기들을 하는 분들을 보고 "어떻게 저렇게 무책임한 얘기를 할 수 있을까 자기가 도와줄 것도 아니면서 어떻게 저런 무책임한 얘기를 하

지?" 저는 정말 그럴 때마다 분노합니다.

물론 개인 간의 차이가 있겠죠. 아까 제가 말씀드렸잖아요. "나는 큰 성공을 바라지 않고 나는 그냥 즐겁게 살래", "돈이 많이 없어도 되고 나는 내 가족이랑 즐겁게 살래" 하시는 분들은 괜찮아요. 그런데 그게 아니라 그래도 내 꿈을 어느 정도 이뤄 보겠다, 어느 정도 내가 원하는 곳까지 가보고 싶은 분들에게 그 얘기는 진짜 얼토당토않은 이야기입니다. 즐겨서 되는 거 없습니다. (중략) 그렇기 때문에 제가 아까 우리 여러분들에게 정말 냉정하게, 자신에게 냉정하라는 말씀드리는 겁니다.

이 강연 내용이 유명해지자 "힐링"을 주제로 한 토크쇼 프로그램인 "힐링캠프"에 2015년 서장훈이 게스트로 출연했을 때 본인의 농구선수 시절에 관해 했던 이야기도 뒤늦게 화제가 되었다. 그는 "목뼈가 나가고 코뼈가 부러지면서까지 이 악물고 하지 않았으면 지금의 기록은 없었을 거예요"라며 선수 당시를 회상했다. "노력하는 자가 즐기는 자를 못 따라간다"는 말에 분노했던 이유가 이해되는 대목이다.

[인용] 2015년 9월 22일 수요일 SBS 힐링캠프
서장훈 "즐기라는 말? 제일 싫다" 저는 단 한 번도 즐겨본 적이 없어요

서장훈은 2012~2013시즌에 은퇴하였지만 약 10년이 지난 2022년 현재에도 KBL(한국농구리그) 역대 득점 1위(13,231점), 역대 리바운드 1위(5,235번)기록을 보유하고 있다. 최고의 위치에서 이룬 전설 같은 기록은 "즐겨서" 나온 것이 아니라 뼈를 깎는 "노력"이 원동력이었음을 그 누구보다 서장훈 자신이 제일 잘 알고 있기에 할 수 있는 이야기다.

필자가 이 두 강연을 소개한 것은 어떤 메시지는 옳고 다른 메시지는 틀렸다고 이야기하려는 것이 아니다. 청년들 각자가 처한 환경이 다르기에 노력했지만 벽을 느껴서 잠시 위로가 필요한 시간이 누구에게나 있을 수 있고, 삶의 동력을 잃고 무기력에 빠진 청년들은 현실적인 동기부여가 필요할 수 있기 때문이다.

몇 년 전에는 김제동과 같은 힐링 강연과 서적들이 유행이었지만 지금은 이에 대한 비판의 여론이 많아진 상황이고, 서장훈의 팩트 강연이 사이다 발언으로 들릴 수 있지만 몇 년 후에는 또 다른 평가를 받을 수도 있다. 모든 사람이 서장훈처럼 자신이 속한 분야의 1인자가 될 수도 없고 될 필요도 없다. 다만 필자가 두 강연을 소개한 것은 필자가 앞으로 하려는 이야기는 두 강연 중 후자에 더 가까운 이야기라는 것을 독자 여러분께 먼저 말하고 싶어서이다.

시중에서는 "욜로(YOLO)"가 무절제한 소비라는 의미로 사용되고 있지만, 사전적 의미는 "인생은 단 한 번뿐(You Only Live Once)"

이란 뜻이다. "욜로 하다가 골로 간다"는 말은 앞서 욜로를 실천했던 사람들의 경험에서 비롯된 말이다. 누구에게나 인생은 처음이고 한 번뿐이기에 현실적인 조언과 실질적인 도움이 절실하다. 서장훈의 강연이 듣기 좋은 달콤한 이야기는 아니지만 현실에 맞닿아 있기에 의미를 가지는 것처럼, 이 책은 최대한 현실을 반영하여 쓰려고 노력했고 이 책의 한 구절이라도 여러분에게 조금이나마 도움이 되기를 간절히 소망한다.

★★

정말 위대하고 감동적인 모든 것은
자유롭게 일하는 이들이 창조한다.

– 알베르트 아인슈타인(Albert Einstein)

1장

안티워크
(Anti-work)와
코로나 팬데믹
(유동성 폭발현상)

1) N포세대의 안티워크 운동

[인용] 2022년 1월 21일 금요일 인터넷 서울경제 정현정 기자·정민수 기자·조희재 기자
/ "돈 없어도 일 안 해" … MZ세대가 시작한 "안티워크"

유행처럼 번진 일명 '가영이 퇴사짤'

"안녕히 계세요 여러분. 저는 이 세상의 모든 굴레와 속박을 벗어던지고 제 행복을 찾아 떠납니다. 여러분도 행복하세요."

이 멘트는 카카오톡과 페이스북 등 SNS를 통해 유행하기 시작해 20·30세대에는 매우 익숙한 "가영이 퇴사짤"의 자막이다. 이 문장만 보아도 해당 음성이 자동 재생될 정도로 큰 인기를 끌었다.

MZ세대(20·30대) 신입사원의 퇴사율이 과거에 비해 높다는 건 널리 알려진 사실이다. MZ는 기성세대와 달리 일보다 본인의 삶을 중요하게 생각하고, 조직에 대한 충성도가 낮다. 그래서 한 회사를 오래 다니기보다 자아실현, 워라밸 등 자신이 원하는 가치를 찾아 이직을 하는 경우가 잦다고 한다. 이는 한국을 넘어 전 세계적으로 MZ가 공유하는 특성이기도 하다.

몇 년 전 헬조선이라는 단어와 함께 유행했던 용어로 3포세대(연애, 결혼, 출산 포기), 5포세대(3포세대+내 집 마련, 인간관계) 등이 있었다. 그러다 N포세대라는 말이 등장했는데 N포세대란 사회·경제적 압박으로 인해 연애, 결혼, 주택 구입 등 많은 것을 포기한 세대를 지칭하는 용어이다. 이제는 여기에 취업이 추가되는 현상이 발생하고 있다.

코로나로 인한 위기와 기회가 동시에 존재했던 지난 2020년과 2021년 20·30대의 주요 관심사는 영끌과 암호화폐, 블록체인, 기업 상장, 공모주 등 자산에 대한 투자였다. 그러나 올해 젊은 세대의 트렌드는 안티워크(Anti-Work), 즉 노동거부 운동이다. 열악한 근로 환경을 참고 해뜰 날을 생각하며 견디던 이전 세대와

달리 불합리한 직장 문화에 서슴없이 사표를 던지고 그로인해 소비 여력이 줄어들어도 개의치 않는다.

안티워크를 주장하는 젊은이들이 일자리를 거부하는 건 열심히 일을 하더라도 월급으로는 이미 폭등한 자산 가격을 따라가는 것은 자동차와 사람의 경주처럼 불가능하다는 좌절감, 그럼에도 불합리한 직장 내 조직 문화는 그대로라 받아야 하는 스트레스는 전혀 줄어들지 않은 것에 대한 부당함, 그럼에도 변하지 않는 사회에 대한 무력감이 크게 자리하고 있기 때문이다.

이들은 사회 구조가 변하지 않는 한 일을 하는 의미가 없다고 말하고 있다. 노동으로 얻을 수 있는 장점이 적고 더 나은 미래에 대한 희망이 전혀 없기 때문에 일을 할 필요가 없다는 것이다. 아무리 노력해도 더 나아지기 힘든 상황이기 때문에 욕심을 포기하고 현실에 적당히 안주하며 사는 게 합리적이라는 결론이다. 여기서 함정에 빠지지 말아야 할 점은 청년들이 시도조차 해보지 않고 이런 결론을 내린 것은 아니라는 점이다.

MZ세대는 밀레니얼(Millennial) 세대와 Z세대(Generation Z)를 합쳐 부르는 말이다. 1981년~2010년에 출생한 세대를 지칭한다. 우리나라 뿐 아니라 전 세계적으로 MZ세대는 근대 역사상 최초로 자신의 부모보다 재정적 풍족함을 느끼지 못하는 세대라고 한다. 부모 세대 보다 더 높은 고등교육을 받고 더 많은 일을 하는데도 불구하고 급등하는 물가를 쫓아가지 못하는 노동 소득으로 내 한

몸 뉘일 집 한 채(집이라 부르기 어려운 공간조차)도 구하기 어려워졌다. 불확실성과 변동성이 큰 혼란스러운 사회 분위기로 미래에 대한 희망적 계획을 세우는 것도 쉽지 않다.

그러다보니 안티워크 현상은 비단 우리나라 청년들만의 문제가 아니다. 안티워크라는 용어는 미국에서 시작되었다. 미국의 커뮤니티 사이트인 "레딧(reddit)"에서 자신을 "게으름뱅이(IDLER)"라 부르는 사용자들은 게시판에 사직서 사진을 올리거나, 불합리한 직장을 고발했다. 코로나 팬데믹 동안 급등한 자산 가격에 노동 임금만으로는 부를 쌓기 어렵게 되자, 청년들은 차라리 일하지 않는 게 낫겠다고 판단한 것이다.

중국에서는 청년들을 중심으로 "탕핑주의"가 유행이다. 탕핑(躺平, 당평)은 누울 당(躺)에 평평할 평(平) 즉 "평평하게 누워있기"를 뜻하는 중국어이며 바닥에 누워 아무것도 하지 않음을 의미한다. 열심히 일해도 노력한 만큼 보상받을 수 없다고 생각한 청년들이 아르바이트로 최소 생활수준만을 유지한다.

과거 일본에서도 "프리터(freeter)"라고 불리는 사람들이 사회 문제가 된 적이 있다. 프리(free)와 아르바이터(arbeiter)의 합성어(Freeter)이다. 이들은 주로 편의점, 오락실 등에서 단기 혹은 중장기 아르바이트로 생계를 이어간다. 취업, 주거 문제에 상대적 박탈감을 느끼고, 결혼과 출산에 적극적이지 않으며, 집이나 차를 사는데 연연하지 않는다. 요즘 한국 청년들의 모습과 유사하다.

그러나 필자가 함정에 빠지지 말아야 된다고 강조했던 것은 우리나라 청년들의 안티워크 운동은 자발적 선택이 아니라는 점이다. 방탄소년단을 대표로 하는 K-POP과 한류가 빌보드를 점령할 정도로 큰 인기를 끌고 있다. 이런 젊은 세대들의 팬덤(fandom) 문화 특성을 표현하는 말이 있다. "악플보다 무서운 무플"이라는 표현이다. 안티가 되는 것도 관심과 애정이 있어야 된다는 의미이다. 그런 점에서 안티워크 현상은 청년들이 일과 일자리에 무관심하다는 의미가 아니라는 뜻으로 해석된다.

오히려 그 누구보다도 제대로 된 일을 하고 싶고 일에서 의미를 찾고 싶은 사람들이 지금의 청년들이다. 시도를 해봤지만 현실에 절망했고 의미를 찾지 못했다. 그래서 어쩔 수 없이 일을 포기하게 되었고 일에 관해 안티로 돌아서게 된 것이다. 그렇기에 일자리에 대한 개념이 긍정적으로 성립되고 노력이 빛을 볼 수 있는 구조적 문제가 해결되면, 누군가 강제로 떠밀지 않더라도 자진해서 자기 자신의 행복을 위해서 일자리로 돌아올 사람들이라 믿는다.

2) 코로나가 바꿔놓은 일자리

코로나가 우리의 삶을 송두리째 바꿔놓은 지 벌써 2년이 훌쩍 지났으나 여전히 우리가 누리던 일상은 돌아오지 못하고 있다. 혹자는 "코로나19 이전으로는 영원히 돌아갈 수 없다"고 말한다. 코로나로 인한 변화가 일시적이지 않을 것이라는 뜻이다. 그만큼 코로나는 여러 분야에 영향을 미쳤고 우리 삶과 밀접한 일자리에도 큰 영향을 미쳤다. 마이크로소프트의 CEO 사티아 나델라(Satya Nadella)는 "2년 걸릴 디지털 전환이 코로나로 인해 단 2개월 만에 이뤄졌다"고 말했다.

우리는 어느 순간부터 점원에게 복잡한 주문을 하지 않는다. 인터넷 쇼핑에서 장바구니를 채우고 결제를 하듯, 스크린을 보고 제품을 선택하고 주문을 한다. 31종류의 아이스크림을 판매한다는 가게에서도 발음하기 어려운 아이스크림 제목을 되뇌며 순서대로 말할 필요가 없어졌다. 패스트푸드점에서 볼 수 있는 큰 모니터를 가진 키오스크의 월 렌털료는 보통 5만원 대 안팎이다. 최저임금과 가성비 측면에서 비교불가수준이다.

지난해 신종 코로나바이러스 감염증(코로나19) 확산으로 전 세계에서 없어진 일자리가 2억6천만 개에 달한다는 추산이 나왔다. 이상헌 국제노동기구(ILO) 고용정책국장은 2021년 11월 11일 서울 중구 전국은행연합회관에서 열린 한국노동연구원 개원 33주년 기념 세미나에서 "코로나19가 노동 시장에 미친 영향은 제2차 세계대전 이후 전례가 없을 정도로 대규모"라며 이같이 밝혔다. 지난해 코로나19로 줄어든 전 세계의 노동 시간은 8.8%로 추정되는데, 노동자들이 일주일에 평균 48시간 일하는 것으로 가정하면 약 2억6천만 개의 일자리가 소멸된 것으로 추산된다고 분석했다.

이러한 현상은 한국에서도 예외가 아니어서, 올해 첫 직장을 가진 청년의 절반이 "1년 이하의 계약직"이나 배달 등 단순 업종에 취업한 것으로 조사됐다. 코로나로 인해 청년들이 졸업한 후 갖게 되는 첫 일자리의 질이 급격히 후퇴한 셈이다. 이는 코로나19 사태에 따른 영업제한 등의 조치로 청년들이 취업을 많이 하는 서비스업과 대면 직종 관련 채용이 위축된 영향이다.

이러한 내용을 담은 통계청의 "2021년 사회동향통계" 보고서에 따르면, 청년들이 졸업 후 처음으로 취업하는 일자리에서 1년 이하 계약직비율이 올해 47.1%를 기록했다. 이는 2019년~2020년 41.9%에 비해 큰 폭(5.2%p)으로 증가한 수치다. 이번 조사는 조사연도 기준으로 최근 3년 사이 학교를 졸업한 30세 미만 청년 가운데 졸업 전 취업한 이들을 제외하고 조사한 수치다.

[인용] 한국보건사회연구원, 2021년 5월 함선유·이원진·김지원
코로나19의 확산과 청년노동시장 변화

(전략) 정규교육을 마친 청년의 경우 이야기가 다르다. 이들은 코로나 19 확산 직후보다도 장기화 국면에서 고용률 감소폭이 더 크게 나타난다. 학교를 떠난 남성 청년, 그중에서도 졸업 후 2~4년이 경과한 청년들은 연말의 고용률 감소폭이 가장 크게 나타났다. 청년들이 졸업 후 첫 일자리에 진입하는 데까지 통상 12개월이 소요되며, 첫 일자리의 유지 기간이 평균 16개월에 그친다는 점을 고려할 때 졸업 후 2~4년이 경과한 이들은 노동시장에 아직 안착하지

못한 이행기에 있는 청년일 것으로 보인다.

최근 실직, 그중에서도 비자발적인 원인에 의한 실직은 코로나19의 1차와 3차 유행기에 숙박 및 음식점업, 교육서비스업, 여가 관련 서비스업 등 대면 서비스 산업에서 높게 나타났다. 이는 곧 이들 업종에 종사하는 비율이 높은 학생인 청년들과 여성 청년들의 높은 실직률과 연결되었다.

3) "코인 한 방"과 상대적 박탈감

코로나는 일자리 시장에 직접적인 영향도 미쳤지만, 간접적 영향도 미쳤다. 어찌 보면 간접적 영향의 파급력이 더 크다고 볼 수 있다. 바로 유동성 폭발이다. 전 세계적인 코로나 위기에 대응하고자 미국은 대규모 경기부양책과 유동성 공급확대 카드를 꺼내 들었다. 한국 정부도 예외는 아니었다. 코로나로 모든 산업이 괴사하는 것을 막기 위해 각국 정부는 국가채무에 구애받지 않고 돈을 찍어 필사적으로 경기를 부양했다.

유동성 폭발의 부작용으로 불로소득(노동 이외의 소득)은 폭증하였다. 대표적 불로소득으로 코인을 들 수 있다. 근로소득과 반대되는 불로소득이 극대화 되면 근로의욕은 줄어들기 마련이다. 한 달을 일해야 받을 수 있는 월급을 하룻밤 사이에 버는 경험을 해보면 멘탈이 강한 사람이라도 흔들리기 마련이다. 코인에 투자금을 넣으면 넣은 만큼 돈이 복사된다고 해서 "돈 복사"라고 불릴 정도다. 그러나 코인은 투자가 아니라 도박이라 불릴 정도로 여러 문제점을 가지고 있다.

먼저 사회적으로 상대적 박탈감이 강화되고 개인의 근로의욕이 상실된다. 아래 기사를 보자.

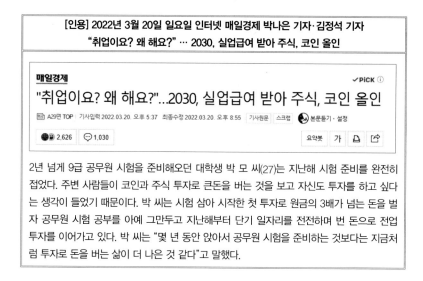

이러한 현상은 비단 취업준비생에게만 발생하는 현상이 아니다. 코인으로 인한 상대적 박탈감은 억대 연봉을 받으며 주식으로 단련된 증권사 직장인들에게도 "현타"가 오게 만든다.

여의도 증권가는 억대 연봉의 직장인이 모인 곳으로 유명합니다. 하지만 평사원은 물론 증권사 회장님까지도 "포모 증후군"(FOMO·Fear Of Missing Out)을 앓고 있다는 얘기가 나오고 있습니다.

이유는 "신흥 코인 재벌"을 보면서 느끼는 박탈감입니다. 증권가에서는 한국에 조(兆) 단위 암호화폐 보유자가 10여 명이 탄생했다는 소문이 돌고 있습니다. 국세청이 이들 명단을 파악했지만 과세를 못 해 애를 먹고 있다는 내용입니다.

이들의 재산은 적게는 1~2조 원에서 많게는 10조 원 이상으로 추정됩니다. 이중 한 명은 비트코인이 개당 300만 원이던 시절에 3000억 원을 투자한 것으로 전해집니다. 현재 시세로 최소 5조 원에 달하는 규모입니다.

코인 투자가 관심을 끌자 출처를 알 수 없는 전설 같은 이야기들도 떠돈다. 단체채팅방을 뜨겁게 달궜던 소문이다. A기업에 다니던 사람이 "○○코인"에 2억 원을 투자해 수백억 원을 벌어서 바로 퇴사했다는 내용이었다. 어느 단체채팅방이든 떠들썩했지만 결론은 다들 비슷했다. "일하기 싫네요" 상승장에는 성공한 사람들의 성공담만 들려온다. 성공한 사람들은 모두 호기롭게 투자하고 큰 부를 거머쥐었다. 마치 미국의 서부 개척시대나 중세의 대항해시대를 연상시킨다. 투자를 하기만 하면 모두가 부자가 될 것 같다.

그러나 과연 "모두 부자가 되었다"는 말이 진실일까? "모두 행복하게 살았답니다"라는 동화책의 해피엔딩이 더 현실성 있을 정도로 모두 부자가 되었다는 말은 현실성이 없는 말이다. 역사는 반복된다. 규모와 기간의 차이는 있을 수 있지만 "화폐"와 "시장"이 존재한 이래 특정 자산의 가치가 폭등한 일은 수없이 반복됐다. 그러나 이렇게 폭등해 실질가치보다 더 높은 명목가치를 기록한 상품들은 진실을 말해주는 시간의 힘에 의해 어김없이 제위치로 내려왔다. 그렇기에 "모두" 부자가 되었다는 말은 진실일 수 없다.

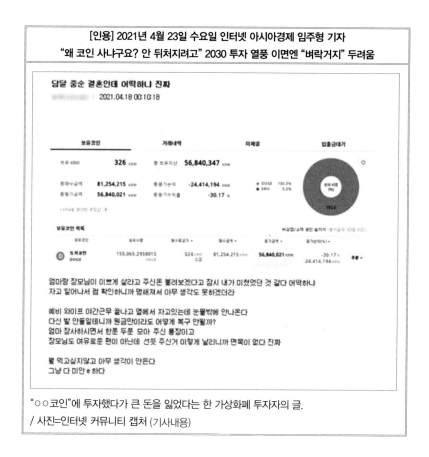

[인용] 2021년 4월 23일 수요일 인터넷 아시아경제 임주형 기자
"왜 코인 사나구요? 안 뒤처지려고" 2030 투자 열풍 이면엔 "벼락거지" 두려움

"○○코인"에 투자했다가 큰 돈을 잃었다는 한 가상화폐 투자자의 글.
/ 사진=인터넷 커뮤니티 캡처 (기사내용)

위 게시글은 2억 원을 투자해 수백억 원을 벌어서 퇴사했다는 ○○코인에 똑같이 투자했지만 30%이상 손실을 기록한 코인 투자자의 글이다. 기업의 가치상승에 따라 투자자들이 모두 부자가 될 수 있는 주식과 달리 코인은 철저히 제로섬 게임이다. 누군가 돈을 벌었으면 누군가는 그만큼 잃었다. 코인 투자에 관한 격언 중에 "왜 오르는지 아무도 모른다"라는 말이 있다. 오른 이유가 없으면 떨어지는 이유도 없다.

그런데 왜 살아남은 사람만 눈에 보이고 망한 사람은 아무도 이야기하지 않을까? 투자판에 사람이 들어와야 기존 인원들이 돈을 버는 구조 때문이다. 마치 다단계 피라미드와 비슷하다. 이런 구조의 투자판에서 걱정을 말하는 사람은 겁쟁이로 취급될 뿐이다. 코인판의 소수의 성공은 그만큼 반대급부의 다수의 실패를 의미한다. 소수의 성공한 사람의 깃발이 높으면 높을수록 그 깃발 아래에 실패한 다수의 사람들의 절망이 쌓여있다. 이것이 코인의 민낯이다.

사회적 현상만 문제가 아니다. 코인 투자는 개인의 정신적 건강에도 심대한 악영향을 미친다. "도박 중독"은 보건복지부가 지정한 의학적 치료가 필요한 4대 중독(마약, 알코올, 인터넷, 도박) 중 하나에 속할 정도로 강한 중독성을 가지고 있다. 그런데 노력(시간, 금액, 난이도) 대비 과도한 보상은 마약 중독자들이 마약을 할 때처럼 "도파민"이라는 호르몬을 분비시켜 쾌감을 느끼게 한다.

전문가들은 "도박 중독은 1990년부터 세계보건기구(WHO)에 의해 질병코드를 부여받은 질환으로 뇌에 손상을 준다"며 "충동을 조절하지 못하게 돼도 도박 중독과 같은 기전으로 뇌에 손상을 입을 수 있다"고 말했다. 도박이나 주식 투기와 같이 즉각적인 뇌의 보상으로 쾌락 호르몬인 도파민이 과다하게 분비되면, 도파민을 분비시켰던 자극을 원하는 보상회로가 계속해서 자극되면서 전두엽과 중피질 경로가 손상된다. 뇌 변화가 지속하면 욕구 조절의 어려움, 의사결정의 문제 등 뇌 기능에 문제가 생긴다.

전문가들에 의하면 중독 상태가 되면 다른 일에 집중하지 못해 업무 수행 능력이 현저하게 떨어지면서 자기 효능감이 떨어져 우울증이 오는 경우도 많다. 우울증은 인지 기능을 떨어트린다. 일명 행복 호르몬인 세로토닌 신경전달 물질 분비량이 줄어들면 각성이 떨어지고, 집중력이 떨어져 인지 기능이 저하되게 된다. "주식·코인 투자를 하면 뇌가 중독에 취약한 구조로 바뀐다"는 것도 사실이다. 사행성이 강한 투자에 참여하면 호르몬 균형이 깨지고 자신을 스스로 통제하는 전두엽 기능이 손상될 수 있다.

뇌가 손상되는 과정에서 코인투자자들은 함정에 빠지게 된다. 도박중독자들과 일부 주식 개인투자자들도 겪는 현상인데, 정리하면 다음의 프로세스이다.

① 코인 투자에 성공할 수 있는 기본 확률 자체가 낮고 (실패)
② 만약 투자에 성공해서 현금화를 하더라도 중독되어 변형된 뇌로 인해 코인판에 재투자하게 되면 연속해 성공할 가능성은 더욱 낮고 (실패)
③ 오직 소시오패스(sociopath)급의 감정조절 능력이 있는 극소수만이 현금화한 뒤 코인 판을 영원히 떠날 수 있다. (실패)

이처럼 단계별 함정에 빠지기 때문에 코인으로 실제 우리가 말하는 성공에 도달하는 사람은 정말 극소수라 할 수 있다.

다음 사례를 통해 "인생 한방, 코인 한방"이라는 말의 의미를 다시 생각해보자.

코로나로 인한 위기감으로 2020년 3월 23일 미국 주식시장인 다우지수가 18,000까지 떨어졌었다. 그 이후 경기부양을 위해 풀린 유동성으로 현재 34,000까지 회복한 상태이다. 위기 상황에서 전통의 투자자 워렌 버핏과 MZ세대의 워렌 버핏으로 불리는 돈나무 언니(캐시우드)의 대응은 상반됐고 그 결과에 많은 사람의 이목이 집중되었다.

워렌 버핏은 기업의 내실에 집중하고 실제 성과가 눈으로 보이는 "가치주" 위주의 투자를 하는 것으로 유명한데, 캐시우드는 지금 눈에 보이는 재무제표보다 미래 성장 가능성이 큰 "성장주"에 투자하였다. 서로 상반된 투자 스타일이다. 가치주로는 대표적으로 워렌 버핏이 지금도 즐겨 마신다는 코카콜라, 애플이 있고, 성장주로는 테슬라, 줌, 코인베이스 등의 신생 산업이 꼽힌다.

2021년 2월 기준으로 캐시우드의 "아크ETF" 상품의 수익률은 200%를 넘어 218%를 달성했다. 반면 워렌 버핏의 "버크셔해셔웨이A" 상품은 7.5%의 미비한 수익률을 기록했다. 투자자들은 캐시우드에 열광하였고 투자의 전설 워렌 버핏은 그렇게 무대

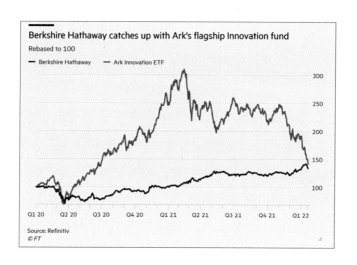

Berkshire Hathaway catches up with Ark's flagship Innovation fund
Rebased to 100

— Berkshire Hathaway — Ark Innovation ETF

Source: Refinitiv
© FT

뒤로 퇴장하는 듯싶었다. 그러나 그로부터 1년 뒤인 2022년 3월 현재, 두 상품의 수익률은 역전된 상태이다. 아크ETF는 32.7%의 수익률이지만 버크셔해서웨이A는 39.1%까지 수익률이 높아졌다.

넘치는 유동성은 높은 수익률을 좇아 새로운 아이템에 몰렸지만, 거품이 꺼지고 나니 실제 성과가 뒷받침되지 않는 사업들은 썰물 빠지듯 투자자금이 이탈하였다. "하이리스크 하이리턴, 로우리스크 로우리턴"이라는 투자의 법칙이 적용된 것이다. 지난 1년 기준 캐시우드의 수익률은 -58%이다. 워렌 버핏의 가치 투자는 그 이름대로 다시 한 번 투자기법으로서 자신의 가치를 증명해 내었다. 물론 투자는 현재 진행형이고 "그땐 맞고, 지금은 틀리다"는 유명한 투자격언처럼 다시 반대상황이 오지 않으리라는 법은 없다. 그러나 세계적 두 투자자가 코로나 시대를 헤쳐 나가는 모습은 우리에게 타산지석이 될 수 있다. 다른 무엇보다도

"돈"이 오고가는 시장은 철저히 냉정하기에 감정에 휩쓸리는 투자는 금물이라는 것이다.

두 펀드 상품을 구입하는 소비자 입장에서 생각해보자. 코로나 위기가 고조되던 2020년 3월에는 투자를 하는 것 자체가 많은 용기를 필요로 하는 시점이었다. 당시 캐시우드는 지금과 같은 유명인사가 아니었고 30년만의 최대 하락을 경험한 사람들은 보수적이 되기 마련이었다. 버크셔해서웨이를 선택한 사람들의 1년 후 수익률은 7.5%에 불과했다. 다우지수는 18,000까지 떨어지고 곧바로 25,000선을 회복했기에 7.5%는 평균 이하의 숫자이다. 1년이 지난 시점에서 캐시우드는 218%의 수익률을 기록하고 있었고 유명세는 하늘을 나는 새도 떨어뜨린 정도였다.

이 상황에서 버크셔해서웨이 펀드를 판매하고 캐시우드의 아크 ETF 상품으로 갈아탔다면 어떻게 됐을까? 지난 1년 기준 캐시우드의 수익률은 -58%이기에 최악의 선택을 한 것이라 할 수 있을 것이다. 우리는 현재 기준 결과를 알기에 이런 선택을 할 리가 없다고 생각하지만 현실에서는 이렇게 잘못된 선택을 하는 경우가 그렇지 않은 경우보다 훨씬 많다. 코인 투자를 하다보면 비슷한 잘못을 반복하게 된다. 그 당시에는 옳은 선택이라 생각했지만 지나고 봤을 때 결국 잘못된 선택을 했던 것이다.

결과를 모두 알고 있는 지금에는 최고의 선택을 할 수 있다. "코로나 쇼크로 다우지수가 18,000까지 떨어진 바로 그날 캐시우드의 펀드에 투자하고 2021년 2월 218%로 최고의 수익률을 기록하고 있을 때 판매한 후 다시 워렌 버핏의 가치주 펀드를 매수한다" 누군가 이런 말을 한다고 하면 독자들은 어떻게 생각할 것인가? 이게 가능하다면 신이 아닐까? 그런데 우리가 신과 같이 결정을 내릴 수 있다고 생각하면서 투자한다면 너무 무모한 생각이 아닐까? 그렇기에 현실에서는 어떤 상황에서도 본질이 흔들리지 않는 "가치 투자"가 최고의 투자방법으로 살아남은 것이다. 우리 인생은 "한 방"이 아니라 "한 번"이다. 그렇기에 투자라 부르기도 어려운 투기에 가까운 무모한 투자는 지양해야 한다.

〈사라진 투자자들 : 부동산 전문가가 사기꾼이 되는 과정〉

얼마 전 알고 지내던 부동산 사장님이 한 부동산 전문가의 죽음 소식을 이야기했다. 엄청나게 돈을 많이 벌었는데 돈도 많이 벌었지만 그러다보니 20억 30억 우습게 생각하다가 남의 투자자금 받아서 몇 백 억짜리 사업들을 여러 곳에 하다가 문제가 생겨서 결국은 죽었다고 했다.

(또 다른) 아주 적절한 시점에 딱 사라진 사장님이 있었는데 굉장히 타이밍 잘 맞게 치고 빠진 시장을 잘 보는 업자라고 생각했었는데 최근에 전해들은 소식은 놀라웠다. 타이밍 좋게 엑시트를 한 게 아니라, 동업자와 분쟁이 생겨 지금 식물인간이 되어 누워있다고 하더라.

한때 돈 많이 벌었다고 모두가 부러워했던 공격적인 포지션에 있었던 사람들이 사라졌고 잘 지킨 사람들은 살아남았다. 시장의 변곡점은 많은 것을 바꾸어 놓는다.

부동산 경기가 바뀌고, 힘든 시간이 오면 가장 먼저 힘들어지는 사람들은 공격적인 포지션에 있는 사람들이다. 자신들이 보유한 물건들을 정리하고자 하고, 시장을 통해 정리하고자 할 때 그게 잘 안되면 어떤 선택을 할까? 주위에 자신을 추종하는 추종자들이 있다면?

"이건 정말 좋은 물건이지만, 제가 다른 데 지금 돈이 들어가야 할 곳이 있어서 당신에게만 정말 급매 가격으로 주는 거에요. 원래 매물도 안 나오던 거에요."

한때는 승승장구했던 실패를 모르던 부동산 투자자가 사기꾼으로 변하게 되는 과정이다. (부동산 투자 카페의 인기 글 요약)

4) 뉴노멀 시대의 제로금리와 근로소득

2008년 금융위기로 전 세계에 경기불황이 시작되었다. "서브프라임 모기지 사태"로 금융위기의 근원지가 된 미국은 경기를 회복시키기 위해 기준 금리 인하 카드를 선택하였다. 2008년 12월 기준 금리를 0.00%~0.25%의 제로 수준으로 인하한 것이다. 이미 세계 경제는 글로벌화 되어있기 때문에, 미국 금리의 영향을 받아 우리나라 금리도 1% 수준까지 낮아졌었다. 다른 나라들도 기준 금리를 낮추지 않으면, 투자 세력들이 미국에서 제로 금리로 자금을 무제한으로 융통하여 엄청난 차익거래(Arbitrage)를 얻게 된다. 금리를 조정하지 않으면 금융기관들은 금리차로 인한 손해를 계속해서 보기 때문에 전 세계적으로 저금리 기조가 형성되었다. 이를 금리 동조화 현상이라 부른다.

이런 가운데 이제 세계 경제가 저성장, 저금리, 저물가 등 3저 현상이 고착화된 뉴노멀(New Normal) 시대에 돌입했다는 주장이 설득력을 얻고 있다. 인류의 탄생으로부터 현재까지의 평균 경제 성장률은 3% 수준이며, 산업혁명 이후 폭발적으로 발전했던 경제 성장이 이제 원래 수준으로 복귀할 것이라는 주장이다. 이 주장대로라면 금융위기의 여파가 끝나더라도 과거와 같은 경제성장과 그에 따른 고금리는 과거의 유물이 될 가능성이 높다. 여기에 이번 코로나19 사태는 변화에 기름을 부었다. 기존 글로벌 공급망 구조는 무너지고, 서비스업은 구조적 충격에 직면했다. 그틈을 비집고 "비대면 디지털화"는 가속화됐다.

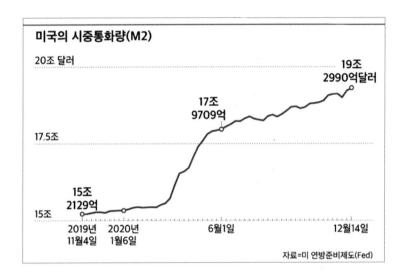

경제학에서 통화량을 나타내는 지표인 M2는 현금통화와 그에 준하는 요구불예금 등에 만기 2년 미만의 금융상품, 채권 등을 더한 것이다. 2022년 현재 미국의 시중통화량은 위 그래프에 표기된 19조를 넘어서 20조를 돌파한 상황이다. 이는 불과 2년 만에 시중의 유동성이 약 30%가량 증가했음을 의미한다.

물론 과도하게 넘치는 유동성으로 인플레이션 우려가 높아지고 있다. 그리고 인플레이션은 국민 생활에 직접적인 타격을 주기에 이를 조절하고자 금리인상이 언급되고 있는 것이 사실이다. 그러나 스태그플레이션에 대한 우려로 일시적 금리인상은 가능하지만 인플레이션이 해소되는 상황이 되면 뉴노멀의 정의대로 저금리가 일상화될 가능성이 대단히 높다. 따라서 우리는 또 다시 다가올 제로금리 시대에 대비해야 한다.

장기화될 제로금리 시대에는 더 버는 것보다 지키는 게 중요하다. 금리가 제로가 되면 근로소득의 상대적 가치는 높아질 것이다. 돈이 돈을 벌어주던 이자소득이 0에 가까워 질 것이기 때문이다. 그렇기에 재테크보다 본인의 능력 개발에 먼저 힘써라. 금리 3.6% 기준으로 근로소득(급여) 3백만 원을 받는 사람은 10억 원의 자본가와 같다. 월 3백만 원의 이자를 받으려면 10억 원을 통장에 가지고 있어야 하기 때문이다. 또 한 가지 이유는 내 집 마련 등 투자를 하기 위한 전제조건이 몸값이기 때문이다. 다음 표는 소득수준에 따른 대출상품을 정리한 표이다. 공공기관이 연계된 대출로 금리는 낮고 조건이 대출자에게 매우 유리한 상품들이다.

몸값을 제대로 받아야 자본주의의 꽃인 레버리지를 활용할 수 있다. 3백만 원의 급여가 10억 원의 자산과 같은 가치를 가졌던 것처럼, 저금리 시대이다 보니 반대로 2년 이상 꾸준한 고정수입이 증명되면(가능하면 5년 이상) 반대로 3백만 원으로 가지고 5억 원

구분		보금자리론	적격대출	디딤돌대출
지원대상	대상자	성년	성년	성년
	연소득	(일반) 7천만원↓ (신혼가구)8천5백만원↓ (다자녀가구) 최대 1억원↓	제한없음	(일반) 6천만원↓ (생초, 신혼, 2자녀 이상)7천만원↓
	주택수	무주택자, 1주택자	무주택자, 1주택자	무주택자
	처분조건 1주택자	가능(담보주택소재지에 따라 1년 또는 2년 이내 처분)	가능(담보주택소재지에 따라 1년 또는 2년 이내 처분)	불가능
	주택가격	6억원	9억원	5억원
	주택규모	제한없음	제한없음	85m²(지방 읍, 면 100m²)
만기		10, 15, 20, 30년	10, 15, 20, 30년	10, 15, 20, 30년
중도상환수수료		3년, 1.2% 슬라이딩	3년, 1.2% 슬라이딩	3년, 1.2% 슬라이딩
상환구조		분할상환(거치기간 없음)	분할상환(1년 거치가능)	분할상환(1년 거치가능)
대출한도		3억원(3자녀 가구 4억원)	5억원	2억원(신혼 2.2억원, 2자녀 이상 2.6억원)
한도제한		최대 DTI 60% 최대 LTV 70% ※ 투기지역 및 투기과열지구, 조정대상 지역 대출 규제 적용	최대 DTI 60% 최대 LTV 70% ※ 투기지역 및 투기과열지구, 조정대상 지역 대출 규제 적용	최대 DTI 60% 최대 LTV 70%

의 레버리지를 이끌어 낼 수 있기 때문이다. 그렇기에 직업을 가지고 있는 사람은 현직에서 최선을 다해야 한다. 새롭게 일자리를 찾는 사람은 눈높이를 현실감 있게 조정해야 한다. 지금도 일자리가 없지만 앞으론 더욱 힘들어지게 될 것이다.

특히 청년들은 경제상황이 좋아질 때까지 지켜보기보다는 일을 배울 수 있는 곳을 찾아서 가급적 일을 빨리 시작해야한다. 판이 바뀌고 사회구조가 바뀌고 있다. 시장은 1등 제품이 아니면 곧바로 퇴출 명령을 내린다. 특별한 자질이 없어도 더불어 살았던 농업사회와 산업사회, 또는 압력을 이용하여 유명무실한 학력이나 경력으로도 일자리를 찾을 수 있었던 청탁사회는 자취를 감출 것이다.

앞으로는 남다른 재능과 시장의 변화를 스스로 만들어 나가는 창의력 시대에 걸맞은 인재만 생존 발전할 것이다. 가난구제는 나라도 못한다는 옛말대로 시대의 요구와 자신의 처지를 냉철하게 생각하는 태도가 앞서지 않고는 결코 일자리가 보이지 않을 것이다.

★★

나는 진정한 노동자다.

나는 돈을 벌어 내 먹을거리와 입을 거리를 사고

타인을 증오하지도 행복을 부러워하지도 않으며,

그들의 선한 모습을 보고 기뻐한다.

– 윌리엄 셰익스피어(William Shakespeare)

2장

일자리 시장은 어떻게 움직이나?

〈현재 일자리 시장의 특징〉

현재 대한민국을 포함한 지구촌 "일자리 시장"의 특징적인 모습을 크게 세 가지로 나눠 볼 수 있다.

첫째는 전 세계가 실업으로 몸살을 앓고 있다는 것이다. 이것은 정보기술의 발전과 인공지능의 개발 등으로 경제의 판이 바뀌어 기존 일자리는 사라지고 있는데 새로운 일자리는 그 만큼 빨리 생기지 않아서 생기는 문제라고 할 수 있다. 이는 마치 1800년대 영국에서 촉발된 "인클로저 운동(Enclosure Movement, 공유지의 사유화)"에 의해 토지를 몰수당한 농민들이 도시로 이동하게 되어 비천한 저임금 노동자가 되었고, 이어 산업혁명에 따른 증기기관 등 각종 기계의 등장으로 일자리를 잃게 된 노동자들의 기계파괴운동인 러다이트(Luddite) 전조처럼 보인다. 이에 대응하기 위해 대한민국은 물론이고 각국 정부는 노동개혁을 포함하여 저마다의 정책을 펼치면서 양질의 새로운 일자리 창출을 위한 노력을 경주하고 있다. 바야흐로 "일자리 전쟁" 시대에 접어든 것이다. 앞으로 모든 리더의 최고의 관심사는 바로 "일자리"이다.

둘째는 고용의 개념이 없어진 시대에 접어들었다는 것이다. 21세기로 접어들면서 그간 암묵적으로 지켜지던 고용의 법칙은 거의 사라졌다. 민간부문 근로자 중 노조원은 10퍼센트도 안 된다. 아직까지는 대부분의 사무직 근로자들이 봉급에 의존하고 있지만 과거와 같은 고용계약은 빠른 속도로 자취를 감추고 있다. 정규직 근로자에 대한 환상과 집착을 깨야하는 시대를 살고 있다. 정규직 근로자의 봉급에서 판매 커미션, 팀 보너스, 이익분배액, 초과근무수당, 스톡옵션과 같이 업무성과와 관련 있는 수입의 비중이 점차 늘고 있다. 비영리 부문의 고용도 불안정하긴 마찬가지이고 심지어 대학교수직도 일자리를 찾아서 다니는 순회 선생님과 같은 신세이다. 이제 근로자, 심지어 공무원들의 수입은 직위나 근속년수가 아니라 그 근로자의 가치에 더 많이 좌우되고 있다. 얼마나 가치를 창출(Value Creation)하느냐, 즉 얼마나 제 밥벌이를 하느냐에 따라 보수와 지위가 결정된다.

셋째는 토마스 프리드만(Thomas Friedman)이 〈세계는 평평하다(The World is Flat)〉에서 적절히 지적했듯 지구촌 경쟁이 모든 영역에서 가속화되어 우물 안 개구리처럼 폐쇄적이고 국지적인 영역에서 경쟁우위를 가지는 것으로 더 이상 생존발전번영이 어렵게 되었다는 것이다. 이에 따라 스포츠·연예오락·음악출판영화 및 산업경영 등 모든 영역에서 일류만이 살아남게 되고 1등에게만 엄청난 보수가 몰리는 속칭 승자독식의 시대가 되었다. 소득계층 사다리의 길이가 매우 길어지고 1등과 꼴등과의 격차가 과거에 비해 대폭 확대되었다. 이에 따라 미래의 경제활동주체인 학생 때부터 무한경쟁을 시작한다. 이렇게 경쟁하는 이유는 경쟁에 이겨야 승자독식의 보수가 지급되기 때문이다.

승자와 패자 사이에 격차가 벌어지는 현상은 비단 어제 오늘의 일이 아니다. 약 100여 년 전 영국의 경제학자 알프레스 마샬(Alfred Marshall)은 이렇게 말했다. "뛰어난 재능을 가진 사람들의 소득이 올라가기 때문에 중간 정도의 재능을 가진 사람들의 소득이 상대적으로 떨어지는 것이다. 중간 수준의 유화(그림)가 이렇게 싸게 팔렸던 적도 없고 일류 화가의 그림이 이렇게 고가로 팔린 적이 없었다."

통상적으로 노동시장에서는 절대적 능력차에 의해 보상이 결정된다. 예를 들면 생산직 노동자의 급여는 그 급여가 그의 노동에 의해 결정되는 한 그의 상대적 생산성이 아니라 그가 매주 생산하는 제품의 개수에 의해 결정된다. 그런데 오늘날 TV 등 미디어를 통해 보이는 스포츠 스타 및 연예인 등은 마치 토너먼트 게임의 승자처럼 상대적 능력차에 의해 보수가 결정되며 이러한 것이 음반출판을 포함하는 보통사람들의 삶의 영역으로 급속히 확대되고 있다.

일부 언론에서는 삼성전자 사장–직원 연봉 차이 "208배"를 부각시키고 있지만 취업준비생과 구직자 입장에서 염두에 둘 것은 "실적에 따라 보상한다는 것", 그래서 실적이 떨어지면 연봉이 급락한다는 것, 그리고 왜 그들에게 그 많은 연봉을 주는지에 대해 글로벌 경쟁의 격화와 노동시장의 변화양상을 통해 제대로 이해하는 것이다.

★★ 1 ★★
승자독식 현상

1) 1980년대 몸값 vs 2020년대 몸값

2022년 현재에도 100미터 세계신기록은 "라이트닝 볼트" 우사인 볼트가 2009년에 달성한 9초58이다. 볼트를 제외한 그 어떤 선수도 9.7초의 벽에도 도달하지 못했기에 그의 기록은 13년째 유지되고 있고 앞으로도 한동안 깨지지 못할 기록으로 예상되고 있다.

2012년 런던올림픽 3관왕에 오르고 100미터 세계신기록을 작성하면서 우사인 볼트의 몸값은 폭등했다. 우사인 볼트는 포브스 선정 "2015년 세계에서 가장 몸값 비싼 운동선수" 73위에 기록되었다. 그의 몸값은 2100만 달러(한화 248억 원)로 산출되었다. 그의 기록이 현존 100미터 최고기록이라는 점과 그간의 물가상승률을 감안하더라도 그의 몸값이 과거 100미터 세계신기록 보유자들에 비해 상당히 높은 금액임은 분명한 사실이다.

1984년부터 1996년 은퇴할 때까지 20세기 후반을 풍미했던 "갈색 탄환" 칼 루이스. 그는 올림픽 역사상 최초로 남자 100미터의 2연승 금메달리스트이다. 그러나 칼 루이스의 유명세에 비하여 그의 후원과 광고 등의 수입은 미비하다. 그가 현재까지 축적한 자산은 235억 원에 불과했다. 결코 작은 돈은 아니지만 그의 명성에 비하면 큰 금액은 아니다.

그가 평생 모은 235억 원은 우사인 볼트가 2014년 한 해 동안 받는 후원금에 해당하는 금액이다. 특히, 우사인 볼트가 2014년 한 해 동안 벌어들인 대회 상금은 약 1680만 원이지만, 후원사인 푸마와 게토레이 등에서 받는 금액이 235억 원에 육박한다. 이는 무려 1400배에 달하는 차이이다. 이 차이가 우리에게 시사해주는 바가 무엇인가?

스포츠용구 메이커인 푸마(PUMA)는 볼트를 글로벌 대사(광고모델)로 임명해 23년간 총 2,760억 스폰서 계약을 체결했고, 2025년까지 그에게 매년 310만 파운드(약 50억 원)를 지급한다. 볼트의 마케팅 파워는 대단했다. 그는 명품 시계 위블로(Hublot), 스포츠

음료 게토레이, 자동차 브랜드 닛산 등 다양한 홍보대사 계약을 통해 계약당 평균 30억 원 이상의 수익을 올렸다. 볼트가 가장 큰 부를 축적한 곳은 경기를 통해서가 아니라 경기를 통해 만들어진 그의 이미지를 원하는 광고시장이었다.

역대 최고의 축구선수인 브라질의 펠레는 1958년 겨우 17세의 나이로 스웨덴에서 월드컵 데뷔전을 치렀고 순식간에 지구상의 모든 축구팀이 탐내는 스타가 되었다. 펠레는 브라질 유니폼을 입고 A매치 92경기에 나서 77골을 터뜨렸다. 그는 월드컵에서 3차례(1958, 1962, 1970년)나 우승컵을 들어 올렸다. 1960년 그는 자신이 속한 팀 산토스에서 15만 달러(오늘날의 가치로 환산하면 110만 달러)의 연봉을 받았다. 요즘으로 치면 평균수준의 연봉에 해당한다.

이에 비해 2019-2020 시즌에 세계 1위 연봉을 기록한 리오넬 메시는 프랑스 파리 생제르맹에서 3670만 유로를 벌었다. 메시는 2021년 펠레가 보유하고 있던 "남미 선수 A매치(국제 경기) 최다 득점 기록"을 경신했다. 펠레의 기록을 메시가 경신했다는 것은 대단한 기록이며, 펠레 또한 메시를 축하했다.

펠레는 21년 인스타그램을 통해 "잘 지냈나. 메시, 늦었다면 미안하네. 이달 초 또 다른 기록을 세운 네게 축하할 기회를 놓치고 싶지 않았네"라고 적었다. 이어 "네 축구 재능은 정말 뛰어나다. 내 친구들인 킬리안 음바페, 네이마르(이상 파리 생제르맹)와 함께 더 많은 것을 이루길 바란다"고 덧붙였다.

pele ✓
8.8M followers

View profile

♡ ○ ↑

1,187,379 likes
pele

Olá @leomessi, desculpe se estou atrasado. Porém, eu não queria deixar passar a chance de te dar parabéns por mais um recorde superado no início deste mês. O seu talento para jogar bola é incrível! Espero que você conquiste muito mais ainda, ao lado dos meus amigos @k.mbappe e @neymarjr.

//

Hi @leomessi, sorry if I'm late. However, I didn't want to pass up the chance to congratulate you for another record broken earlier this month. Your talent when playing soccer is outstanding! I hope you achieve even more, alongside my friends @k.mbappe and @neymarjr.

view all 7,855 comments

    축구는 11명이 뛰는 팀 스포츠이기 때문에 선수를 1:1로 비교한다는 것은 쉽지 않다. 가장 뛰어난 선수라도 최약체 팀에서는 빛을 발하기 어렵다. 게다가 시기까지 달라진다면 비교는 더욱 어려워진다. 경기장의 환경과 축구장비의 차이, 축구 규칙의 변화, 함께 뛰는 선수 등 변수가 많아지기 때문이다. 그러나 "축구 황제(The King of Football)"라는 펠레의 호칭에서 보듯 축구팬들과 대부분의 전문가들도 역사상 가장 뛰어난 선수를 꼽으라면 펠레를 꼽는다.

    IOC(국제올림픽위원회)는 1999년 복싱의 무하마드 알리, 농구의 마이클 조던을 누르고 펠레를 20세기 최고의 스포츠 인으로 선정했다. 당시 조던은 두 번째 쓰리핏(three-peat, 여기서 peat는 반복이라는 뜻인 repeat의 준말) 즉 3년 연속 우승을 성공시켜 업적으로도 농구 1인자로 굳혀진데다 현역이기까지 했기 때문에 위상이 어마어마했음에도 최종적으로 펠레가 뽑혔다. 현재도 역사상 최고의 스포츠 선수를 뽑으면 축구 대표로는 펠레가 들어가고 복싱의 알리, 농구의 조던, 야구의 베이브 루스, 골프의 타이거 우즈 같은 타 종목 최고

선수들의 위에 랭크되는 결과도 자주 나온다. 축구 황제로서의 위상만큼은 아직까지 따라잡는 선수가 나오지 않고 있다.

그럼에도 펠레가 이 정도의 소득(연봉 약 13억 5천만 원)밖에 올리지 못한 것은 그의 경기자질이 메시보다 부족해서가 아니라 수입기반이 적었기 때문이다. 그는 인류역사를 통틀어 가장 위대한 선수였을지 모르지만 돈을 내고 그의 위대함을 경험할 수 있는 사람은 별로 많지 않았다. 1958년 브라질의 인구는 약 7천만 명 이었지만 TV는 35만여 대가 보급되어 있었다.

최초의 위성방송 텔스타 I(Telster I)은 펠레의 월드컵 데뷔전이 한참 지난 1962년이 되어서야 발사되었다. 반면 메시가 아르헨티나 선수로 출전한 2014년 브라질 FIFA 월드컵은 200개국이 넘는 나라에 방송되었다. 세계 각지에서 경기를 지켜본 관중들의 수를 합치면 이 토너먼트를 관람한 수백억 쌍의 눈은, 전 세계 인구 70억 명을 초과하는 수이다. 메시가 펠레보다 돈을 많이 번 것은 그의 재능이 더욱 많은 사람들에게 방송되었기 때문이다.

이에 대해 시카고 대학의 셔윈 로젠(Sherwin Rosen) 교수는 1981년 "슈퍼스타의 경제학"이라는 논문을 통해 명쾌하게 밝혔다. 기술의 발달은 특정분야의 최고 인재가 더욱 큰 시장의 요구를 충족시키며 더욱 큰 몫의 수입을 가져갈 수 있게 하지만, 한편으로는 그보다 재능이 떨어지는 사람들이 가져가는 몫을 크게 줄인다는 것이다. 글로벌화가 심화되면서 이것이 바로 오늘날 노동시장을 특징짓는 현상이다. 로버트 프랭크 교수는 이를 승자독식(Winner-take-all)이라고 지칭한 바 있다.

〈파레토법칙과 승자독식사회〉

"20대 80 법칙"으로 더 유명한 파레토 법칙은 19세기 경제학자 빌프레도 파레토가 발견한 법칙이다. 그는 이탈리아의 부와 소득의 유형에 관한 연구 중 인구의 20%가 전체 부의 80%를 차지하고 있는 부의 불균형 현상을 발견했다. 이러한 20 : 80법칙은 사회의 다른 분야에도 적용된다.

① 백화점의 상위 매출 고객 20%가 매출 80%를 차지한다.
② 내가 통화하는 사람의 20%가 통화량의 80%를 차지한다.
③ 20%의 범죄자가 전체 범죄의 80%를 저지른다.
④ 신문이나 잡지를 볼 때 읽는 기사량은 전체의 20%이다.
⑤ 옷장에 걸려 있는 옷 중 20%만 주로 입는다.
⑥ 야구팀이나 축구팀에서 20%의 선수가 전체 경기를 지배한다.

이와 같은 파레토법칙을 적용한 마케팅이 바로 VIP 마케팅이다. 신세계 백화점의 경우 상위 1%의 고객이 전체 매출에서 차지하는 비율을 집계한 결과 2005년 17.2 퍼센트에서 2006년 19.4퍼센트, 2007년 23.5퍼센트로 꾸준히 늘고 있는 것으로 나타났다. 백화점들은 앞다퉈 이들 최상위급 고객만을 위해 세종문화회관 오페라 공연, 한강유람선, 골프대회, 요트 파티 등과 같은 이벤트들을 개최하고 있다.

최근 들어 양극화 현상이 점차 심해지면서 20 : 80 비율을 넘어 5 : 95 비율의 "슈퍼파레토 법칙"이 등장했다. 스위스 금융기관인 크레디트 스위스가 발표한 "세계 부 보고서"에 의하면 전 세계 자산의 50.4%를 상위 1%의 부자들이 차지하고 있는 것으로 조사됐다.

양극화 현상은 스포츠 스타나 연예인 엔터테인먼트 분야에서는 1%가 아닌 최고의 스타 1명만 살아남는 "승자독식"현상으로 더욱 심화되었다. "승자독식사회"는 로버트 프랭크와 필립 쿡의 책 〈승자독식사회(The Winner-Take-All Society)〉에서 나온

말로 20 : 80의 사회를 넘어 소수의 사람이나 소수의 회사가 사회의 거의 전부의 부를 차지하게 되는 사회로 나아가는 현상을 표현하는 말이다. 이러한 현상이 점차 보통 사람들의 삶의 영역으로도 급속히 확대되어 가고 있다.

2) 몸값과 시장규모

다음은 포브스(Forbes) 선정 2015년 세계에서 가장 몸값 비싼 운동선수 리스트이다. 1위부터 100위 중에는 여성 운동선수가 2명이 속해 있다.

1위는 미국 복싱 선수인 플로이드 메이웨더(Floyd Mayweather)로서 3억 달러(한화 3,550억 원)이다. 2위는 필리핀 복싱 선수인 파퀴아오(Manny Pacquiao)로서 1.6억 달러(한화 1,894억 원)이다. 3위는 포르투갈 축구선수인 크리스티아노 호날두(Cristiano Ronaldo)로서 8천만 달러(한화 942억 원)이다. 4위는 아르헨티나 축구선수인 라이오넬 메시(Lionel Messi)로서 7천4백만 달러(한화 873억 원)이다. 여자로서는 26위인 러시아 테니스 선수인 마리아 샤라포바(Maria Sharopova)가 3천만 달러로서 가장 몸값이 높다. 아시아 국적은 필리핀 파퀴아오 1명, 인도의 크리켓 선수 1명 및 일본의 테니스 선수 1명으로 3명뿐이다. 메이웨더와 파퀴아오는 세기의 대결을 통해 한 경기 대전료로 메이웨더 1,600억 원 파퀴아오 1,100억 원을 받았다.

2015년으로부터 6년이 지난 2021년을 기준으로 발표된 순위는 다음과 같다. 1위는 UFC의 아이콘 코너 맥그리거가 차지했으며, 2위와 3위에는 각각 축구선수 리오넬 메시와 크리스티아누 호날두가 올랐다.

1위를 차지한 코너 맥그리거는 지난 12개월 동안 총 1억8천만 달러(한화 2,040억 원)을 벌어들인 것으로 조사됐다. 2위 리오넬 메시와 3위 크리스티아누 호날두는 각각 1억3천만 달러(한화 1,473억 원), 1억2천만 달러(한화 1,360억 원)를 벌었다. 4위 NFL 쿼터백 닥 프레스콧은 역대 NFL 선수 연수입 기록을 경신하며 1억7백50만 달러를 벌었고, 5위에 오른 NBA 스타 르브론 제임스가 9천6백5십만 달러를 벌었다.

시간은 6년이 지났는데 몸값 1위를 기준으로 금액이 오히려 30% 감소(한화 3,550억 원 → 2,040억 원)하였다. 이는 2020년을 강타한 코로나의 여파이다. 코로나로 인해 세계적 규모의 경기가 정상적으로 개최되지 못하였고, 행사 또한 다수가 취소되었다.

"손세이셔널" 손흥민이 한국 K리그에서 뛰었다면 똑같은 손흥민이지만 엄청난 연봉감소를 받아들여야 했을 것이다. 2021년 기준 손흥민은 연봉 158억 원을 받았다. 이는 세계 최고의 축구선수 몸값을 자랑하는 메시에 비하면 약 10%에 불과한 금액이지만, 결코 적은 금액은 아니다. K리그 최고 몸값을 기록한 선수는 김보경 선수인데 13억 원의 연봉으로 손흥민은 이 10배에 해당하는 몸값을 받은 것이다. 이것이 큰 시장(Big Market)으로 가야

하는 이유이다. 사실 이런 현상은 디지털 경제로의 전환 이전에
도 보편적으로 존재했다. 말은 나면 제주도로 보내고 사람은 나
면 서울로 보내라는 말이 바로 그것이다. 시골에서 고향을 지키
며 농사짓고 살면 매일 매일이 별 차이 없는 삶을 살지만 서울로
진학을 하고 그곳에서 취업한 사람은 비록 치열한 경쟁에서 살았
을지언정 경제적으로 큰 성공을 이루는 예가 많았다. 어릴 적 별
차이 없었던 친구가 서울 가서 성공하여 명절 때 때깔 좋은 모습
으로 나타났던 것이다.

　신디 크로포드(아래 좌측)는 1990년대에 가장 몸값이 비쌌던 모
델이다. 남자 모델들은 지금도 그녀만큼 벌지 못한다. 하지만 지
금은 미국의 켄달 제너(아래 우측)가 가장 많은 돈을 버는 모델이다.
2017년 포브스 선정 모델수입 1위로서 2,200만 달러(한화 222억 원)
을 벌었다. 2위는 지젤 번천(Giesele Bundchen)으로서 1,750만 달러
이고 3위는 크리시 타이겐(Chrissy Teigen)로서 1,350만 달러 순이
며 10위는 550만 달러이다. 로버트 프랭크 교수가 주장하듯 3위
는 1위의 1/2 수준에 불과하고 10위와의 격차가 엄청나다. 1등
에게 수입이 몰리는 것이다.

여기에서 흥미로운 것은 여성 모델들이 남성 모델들에 비해 돈을 훨씬 많이 번다는 것이다. 그 이유는 무엇일까?

이 질문에 답하려면 패션모델이 그들을 고용한 의류업체에 해주는 일이 무엇인가 하는 의문을 먼저 풀어야 한다. 간단히 말하면 패션모델의 일은 그 의류업체가 만든 옷이 잠재구매자의 눈에 최대한 멋있게 보이게 하는 것이다. 대부분의 옷은 매력적인 사람이 입을 때 더 멋있어 보이는 만큼 의류업체에서는 외모가 가장 뛰어난 남녀 모델들을 찾아 화보촬영을 하기 마련이다. 따라서 남성 모델이건 여성 모델이건 외모가 더 뛰어난 사람들이 일반적으로 더 보수가 많다. 그리고 사회에는 성별에 따라 외모에 대한 기준이 따로 정해져 있으므로 획일적 기준에 의해 여성 모델들이 남성 모델들 보다 외모가 더 낮기 때문에 여성 모델들의 보수가 더 많다고 하는 건 이치에 맞지 않는다.

여성 모델들이 더 많은 돈을 버는 건 여성 패션산업의 규모가 남성 패션산업 규모보다 훨씬 더 크기 때문이다. 예를 들어 2020년 기준 미국 여성시장 규모는 32억 9500만 달러(약 4조 원)였으나 남성은 이 절반 규모인 16억 8000만 달러(약 2조 원)이다. 매년 미국 여성들이 의류에 지출하는 비용은 남성들의 2배 이상이며 다른 나라에서는 이런 차이가 훨씬 더 두드러진다.

이렇게 시장규모가 크다 보니 여성 의류업체는 모델에게 승부를 걸게 된 것이다. 사람들이 많이 보는 보그(Vogue)나 엘르(Elle)

같은 패션 잡지는 여성들이 의류와 화장품을 구매하는 데 막대한 영향을 미친다. 이런 잡지에는 여성 모델들의 사진이 수백 장 실린다. 그렇게 모델들이 북적거리는 틈에서 독자의 주의를 끌 수 있는 사람은 몸값이 많이 나가는 것이다. 따라서 모델계에서 조금이라도 두각을 드러내는 사람이 있으면 의류업체들은 기꺼이 몸값을 더 쳐주려 하는 것이다.

이에 비해 외모가 더 뛰어난 남성 모델을 고용해 얻을 수 있는 부가가치는 미미한 수준이다. 남성 패션잡지의 이름을 기억하는 남성은 거의 없으며 그걸 읽는 남성은 더더욱 없다. 의류업체가 외모가 조금이라도 더 나은 남성 모델을 고용할 경우 옷을 몇 벌 더 팔 수는 있겠지만 이는 여성 모델의 수준에는 미치지 못할 것이다. 여성 모델들은 화장품 모델로서 고용이 되는데 화장품 시장 역시 더 눈에 띄는 모델을 고용할 경우 얻는 보상이 막대하다. 반면 남성들은 대부분 화장품을 쓰지 않기 때문에 이 분야의 노동시장에 진출하는 남성모델은 거의 없다.

3) CEO와 일반 직원 연봉격차

삼성전자반도체 권오현 회장이 2015년에 149억5,400만 원, 2016년 66억9,800만 원, 2017년에는 급여 18억4000만 원, 상여금 77억1900만 원, 특별상여·복리후생 등 기타 근로소득 148억2100만 원 등 총 243억8,100만 원을 받아 2017년 "연봉 킹"

에 등극했다. 권 회장은 지난해까지 3년 연속 연봉 킹에 올라 직장인들의 우상이 됐다. 권 회장의 연봉이 수직상승한 데에는 반도체 사업의 호조가 가장 큰 역할을 한 것으로 풀이된다. 일당은 7,767만 원으로 시간당 323만 원을 번 것이다.

삼성스마트폰 사업을 주도한 신종균 부회장은 약 84억2,700만 원으로 2017년 기준 연봉 2위를 기록했다. 신종균 부회장의 보수도 2016년 39억8600만 원에서 84억2700만 원으로 2배 이상 지급됐다. 이는 삼성스마트폰 매출 상승에 따른 보상으로 해석된다.

국내 상장사들이 금융감독원에 제출한 사업 보고서에 나오는 5억 원 이상 연봉자 명단 분석 결과, "실적 따라 보상한다"는 보수 체계가 정착되고 있음이 확연히 드러났다. IT 업계 등에서는 오너보다 더 많은 연봉을 받는 전문 경영인들이 늘어나는 추세를 보였다. 직원 평균 연봉(스톡옵션 포함) 1억 원이 넘는 기업은 삼성전자, 삼성증권, SK텔레콤, KB금융, 신한금융, 하나금융, 카카오, 휴맥스홀딩스, 대한유화 등 15곳이었다.

[인용] 2018년 5월 14일 월요일 인터넷 매일경제 박수호 기자
"CEO-직원 연봉 격차 갈수록 너무하네 지난해 평균 39배 … 삼성전자 208배 "뜨악"

주주총회 시즌이 마무리되면서 새삼 CEO와 일반 직원 간 연봉 격차가 화제다. CEO와 일반 직원 평균 연봉이 함께 공개되면서다. 특히 삼성전자의 CEO와 일반 직원 간 연봉 격차가 무려 208배에 달해 눈길을 끌었다. 권오현 삼성전자 회장의 지난해 연봉은 243억8100만 원. 반면 일반 직원의 연봉 평균은 1억1700만 원이었다. 삼성전자는 시가총액 상위 30대 기업 중 연봉 격차가 가장 큰 곳으로 등재됐다.

이처럼 일부 언론에서는 삼성전자 회장-직원 연봉 차이인 "208배"를 부각시키고 있지만 취업준비생과 구직자 입장에서 염두에 둘 것은 ① 실적에 따라 보상한다는 것, 그래서 ② 실적이 떨어지면 연봉이 급락한다는 것, 그리고 ③ 왜 그들에게 그 많은 연봉을 주는지에 대해 글로벌경쟁의 격화와 노동시장의 변화양상을 통해 제대로 이해하는 것이다.

승자와 패자 사이에 격차가 벌어지는 현상은 어제 오늘의 일이 아니다. 약 100년 전 영국의 경제학자 알프레드 마샬은 이렇게 말했다. "뛰어난 재능을 가진 사람들의 소득이 올라가기 때문에 중간 정도의 재능을 가진 사람들의 소득이 상대적으로 떨어지는 것이다. 중간 수준의 유화(그림)가 이렇게 싸게 팔렸던 적도 없고 일류 화가의 그림이 이렇게 고가로 팔린 적도 없었다." 오늘날에는 이런 현상이 보편적으로 퍼져 있는데다 최고실력자들이 받는 보상이 더욱 커진 것이다. 옳고 그름을 떠나서 시장의 변화양상을 이해하고 구직시장에 뛰어들어야 한다.

우리나라의 경우 최대 격차가 208배이고 시가총액 30대 기업 CEO 연봉을 평균으로 비교해보면 일반직원과 39배의 차이가 났다. 그러나 미국 경제정책연구소(Economic Policy Institute)에 따르면 미국 대기업 CEO의 연봉은 직원 평균 연봉의 273배에 달한다.

이에 관해 〈하버드 비즈니스 리뷰〉는 "CEO의 역할이 그 어느 때보다 중요해지고 있다"고 주장한다. CEO 효과가 증가한 이유에 대해 리뷰의 저자들은 다음과 같은 의견을 내놓았다. 기업의 성공에 CEO가 미치는 영향을 "CEO 효과"라고 부른다. 하버드 비즈니스 리뷰에 따르면 미국 회사들의 CEO 효과가 점점 증가하고 있다. 1950년대에는 10% 정도에 불과했던 CEO효과가 2000년대 이후에는 20%까지 치솟았다는 것이다.

1950~1969년에는 기업이 속한 산업이 무엇인지만 알면 기업 실적의 38.7%를 예측할 수 있었다. 하지만 1990~2009년 사이에는 산업 분야가 기업 실적을 예측하는 비율은 고작 3.7%였다. 저자들은 주주 가치를 극대화하는 방향으로 기업 운영의 중심이 바뀌고 기술이 발전하면서 사업의 복잡성이 증가하여, 사업이 좀 더 역동적이고 예측하기 어렵게 되었다고 설명한다. 이러한 환경 변화가 새로운 전략을 추구하고 새로운 시장을 개척하는 CEO의 역량을 중요하게 만들었고, 이는 CEO 효과 증대로 이어졌다.

경영자 한 명의 능력이 기업의 운명을 좌지우지할 만큼 더 중요해졌고, 만약 그 능력이 일반 직원이 대체할 수 없는 희소한 능력이라면 경영자의 높은 보수는 정당화될 수 있을 것이다. 애플의 스티브 잡스, 테슬라의 일론 머스크가 대표적 사례라 할 수 있다. 스티브 잡스가 아이폰을 기획하지 않았다면 지금의 애플은 존재할 수 없었을 것이고, 일론 머스크가 모델3를 생산하지 않았다면 테슬라 역시 존재하지 않았을 것이다.

═══ ★★ 2 ★★ ═══

Job Lag 현상
: 기존의 일자리는 사라지고 있지만 새로운 일자리는 아직 생기지 않았다

1) 영화 매트릭스(Matrix)와 4차 산업혁명

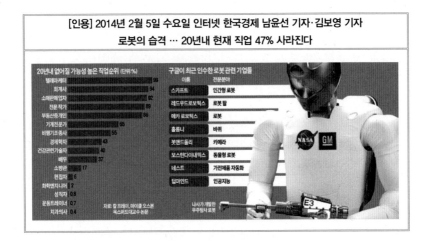

[인용] 2014년 2월 5일 수요일 인터넷 한국경제 남윤선 기자·김보영 기자
로봇의 습격 ··· 20년내 현재 직업 47% 사라진다

　　미래를 상상한 여러 영화들 중에는 인공지능으로 인해 인류가 멸망하거나 지배되는 디스토피아(Dystopia)를 그린 영화들이 많다. 〈매트릭스〉에서처럼 인류가 기계의 에너지 공급원이 되거나 〈터미네이터〉의 로봇들이 우리를 지배하는 세상을 스크린에 담았다.

영화 속의 미래는 단순한 이야기지만, 현실에서 기계는 우리를 실질적으로 위협하고 있다. 로봇으로 대표되는 기계는 먹고사는 문제와 직결되어 있는 일자리를 위협하고 있다.

2016년의 봄이 시작되는 3월, 인간을 대표하는 이세돌 9단과 구글이 만든 인공지능 알파고의 대결이 있었다. 경기 시작 전에는 이세돌 9단의 승리를 예측하는 사람들이 대부분이었다. 체스나 장기는 경우의 수가 바둑에 비해 한정되어 있기 때문에, 모든 수를 기계적으로 계산할 수 있다면 컴퓨터가 사람을 이기는 것이 불가능한 일은 아니다. 실제로 1997년 인간 체스챔피언을 꺾은 IBM의 슈퍼컴퓨터 디퍼블루(Deeper Blue)는 초당 2억 수를 계산할 정도의 성능을 가진 컴퓨터였다. 그래서 1997년까지는 컴퓨터 성능이 발전된 것이지 엄밀히 말하면 인공지능이 인간을 이긴 것이 아니다. 그러나 바둑은 체스나 장기와는 전혀 다른 게임이다.

바둑은 착수부터 네 번째 돌을 두는 순서까지 경우의 수가 167억에 달한다. 167억의 경우의 수라도 디퍼블루 정도의 슈퍼컴퓨터면 83초면 계산을 마칠 수 있다. 그러나 바둑은 네 번째 돌에서 끝나는 게임이 아니다. 바둑판에 돌을 모두 채우는 경우의 수는 10의 150제곱이다. 이는 우주 전체에 있는 원자의 수보다 많은 수이다. 사실상 무한에 가깝다. 그렇기에 모든 수를 다 계산해서 한 수 한 수 둔다는 것은 불가능한 것으로 예상되어 왔다. 그러나 실제 벌어진 경기 결과는 "알파고 쇼크"를 불러일으킨 4:1 알파고의 승리였다. 알파고는 컴퓨터의 연산기능을 빌리기는 했지만 하드웨어가 아닌 소프트웨어이다.

이세돌 9단이 사람만이 둘 수 있는 묘수로 한 판을 승리하며 인류는 전패를 모면했지만, 결과적으로 인공지능이 무한한 경우의 수라 불리는 바둑에서조차 사람을 압도하는 모습을 보였다. 아이러니하게도 이세돌 9단에게 한판을 패배하면서 알파고가 인공지능이라는 것이 증명되었다. 컴퓨터의 성능으로만 모든 수를 계산해서 두는 바둑이 아닌, 경우의 수를 예측하는 인공지능이었기에 실수가 있을 수 있는 것이다. 이렇듯 현실로 다가오는 인공지능 시대에 관해 2016년에 유의미한 회의가 있었다.

전 세계 비즈니스 리더와 정치가들이 참여해 미래 산업에 대해서 의논하는 다보스포럼. 다보스포럼의 원래 명칭은 "세계경제포럼(World Economic Forum)"이다. 포럼의 2016년 주제는 "제4차 산업혁명에 대한 이해"였다. 1차 산업혁명은 증기기관의 발명으로 인해 비롯되었으며, 2차 산업혁명은 전기 기술을 발명해 촉발되었다. 3차 산업혁명은 정보 통신과 전자기기들로 인해 진행되었다. 4차 산업혁명은 ICT와 로봇 그리고 인공지능으로 인해 촉발될 것으로 예상된다.

세계경제포럼은 2016년, 2018년에 이어 2020년 세 번째 미래일자리 보고서를 발간했다. 2016년에 발표한 보고서에서는 2020년까지 약 700만 개의 일자리가 사라질 것으로 예상했었다. 2020년에 발표한 보고서에서는 코로나19의 여파로 인력의 자동화가 가속화하고 직업 환경에 본질적 변화가 야기될 것으로 예상했다. 팬데믹으로 자동화에 가속도가 붙어 5년 내에 8천5백만 개의 일자리가 대체되고, 인력의 업무 내용 및 요구 역량의 변화가 불가피할 전망이다.

로봇이 제조공정을 대체할 것으로 생각하기 쉽지만, 4차 산업혁명은 "화이트칼라"로 대표되는 사무직의 일자리를 가장 많이 대체한다. 새로 일자리가 생기는 영역도 있다. 사업 및 재정 운영, 경영, 컴퓨터 등의 영역에서는 산업의 규모가 커짐에 따라 추가적인 일자리가 생겨난다. 이러한 추세는 2050년까지도 지속되어 앞으로 20년 안에 기존의 일자리 중 30%가 사라지고 대신에 새로운 일자리가 생겨 지금 초등학교에 입학하는 어린이들 대부분은 아직 생기지 않은 일자리에서 일하게 될 것으로 예상된다.

문제는 바로 구조적 실업(Structural unemployment)이다. 구조적 실업은 산업부문 간 노동수급의 불균형으로 비롯된 실업을 의미한다. 현 시점에서 새로 생기는 일자리 수는 사라지는 일자리에 비해 턱없이 부족하다. 사라지는 일자리는 700만 개이지만 생겨나는 일자리는 200만 개에 불과하여 수치상 500만 개의 일자리가 사라지는 셈이다. 이러한 구조적 실업은 현재까지는 일시적인 경우가 많았다. 일자리의 변화의 속도가 빠르지 않았기 때문에 각 일자리에 필요한 노동자의 요구 조건이 대동소이했다.

그러나 4차 산업혁명 이후에는 구조적 실업이 큰 문제가 될 것으로 예상된다. 여러분이 기존에 알고 있던 직업들은 취업 준비를 할 수 있다. 어떤 능력이 필요하고 어떤 일을 하게 될지 예상할 수 있다. 그렇지만 아직까지 생기지 않은 직업들에 대해서는 대비를 하기 어렵다. 미래 예측 전문가들조차도 정확하게 예측하는 것은 불가능하다. 그렇기에 새로운 일자리가 생기는 것과 실제로 그 일자리에서 일할 수 있는 것(취직)은 별개의 문제이다. 일자리가 생긴다고 하더라도 그에 필요한 능력을 갖춘 사람은 많지 않을 것이기 때문이다.

인공지능과 기계가 일자리를 대체하는 것은 먼 미래의 일이 아니다. 고속도로를 빠르고 편리하게 이용할 수 있는 하이패스는 요금수납원의 연간 일자리 612개를 없애버렸다. 은행에 ATM기가 보급되자 은행의 점포당 평균 행원 수는 20명에서 13명으로 줄어들었다. 앞으로 이러한 대체 현상은 산업계 전반에 걸쳐서 일어나게 될 것이다. 줄어드는 일자리는 이미 우리 앞에 가시화 되었다.

반면 새로 생겨난 직업은 어떠한가?

아직까지 정형화 되지 않은 직업들은 그만큼 리스크가 크기 마련이다. 21세기 들어 학생들에게 선망의 대상으로 떠오른 직업이 있다. 바로 "프로게이머"라는 직업이다. 공부는 하기 싫은데 하루 종일 게임만 해도 부와 명예를 가질 수 있다? 학업에 지친 학생들에게 이보다 더 좋은 직업은 없는 것처럼 보였다. 하지만 스타

크래프트를 위시로 한 1세대 프로게이머들은 이미 대부분 은퇴를 했을 정도로 직업 수명이 매우 짧다. 또한 경쟁이 매우 치열해 최고의 자리에 오르지 못하면 금방 도태된다. 북미의 유명 프로게이머 피터 펭은 "하루에 15시간 이상을 연습해도, 90%는 1년 내에 은퇴를 결심하며 사람들에게 잊혀진다"고 고충을 토로했다.

은퇴한 이후 이들의 삶은 어떻게 될까?

자신의 경험을 살려 감독이나 코치, 해설자가 되는 경우도 있지만 이는 이미 프로게이머로 성공했던 1%의 사람들에게만 허락된 자리이다. 대부분은 선수 시절 모아둔 돈으로 "자영업"을 하는 것이 현실적인 답안이다. 일부는 학업으로 돌아가거나 공무원 시험이나 입사시험을 통해 직장에 들어가기도 한다. 결국 새로운 직업에 도전을 했다가 기존의 직업으로 돌아오는 셈이다. 기존의 일자리들은 사금을 채취하는 뜰채에 걸러진 알짜배기 일자리들이다. 반면 새로 생겨나는 일자리들은 검증되지 않은 일자리이기 때문에 언제든지 다시 사라질 수 있는 리스크를 가지고 있다.

이렇듯 기존의 일자리는 사라지고 있지만, 새로운 일자리는 아직 생겨나지 않았거나 불안정하기에 일자리의 부족현상이 발생하고 있다. 이를 시차(Time Lag)에 빗대어 일자리 차이(Job Lag)현상이라 볼 수 있을 것이다. 이처럼 이 글을 읽고 있는 여러분은 3차 산업혁명에서 4차 산업혁명으로 넘어가는 과도기에 있다. 문제의 해결을 위해서는 문제를 정확하게 파악하는 것이 선행되어야 한다. 여러분이 어떤 상황에 있는지 정확하게 직시해야 적합한 대응책을 강구할 수 있을 것이다.

〈러다이트 운동과 러다이트 오류〉

"러다이트 운동(Luddite movement)"이란 18세기 말 영국의 공장지대에서 일어난 노동자에 의한 기계파괴운동을 말한다. 증기기관의 발명으로 산업혁명이 일어나자 기계들이 사람을 대신하였다. 방직업과 양모공업에서는 제조직공들을 실직시켰고 대량의 실업이 발생하였다. 빈곤이 극에 달한 노동자들은 기계가 자신들의 일자리를 빼앗은 것으로 생각하고 기계를 파괴하면 다시 일자리를 찾을 수 있을 것으로 믿고 기계를 파괴하였다.

이 운동은 자본주의에 대한 무지에 기인한 운동으로 당시 노동자들이 빈곤하게 된 이유는 기계들이 사람을 대신해 일을 해서가 아니라, 자본주의의 모순으로 인한 것이었다. 자본주의적 생산양식이 확립되고 경기가 회복되자 이 운동은 급속히 쇠퇴하게 되었다. 이처럼 사람이 할 일을 기계나 신기술이 하게 됨으로써 그 자리에 있던 사람들이 실업을 하게 되고 그로인한 반발로 기계를 배척하려는 행위를 러다이트 운동이라고 통칭하여 부르고 있다.

"러다이트 오류(Luddite Fallacy)"란 기술과 기계의 발전으로 일자리가 줄어드는 것이 아니라 오히려 늘어나는 것을 의미한다. 즉, 러다이트 운동이 잘못된 해결방식임을 드러내는 표현이다. 기계가 사람을 대체하면서 일부 일자리는 사라졌다. 하지만 기술의 발전으로 더 많은 일자리가 생겨났다. 현재 존재하는 일자리의 많은 부분을 차지하고 있는 사무직이나 변호사 등의 전문직 또한 과거에는 존재하지 않던 일자리였다.

한편으로는 반대의 견해들도 제기되고 있다. 새로운 일자리가 등장할 수 있지만, 사라지는 양보다는 적기 때문에 결과적으로 총 일자리 수는 줄어들 것이라는 의견이다. 미국 컴퓨터협회(ACM)가 제정한 괴델 상을 수상한 라이스대학교의 모셰 바르디 교수는 이 의견에 동의하는 입장이다. 그는 앞으로 30년 뒤인 2045년이면 인간이 할 수 있는 매우 중요한 부분을 기계가 직접 수행할 수 있을 것이라고 예측하며, 난공불락이라 여겨졌던 고숙련 노동영역조차 기계와 로봇이 인간을 대체할 수 있는 점이 과거 러다이트 운동 때와는 다른 결과를 가져오게 될 것이라 주장한다.(본문 "쫓겨나는 전문가들" 참조)

러다이트 오류와 그 반대 의견, 둘 중 어느 쪽이 맞는지 아직은 알 수 없다. 확실한 것은 어느 쪽 주장이 맞더라도 이 글을 읽고 있는 여러분은 시대의 변화에 따른 구조적 실업의 위험에 노출되어 있다는 것이다.

2) 코로나 팬데믹과 일자리

많은 전문가들이 "코로나 팬데믹은 세계를 영원히 그리고 완전히 변화시킬 것"이라고 말한다. 여러 나라들이 수년 안에 코로나19의 확산을 통제할 수 있다고 해도, 정치적, 경제적, 사회적, 기술적, 제도적, 환경적 거대한 변화는 끝나지 않을 가능성이 높다.

지난 10년간은 기술개발로 인한 공유경제들이 각광 받았다. 소유의 시대에서 공유의 시대로 변화하고 있다고 했다. 소유하는 시간 중 이용하는 시간은 극히 일부에 불과하기 때문에 공유를 통해 자원도 아끼고 비용을 절감할 수 있는 좋은 사업모델이었다. 하지만 코로나19 사태 이후 공유경제는 침체되고 있고 원격영상회의나 원격교육, 원격의료, 원격소비 등 원격경제가 떠오르고 있다. 반면 비대면 강화로 공유경제는 타격이 심하다. 우버, 에어비엔비의 손실이 기하급수적으로 불어남에 따라 신규고용과 마케팅을 중단했다. 한때 500억 달러로 평가되던 위워크(Wework)

는 기업가치가 80%로 급락하더니 공유사무실을 꺼리는 추세 때문에 감원을 지속하고 있다.

① 키오스크와 비대면 강화

키오스크 확대로 2020년 숙박·음식점업 종사자 수가 5년 전인 2015년보다 9만5000명 감소했다. 지난해 시작한 코로나19 사태로 비대면이 강화되고 사람이 필요 없는 키오스크를 도입한 업체가 늘어난 탓이다.

키오스크는 "신문·음료 따위를 판매하는 매점"이라는 영어 단어로 정보통신에서는 일반인이 이용할 수 있는 공공장소에 설치한 무인 단말기를 지칭한다. 대부분 네트워크 기능이 갖춰진 터치스크린 형태로 교통정보, 경로안내, 각종 전화번호와 주소안내 정보 제공, 행정절차나 상품정보, 시설물 이용 방법 등 각종 정보를 제공하는 역할을 주로 했다.

최근에는 매장이나 음식점, 커피숍 등 서비스를 제공하는 곳에서 주문이나 예약과 같은 결제에 주로 사용된다. 음식점의 키오스크는 인건비 축소 방편이다. 코로나 확산으로 외식이 줄고, 매출이 감소하면서 사람 대신 무인 주문시스템을 선택한 것이다.

그 배경에는 최저임금 인상과 코로나19 팬데믹에 의한 자영업자 경영난, 비대면 문화 확산이 있다. 2022년에는 최저임금이 9160원으로 확정되면서 사상 첫 9000원대를 돌파했다. 또 비대

면 소비에 대한 수요가 증가하면서 종업원이 없는 "무인점포"가 빠르게 확산하고 있다. "아마존고"와 같은 뉴스에만 나오는 미래형 점포가 아니라 무인 편의점, 무인 아이스크림 판매점, 무인 펫샵, 무인 문구점, 무인 밀키트(반조리식품) 가게 등 이미 우리 근처에서 쉽게 찾아볼 수 있을 정도이다.

21년 8월 19일 알바몬이 알바생 2868명을 대상으로 "키오스크 대체 불안감" 관련 설문조사 결과, 응답자의 58.6%가 "키오스크로 대체될 것 같은 불안감을 느낀 적 있다"고 답했다. 또한 전체 응답자 중 47.5%는 현재 본인의 알바 업무가 키오스크로 대체될 수 있다고 생각했다. 그 이유로(복수응답) "키오스크로 대체 가능한 업무라 생각돼서"가 55.0%의 응답률을 얻어 1위에 올랐다. 이어 "실제로 적용되고 있어서(44.2%)", "비대면 쇼핑이 일상화된 것 같아서(20.1%)", "최저 임금이 올라서(13.0%)" 등이 있었다.

통계청이 발표한 "2021년 7월 고용 현황"에 따르면 고용원이 있는 자영업자는 128만 명으로 지난해 동월 대비 8만3000명이 감소했지만 고용원이 없는 1인 자영업자는 430만 명으로 지난해 동월보다 11만2000명 증가했다. 경제 상황과 더불어 키오스크로 자영업자는 종업원 없이도 혼자 운영이 가능한 것이다.

② AI 상담사, 챗봇(Chat Bot)

분주한 주방, 밀려드는 주문을 소화하기 위해 요리사들의 손길이 바쁘고 화구마다 불길이 솟구친다. 하지만 코로나로 인해 방문손님은 많지 않은데… 이 많은 요리들은 누가 주문한 것일까? 이 물음에 답이라도 하듯 전화기가 연신 울려댄다. 그런데 주문을 받는 사람이 없다? 그때 더 이상 어색한 기계음이 아닌 자연스러운 상담사의 목소리가 들려온다. "주문 내용을 확인하겠습니다" 얼마 전부터 고객들의 사용자 친밀성을 높이기 위해 방영되고 있는 통신사 AI 광고의 한 장면이다.

불과 몇 년 전만 해도 배달음식을 시키기 위해 전단 광고를 찾고 전화를 걸어 음식을 일일이 나열해야 했던 것이, 스마트폰 앱을 켜 음식점을 둘러보고 메뉴를 정해 터치로 주문·결제하는 배달앱 서비스의 시대로 변해 왔다. 배달앱 서비스 시장은 "대화"로 음식 주문이 가능하도록 인공지능(AI) 기술을 접목, 서비스를 고도화시켜 14조 원 규모로 추산되는 국내 배달음식 시장에서 15%에 그치는 점유율을 끌어올리기 위해 본격 돌입한 모양새다. AI 상담원은 "챗봇" 등의 형태로 금융, 보험, 카드업계에서도 활약 중이다.

코로나19로 비대면 서비스가 폭증하면서 AI 챗봇이 대거 확산하고 있다. 시장조사업체 마켓앤(Market and markets)에 따르면 글로벌 챗봇시장은 2020년 25억7120만 달러(약 2조9838억원)에서 2024년 94억2790만 달러(약 10조9410억 원)까지 성장할 것으로 전망된다. 연평균 성장율은 22%에 달한다. 시장조사업체 가트너는 모든 고객 서비스 의사소통의 80%가 챗봇을 통해 이뤄질 것이라고 예측했다.

자영업자를 비롯한 기업은 "최소 비용, 최대 이득"을 추구한다. 이처럼 앞으로 단순일자리 소멸은 불가피하다. LG경제연구원은 "AI에 의한 일자리 위험진단" 보고서에서 우리나라 일자리의 43%가 AI로 대체될 고위험군이라고 예측했다.

③ 저숙련(배달) 일자리 증가

[인용] 2021년 11월 18일 목요일 인터넷 한겨레 박태우 기자

플랫폼 노동자 한해 무려 3배 늘었다 ··· 66만 명, 취업자 2.6%

온라인 플랫폼을 통해 배달·대리운전·가사서비스 등의 일감을 얻어 생활하는 플랫폼 노동자가 지난해에 견줘 3배 늘어난 것으로 파악됐다. 지난해 전체 취업자의 0.92%에 불과했던 플랫폼 노동자의 숫자는 올해 취업자의 2.6%인 66만 명에 달하는 것으로 나타났다. 이 가운데 배달·배송·운전업무를 하는 이들은 50만2천 명으로 압도적으로 많았다.

업종별로 보면, 배달·배송·운전이 50만2천 명(75.9%)로 압도적으로 많았다. 코로나19 이후 비대면 경제 활성화에 따른 음식배달 플랫폼 노동자가 크게 증가한 영향으로 보인다. 이 가운데 주업인 사람은 50.2%로 절반 수준이었고, 부업은 35.0%, 간헐적 참가자는 14.8%로 나타났다.

코로나가 촉발한 비대면 서비스 수요로 인해 사라진 일자리도 있지만, 생겨난 일자리도 있다. 아마 여러분도 예상했듯 배달앱을 통한 배달일자리이다. 코로나19 이후 비대면 소비가 자리 잡았다. 농림축산식품부·한국농수산식품유통공사의 "빅데이터 활용 외식업 경기분석" 보고서에 따르면 2021년 외식업 매출 101조4900억 원 가운데 배달앱 매출은 15조5700억 원으로 15.3%를 차지했다. 이는 코로나19 이전인 2019년 3.7%에 비해 4배 이상 증가한 수치다.

배달 종류는 음식을 넘어 생필품까지 확대되고 있다. 배달앱 내 주문에 따라 식당에서 집으로 음식을 배달하듯 마트에서 취급하는 생필품을 배송

하기 시작했다. 배달의민족의 B마트가 대표적이다. B마트는 배달기사가 오토바이로 30분에서 1시간 내 고객이 원하는 물품을 문 앞까지 배달한다.

수요가 늘어난 만큼 배달원들의 몸값도 지속적으로 오르고 있다. 배달 업계에 따르면 1월부터 배달대행업체 바로고, 생각대로 등은 배달대행 수수료를 500~1000원가량 인상했다. 수수료 인상으로 수도권 평균 배달료는 5000~6000원 수준으로 올랐다. 악천후나 피크 타임 배달, 장거리 배달의 경우엔 할증 적용으로 최대 7000~9000원에 육박한다. 여기에 배달 플랫폼들이 단건 배달 요금제를 개편하고 프로모션 중단에 나서면서 배달 종사자들의 수익은 큰 폭으로 늘고 있다.

온라인에서는 배달원들의 수익에 관한 글이 인기를 끌고 있다. "1주일에 155만 원 벌었다. 한 달 1000만 원 수입"이라는 자극적 제목의 기사도 보도된다. 배달기사들이 모인 온라인 카페에서 하루 동안 수익 66만 원을 올렸다는 글이 등장해 진위 여부에 논란이 일기도 했다. 이렇듯 일자리 풍선효과(다른 곳은 일자리가 없어지는데, 배달일은 일자리가 생김)와 높은 수익으로 배달에 뛰어드는 청년들이 많아졌다. 일자리가 많아진 것은 좋은 현상이지만 이 일자리가 언 발에 오줌 누는 식의 "동족방뇨(凍足放尿)"형 일자리라는 점에서 문제가 있다. 즉 잠시 도움이 될 뿐 효력이 바로 사라진다.

한국은행 조사국이 발표한 "코로나19 이후 고용 재조정 및 거시 경제적 영향" 보고서에 따르면 단순노무의 취업자 수는 코로나19 이전인 2019년 4분기 대비 10.6% 증가했다. 단순노무가 큰 폭으로 증가한 것은 이례적인 현상이다. 대부분 택배·배달업을 중심으로 늘었다. 택배원이나 배달원이 늘어나는 것은 비대면 소비 확산으로 일자리 수요가 나타났기 때문이다. 온라인 기술 발달에 따라 쿠팡이나 배달의 민족과 같은 플랫폼 기업의 성장도 영향을 끼쳤다.

코로나19로 큰 폭으로 감소했던 취업자 수가 2021년 11월 기준 99.98%까지 회복됐지만 고용 재조정으로 일자리의 질은 악화됐다. 코로나19로 일자리를 잃은 사람들이 대부분 택배원이나 배달원을 중심으로 단순노무 일자리로 몰려가고 있는 것으로 추정된다. 택배·배달 등 단순노무 직업이 급격히 늘어나며 일자리 양극화가 확대되고 있다. 로봇이나 인공지능(AI) 등에 밀린 공장이나 사무실 근로자들이 소득이 높고 안정적인 좋은 일자리를 갖지 못하고 비교적 진입이 쉬운 택배·배달기사 등 불안정한 일자리로 내몰리고 있다.

산업과 노동의 재편으로 제조업·사무직 일자리가 사라질 것으로 예상되는 만큼 청년들은 택배·배달기사가 아니면 일할 기회마저 얻기가 점차 어려워질 수 있다는 우려가 나온다. 고숙련 일자리는 고도의 판단력이 필요한 관리자나 전문가를 말하고, 저숙련 일자리는 육체노동 비중이 높은 청소원·경비원이나 단순노무 등을 의미한다. 반면 상대적으로 반복적인 업무가 많은 사무·판매·

조립원 등은 중숙련으로 분류된다. 중숙련 일자리는 대부분 제조업이거나 사무직으로 정규직 일자리로 분류돼 고소득은 아니지만 안정적인 일자리로 꼽혀왔다.

택배·배달을 중심으로 한 저숙련 일자리나 코로나19 영향을 거의 받지 않은 고숙련 일자리는 점차 늘어나는데 중숙련 일자리는 크게 줄어든 것이다. 2019년 대비 올해 3분기 기준으로 고숙련과 저숙련 일자리는 각각 0.5%, 3.9%씩 증가했다. 반면 중숙련 일자리는 1.7% 감소한 것으로 집계됐다. 하지만 중숙련 일자리는 업무의 특성이 반복 업무이기 때문에 로봇이나 AI 등으로 대체하기 쉽다는 단점이 있다. 앞으로도 기술 발전에 따라 중숙련 일자리는 점차 사라질 수밖에 없다는 것이다. 새로 생겨난 일자리가 앞으로 쉽게 사라질 수 있는 신기루와 같은 일자리라는 점은 청년들에게 긍정적인 뉴스는 아니다.

3) 일자리의 양 vs 질

일자리는 사람들의 생계와 정체성에 영향을 주기 때문에 "일자리 수" 증가와 감소에 따라 온 나라의 분위기가 바뀌고 금융 시장이 요동친다. 이는 또한 사람들의 마음을 움직여서 선거 결과를 결정한다. 그 덕분에 미디어의 관심은 항상 얼마나 많은 일자리 "양"을 늘렸는가에 초점이 맞춰져 있다. 그렇다면 일자리가 많아지면 우리의 소득도 높아지고 삶도 좀 더 풍족해질까?

이에 대해 보스턴대 엘렌 러펠 셸(Ellen Ruppel Shell) 교수는 〈일자리의 미래(The Job: Work and Its Future In A Time of Radical Change)〉에서 일자리의 "양"보다 "질"이 중요하다고 강조한다. 근무환경이 열악하고 임금을 적게 주는 일자리가 아무리 늘어나봐야 보통사람들의 생활에는 별 도움이 되지 않는다는 것이다.

정부와 기업들은 연일 고용증대를 위한 노력을 홍보하고 자신들이 수많은 일자리를 창출하고 있다고 자랑한다. 더불어 기업들은 정작 필요한 기술역량을 갖춘 인력은 항상 부족한 실정이라는 한탄을 한다. 이른바 "스킬 갭(skills gap)"을 지적하는 것이다. 그런데 우리 대부분은 일자리 시장 어디에서도 온기를 찾아보기 힘들다.

셸 교수는 대학 시간강사와 농장 노동자 그리고 마늘 공장의 예를 통해 기업들이 말하는 "노동력 부족"의 속뜻을 밝혀내 비판한다. 그는 대기업이 일자리를 볼모로 잡고 이익을 취하고 있다고 주장한다. 즉 기업들이 인력이 부족하다는 한탄은 결국 "가혹한 조건으로 일할 수 있는 노동자의 숫자가 부족하다는 것이 아닌가?"라는 의심을 받게 되어 있다는 것이다. 셸 교수가 인용하는 다음 예를 보자.

미국 텍사스의 어빙(Irving) 시는 아마존(Amazon) 물류창고를 유치하기 위해 총 2억9,600만 달러에 달하는 세제혜택과 다른 특혜를 제공했다. 지역 주민들이 취업할 수 있는 이른바 "훌륭한 일자리(great job)"를 얻기 위해서였다. 어빙 시민들은 아마존 계약직 임시직원으로 일하면서 시간당 8달러를 받았다. 하지만 아마존은 텍사스 주와 미지급 세금문제가 불거지자 미련 없이 어빙을 떠나 보다 좋은 조건을 제시했던 테네시 주 채터누가로 물류창고를 옮겼다.

또한 채터누가도 아마존을 모셔오기 위해 온갖 수단을 동원했다. 시의회는 모두 3,000만 달러에 달하는 특혜조치를 만장일치로 의결했고 아마존에 32만 3,748제곱미터의 토지를 제공하면서 그곳을 정비하는 데 400만 달러를 더 지출했다. 이에 호응해서 아마존은 1,467개의 풀타임 정규직 직원과 2,400개의 기간제 계약직을 약속했다. 영구적인 정규직으로 채용된 사람들은 시간당 11.25달러를 받게 되었지만, 임시직들은 용역회사들이 제시하는 조건을 따를 수밖에 없었다. 2013년 축구장 28개 넓이의 채터누가 아마존 물류센터에서 버락 오바마 대통령이 감동적인 연설을 했지만, 곧바로 비판에 직면했다. 당시 미국의 평균 시급은 24.57달러였다.

이렇듯 고용률 높이기에 급급한 정부가 국민들의 몫으로 돌아가야 할 세금으로 대기업을 지원하는 경우가 빈번하다. 셸 교수가 신랄하게 비판하듯 기업들이 일자리를 볼모로 잡고 있기 때문이다.

셸의 핵심 주장 중의 하나는, 시장경제가 요구하는 교육이나 스킬이 부족해서 일자리를 구하기 힘든 것이 아니라, 비싼 비용을 지불해서 겨우 얻은 교육과 자격증, 스킬이 너무 과잉이어서 오히려 일자리 경쟁에서 불리한 상황을 자초했다는 점이며, 이것이 바로 비즈니스 리더나 고용주가 원하던 것이라는 주장이다.

객관적인 통계에 따르면 미국의 경우 훈련과정에서 나오는 과학자들의 숫자가 학교, 정부, 민간 부문의 모든 직책과 직위에서 흡수할 수 있는 수준을 훨씬 상회하고 있다. 자격증의 범람은 단지 학력주의라는 통화의 가치 없는 인플레이션이며, 그것을 통과해 전진하라는 것은 오직 소수에게만 진정한 의미가 있는 그 무엇을 다수에게 강요하는 기만적인 제안이다.

확실한 것은 좋은 일자리보다 좋은 인재들이 훨씬 더 많다는 것이다. 스킬 갭 뒤에 숨어있는 진실을 보자. 크고 작은 기업들은 재능 있는 사람들의 공급 과잉을 조성해 특정 일자리에 대한 극심한 경쟁을 부추긴다. 가장 심각한 문제는 특정 직업군에 너무나 많은 수의 사람들을 훈련시킴으로써 결과적으로 그 직업군 시장에서 과잉공급이 유발되어 임금이 낮아진다는 사실이다.

이와 같은 맥락의 연장선에서 보면, 우리는 4차 산업혁명에 맞는 인재를 육성하자면서 비즈니스 리더들이 주장하는 기업 맞춤형 인재양성론이 과연 맞는 주장인지 의문을 갖게 될 것이다. 가정과 학교 그리고 국가의 목표는 학생들을 어떤 특정한 일자리와 연결시키는 것이 아니라, 확실한 것이라고는 아무것도 없는 이 세상에서의 삶을 그들이 준비할 수 있도록 돕는 것이다.

4) 쫓겨나는 전문가들과 미래를 위해 갖춰야 할 능력

한때 은행의 여신담당직원은 급여도 높고 권한도 크고 행세하는 직업이었다. 대출자격여부를 결정하는 실질적인 힘을 갖고 있었다. 그러나 오늘날 대출가능 여부는 통계알고리즘의 결과를 토대로 본점에서 결정된다. 예전에는 지점장 밑에 대리는 지점장의 대리를 의미했다. 하지만 지금은 그 위로 팀장 차장 과장 등 더 높은 직급이 생겨났고 대리는 계급상 그 밑의 직위에 불과하게 되었다. 은행들은 여신담당자에게 재량권을 허용하는 것이 바람직하지 않다는 사실을 깨닫게 된 것이다.

그들이 재량권을 이용하여 자신의 친구와 가족을 돕거나 부정한 일에 관여하고 금융일탈행위를 저지르기도 하지만 한편으론 고객과 눈을 맞추고 관계를 구축한다고 해서 해당 고객이 실제로 돈을 갚을 것인지 예측할 수 있는 것이 아니라는 게 밝혀졌기 때문이다. 재량권을 박탈당한 은행 여신담당자들은 허울만 그럴싸한 존재로 전락했다. 말 그대로 신청자의 데이터를 입력하고 전송버튼을 누르는 사람에 지나지 않게 되었다. 은행은 지금 대대적인 명퇴 등 구조조정이 진행 중에 있다. 그들의 지위와 급여가 바닥으로 떨어지게 되는 것도 그리 놀랄 일은 아니다.

우리는 재량권이 점차 사라지는 시대에 살고 있다. 일선 말단 직원들은 정해진 각본대로 따르는 로봇이나 다름없는 처지로 향하고 있다. 일선 직원들은 재량권을 박탈당한 만큼 이전만큼 더 고도의 지식과 많은 기술이 필요 없어진다. 이런 일은 제3세계 사람들에 의해 훨씬 값싸게 처리될 수도 있다 재량권과 지위가 전통적인 전문가에게서 벗어나 빅데이터와 데이터사이언스에 기반 한 예측으로 옮겨가는 현상은 의료계와 법조계에서도 일어나고 있다. 이제 환자와 고객들은 의사와 변호사를 그저 선택할 수 있는 정보원 정도로 생각한다.

이런 와중에도 직관과 경험을 사용하는 일부 영업사원들은 두각을 드러낼 것이다. 그러나 이 또한 그들과 비슷한 제품을 대규모로 판매하는 사업을 운영할 경우 모든 직원들에게 효과가 검증된 각본을 따르게 한다면 그들보다 훨씬 뛰어난 성과를 거둘 수도 있을 것이다 어쨌든 대부분의 일자리 영역에서 직원들의 재량권이 사라지고 단순반복적인 일이 주조를 이룬다면 이러한 변화의 물결에서 지혜롭게 사는 방편을 고민해야 마땅하다.

전문가들이 쫓겨나는 것처럼 직업의 명칭들은 점점 모호해지고 있다. 예를 들어 "세무사"라는 직업보다 "프로젝트 매니저"라는 직업은 무슨 일을 하는지 불분명하다. 세계 경제 포럼의 새로운 보고서에는 "직업"이 아닌 미래를 위해 갖춰야 할 "능력 10가지"를 선정했다.

① 분석적 사고와 혁신	② 능동적 학습과 학습 전략
③ 창의성, 독창성, 추진력	④ 기술 디자인과 프로그래밍
⑤ 비판적 사고와 분석	⑥ 복잡 문제 해결 능력
⑦ 리더십과 사회적 영향력	⑧ 감정 지능
⑨ 추론, 문제 해결과 추상화	⑩ 시스템 분석과 평가

세계 경제 포럼은 기술적 변화가 점점 가속화되는 세상에 꼭 필요한 능력인 능동적 학습, 기술 디자인과 같은 능력에 대한 수요가 점점 늘 것으로 전망했다. 한편 조립라인에서 장치를 조립하거나 회계서류를 작성하는 것처럼 간단한 반복 작업들은 앞으로 5년 내로 점차 기계가 대체할 것으로 전망된다. 기술의 발달로 인해 이미 육체노동뿐 아니라 지식노동의 상당수도 기계로 대체되고 있다.

스마트폰은 우리의 뇌를 대신해 외부 기억 장치의 역할을 한다. 업무관리 소프트웨어는 과거에 관리자의 일을 대신 해주고 있다. 이런 의미에서 단순히 지시 내용을 주의를 기울여 듣는 "능동적 청취(active listening)"가 아닌 직접 새로운 것을 찾아 배우는 "능동적 학습(active learning)"이 몇 년 내로 각광받는 능력이 될 것이라는 점을 주목해야 한다. 역사는 반복된다. 블루칼라가 먼저 타격을 입었고 이제는 화이트칼라 차례이다.

기술의 지속적인 개선은 주어진 노동 투입량에 대해 더 많은 산출물을 생산할 수 있음을 의미한다. 산업혁명시대의 방적기를 생각해보면 쉽게 이해될 것이다. 예를 들면 새뮤얼 크롬프턴

(Samuel Crompton, 1753~1827)은 1779년 제니 방적기와 수력 방적기의 원리를 합쳐 뮬(Mule) 방적기를 개발했다. 비록 그는 특허를 얻지 못해 큰돈을 벌지 못했지만 이 방적기는 성능이 좋아 널리 보급되었다. 뮬 방적기에 증기기관을 결합할 경우 동일 양의 면사를 가공하는 데는 불과 300시간밖에 걸리지 않아 160배 이상의 높은 생산성을 보였다. 그러나 결정적으로 이것은 또한 한 해에서 다음 해로 넘어가면서 동일한 제품을 생산하는 데 필요한 인력이 더 적어짐을 의미한다.

1960년대 초 IT 혁명이 막 시작되던 때 공장 작업현장에 컴퓨터 수치제어(CNC) 기술이 도입되었다. 이 기술은 공장의 로봇들에게 부품들을 일정 형태로 조립해서 제품을 만들도록 명령한다. 수치 제어는 곧 헨리 포드가 움직이는 조립라인 개념을 도입한 이래 제조기술에 있어서 가장 의미 있는 기술로 여겨졌다. 컴퓨터 수치제어는 생산성을 극적으로 신장시켰고 그럼으로써 소수의 전문직 기술노동자가 프로그래밍하고 관리하는 전산화기술이 인간노동을 대체하는 과정의 첫 과정을 시작했다. 인간을 관리하는 대신에 기계를 관리하는 경영혁명이 도래된 것이다.

그리고 제러미 리프킨(Jeremy Rifkin)에 따르면 오늘날 산업화된 나라와 개발도상국을 막론하고 컴퓨터 프로그램으로 가동되는, 노동자가 거의 없는 공장이 점점 표준이 되고 있다. 섬유산업은 증기력을 이용한 기술 그리고 나중에는 전기화(化)와 전력 도구가 생산성을 증진했지만 의류를 제작하는 많은 부분은 수작업으로 이뤄졌었다. 하지만 컴퓨터 지원설계(CAD)는 의상 디자인에 소요되는 시간을 몇 주에서 단 몇 분으로 축소했다. 의류를 제작, 저장, 처리, 포장, 배송하는 과정도 전산화되었다.

1960년대에는 직기에 실이 분당 100번 통과하는 기계 다섯 대를 섬유 노동자 한 명이 작동했는데 오늘날 기계는 속도가 여섯 배나 빠르고 작업자 한 명이 직기 100대를 관리한다. 노동자 1인당 산출량이 120배 증가한 셈이다. 그리고 인터넷을 발명한 미국방부는 군복 제작에 드는 직접 노동비를 제로 수준으로 낮추려고 산하 방위고등연구계획국(DAPRA)이 재봉 과정 자체의 자동화에 관심을 쏟고 있다. 이게 성공한다면 군용의류를 생산하는 도급업체에서 일하는 노동자 5만 명이 일자리를 잃을 것이다.

그래도 20세기 상반기 동안에는 세계 어디에서나 힘과 인내심만 있으면 좋은 일자리를 쉽게 구할 수 있었다. 하지만 이제는 기계와 엔진, 조립라인이 인간의 근육을 대체하면서 힘은 프로 스포츠 분야를 제외하고 먹고사는 것을 보장해주는 역할을 하지 못한다. 20세기 하반기에 컴퓨터가 탄생하자 세상은 완전히 변했고 이로 인해 가장 큰 타격을 받은 계층은 바로 블루칼라였다. 그 변화가 얼마나 충격적인지는 프랭크 레비(Frank Levy)와 리처드 머네인(Richard Murnane)이 쓴 책 〈The New Division of Labor: How Computers Are Creating the Next Job Market〉을 보면 잘 알 수 있다.

1962년 제트기 시대를 열며 많은 사람에게 우상이 된 보잉727
은 무려 5천 명의 엔지니어가 7년의 시간을 투자해 개발한 것이
다. 이들은 처음 자신들이 설계한 도면을 믿을 수가 없어서 첫 단
계로 실물 크기의 모델을 직접 제조해보기로 결정했다. 그런 다
음 상세 도면을 제작해 그것에 맞는 부품을 기계로 제작했다. 그
때 이미 공작기계 선반(旋盤, lathe)은 디지털로 컨트롤 할 수 있는
기계로 바뀌어 있었다.

　그러나 당시만 해도 처음 만들어낸 부품은 한 번에 제대로 맞
지 않았다. 이에 따라 조립라인에 있는 노동자들은 비행기에 꼭
맞도록 손으로 직접 철심을 덧붙였다. 그렇게 복잡한 과정을 거
쳐서 탄생한 보잉727은 무게가 44톤이나 나갔는데, 그중 0.5톤
정도는 부품 사이에 낀 심(shim)의 무게라고 할 정도로 보충심이
많이 들어갔다. 보잉727은 약 1,800대가 팔려나갔고 그중 1,300
대는 그 많은 심과 함께 여전히 날아다니고 있다.

Boeing727
1962년 도입, 149~189명 승객
약 4,250,000$
최고속도 632MPH, 날개폭 33M

Boeing777
1995년 도입, 314~451명 승객
약 258,800,000$
최고속도 950MPH, 날개폭 61M

보잉727이 처음 생산된 지 30년이 지난 후 보잉777이 생산되었고 이 비행기는 727에 비해 훨씬 크고 구조가 복잡함에도 개발기간이 5년밖에 걸리지 않았다. 이번에는 종이 도면 같은 것은 전혀 필요하지 않았다. 실물 모델을 직접 제조해볼 필요도 없었다. 보잉777은 최초로 100퍼센트 컴퓨터 디자인으로 생산된 비행기로, 덕분에 부품 사이즈가 제대로 맞지 않아 헐거운 일은 절대 발생하지 않았다. 보잉777은 프랑스 엔지니어링 회사 다소(Dassault)로부터 컴퓨터를 이용한 디자인, 제조 소프트웨어를 입력한 생산 장비를 컨트롤하기만 하면 되었다. 그 결과 아무 무리 없이 조립되었고 보잉 측은 이렇게 자랑했다.

"최초로 생산된 777은 부품 사이어 틈이 0.023인치(카드 두께 정도)밖에 되지 않는다. 다른 비행기 부품의 틈이 0.5인치 규모 안에서 조립되는 것을 감안하면, 거의 완벽하게 맞는 것이라고 볼 수 있다."

다시 말해 이제 심 같은 것은 더 이상 필요 없게 되었다는 것이다. 이는 또한 심을 능숙하게 조립하는 숙련된 노동자도 더 이상 필요 없게 되었음을 의미한다. 숙련 노동자의 손길이 없어도 더 안전하고 저렴하며 멋있는 비행기가 생산될 수 있는 시대가 온 것이다. 덕분에 비행기 생산 단가가 내려갔고 항공요금도 덩달아 인하되어 과거보다 많은 사람이 비행기로 여행을 하게 되었다. 비행기가 잘 팔리자 경쟁기업, 특히 유럽 여러 국가가 연합해 설립한 에어버스(Airbus)가 시장에 진출해 가격은 더 떨어지게 되었다.

비행기와 경쟁구도도 많이 변했지만, 가장 놀라운 변화는 노동 직종 구성에 나타난 변화였다. CAD/CAM 오퍼레이터, 소프트웨어 엔지니어, 이미징 디바이스(imaging device) 제조업자, 공항 설계자, 그리고 조종사가 항공 산업에서 타 직종보다 월급을 훨씬 더 많이 받는 직종으로 부상하게 되었다.

반대로 비행기를 주차해야 할 장소로 인도하는 직업, 여객기와 터미널을 잇는 승강용 통로를 제조하는 노동자, 이미징 디바이스 조종자, 그리고 공항 터미널을 청소하는 사람들은 저(低)월급 직종으로 내려앉았다. 무엇보다 눈에 띄는 사실은 생산 라인, 여행사, 조종실 자체에도 블루칼라 노동자를 위한 자리가 거의 남지 않게 되었다는 사실이다. 4차 산업혁명 시대에는 이러한 변화가 화이트칼라에도 닥칠 것임을 타산지석 삼아야 한다.

일자리 개념 변화

1) 정규직이라는 허상과 "인국공" 사태

취업준비생에게 "대기업 정규직"은 마치 고등학생의 "인(in)서울"처럼 이뤄야 하는 목표로 생각된다. 그런데 구직자들은 기업규모보다 정규직 여부를 더 중요시한다. 한 취업 포털의 설문조사 결과에 따르면 둘 다 합격했다고 가정할 경우 대기업 비정규직보다 중소기업 정규직을 선택한 구직자가 압도적(77%)으로 많았다. 가장 큰 이유는 바로 고용안정성이다. 어쩌면 당연한 결과일지 모른다. 위험 회피(Risk averse) 성향이 높은 인간이 야생에서 살아남았고 이는 우리의 유전자에 깊게 새겨져 있다.

우리나라에서 "철밥통"이란 용어가 문헌에 본격적으로 등장하기 시작한 것은 1990년대 후반인 것으로 보인다. 당시 신문에서 이 말이 종종 쓰이기 시작했으며, 문학 작품에는 2000년 이후 작품에서 본격적으로 등장한다. 여기서 "밥통" 또는 "밥그릇"은 그저 밥을 담는 도구만을 의미하지 않는다. 때론 "일자리"를, 때론 "밥만 축내고 제 구실을 하지 못하는 사람"을 나타내기도 한다.

"철밥통"은 1980년대 중국에서 "해고될 염려가 없는" 국영 기업체 직원을 "티에판완(鐵飯碗)"으로 부르기 시작한 데서 유래된 것으로 보인다. 당시 중국 동포 작가들의 문학 작품에 나오는 "철밥통"은 바로 "티에판완" 즉 "철반완"을 우리말로 바꾼 말이었던 것이다. 즉 "철밥통"은 "해고될 염려가 없는 직업, 또는 그런 직업을 가진 사람"을 낮잡아 이르는 말이라는 것을 유추하는 것은 그리 어렵지 않다.

우리는 보통 "정규직"이라고 하면 공무원과 같은 철밥통은 아니더라도 안정성이 비정규직과 가장 큰 차이를 보이는 부분이라고 생각하고 높은 가치로 인식한다. 그렇지만 정규직은 법률 등에 사용되는 공식적인 용어가 아니다. 법에 존재하는 정규직에 가장 가까운 표현은 "기간의 정함이 없는 근로계약" 또는 그런 계약을 체결한 근로자다. 따라서 법에 의한 정규직의 안정성은 보장되지 않는 권리이다.

그렇지만 과거에는 우리가 가지고 있는 정규직이라는 인식대로 안정성 측면을 보장받던 시절이 있었다. 그러나 기업이 외부의 도전에 노출되고 경영환경이 날로 악화되어 기업의 미래를 장담할 수 없는 상황에서 기업은 더 이상 든든한 울타리 역할을 해주지 못한다. 4차 산업혁명을 비롯해 비즈니스 환경이 끊임없이 변화하는 중이란 것은 앞서 충분히 다루었다. 이러한 변동성은 기업입장에서 곧 리스크다. 대기업조차도 정규직=안정성이라는 공식이 깨지는 상황이 이미 도래했다.

2019년도 하반기에 국내 대기업 디스플레이업계가 매우 큰 어려움을 겪었다. 삼성과 LG 모두 중국제조사에게 밀려서 대대적인 희망퇴직을 진행해야 했고, 이 과정에서 수많은 정규직들이 퇴직하는 상황이 발생하였다. 코로나 시대에는 여행, 여객, 항공 등 산업기반 자체가 붕괴되어 정규직을 유지한다는 것이 불가능한 상황이 되었다. SC은행은 전 직원의 20%에 해당하는 1,000명 규모의 희망퇴직 계획을 발표했다. 취업준비생들이 선망하는 몇 안 되는 안정된 직장인 은행마저도 이렇게 "정규직"과 멀어지고 있는 것이다. 결국 정규직이란 이름은 위기상황에서는 아무런 역할을 하지 못하는 허울뿐인 허상에 불과했다.

고용안정성뿐 아니다. 우리가 정규직이라고 생각하는 많은 근로자들의 연봉(수입)에 판매 커미션, 초과 근무수당, 성과급 보너스, 프로젝트 보조금, 상여 등의 비중이 점점 커지고 있다는 것을 기억하자. 연봉은 다양한 회계 계정(항목)으로 구성되어 있는데, 연봉 중 고정급의 비중보다 변동급의 비중이 점점 높아지고 있다. 이것은 무엇을 의미하는가? 정규직이지만 급여 금액의 안정성 또한 더 이상 보장되지 않는다는 의미이다.

급여 제도가 변경되면서 정규직이라도 반년 후 혹은 프로젝트가 끝나는 시점부터는 당장 얼마를 벌지 확실히 알 수가 없다. 기업이나 단체는 급변하는 환경에 대응하기 위해 급여와 같은 "고정비용"을 "가변비용"으로 바꾸고 싶어 한다. 비정규직 제도의 도입이 기업의 필요에 의한 것이었듯이 정규직이라는 제도는 존재하지만 그 본질은 사실상 비정규직과 점차 유사해지고 있는 것이다.

이처럼 정규직과 비정규직의 경계가 모호해지고 있는 상황에서 "인국공 사태"라 불리는 인천국제공항공사 정규직 전환 이슈나 "KTX 여승무원 비정규직 사태"로 인한 갈등의 표출은 일자리에 대한 우리 사회의 시각이 엇갈리고 있음을 보여주는 바로미터라 할 수 있다. 두 사건 모두 청년층은 공정성 측면에서 문제가 있다고 생각하고 있는 사건이다.

인천국제공항공사가 "비정규직 제로"를 선언하며 공사 정규직 1400명보다 많은 1900여 명의 보안검색 요원을 청원경찰 신분으로 직접 고용하겠다고 밝히자 취업준비생을 비롯한 청년층 사이에서 거센 분노가 터져 나왔고, 국민청원은 순식간에 답변기준 20만 명을 넘겼다. KTX 여승무원 사태 역시 장기간의 소송이 걸린 사건이었고, 이 소송 과정에서 비판의 목소리가 있었다. KTX 여승무원들이 파업 초기부터 비정규직이라는 사실을 인지하고 계약했으면서 왜 나중에 정규직 전환이라는 무리한 요구를 하느냐는 반박이었다.

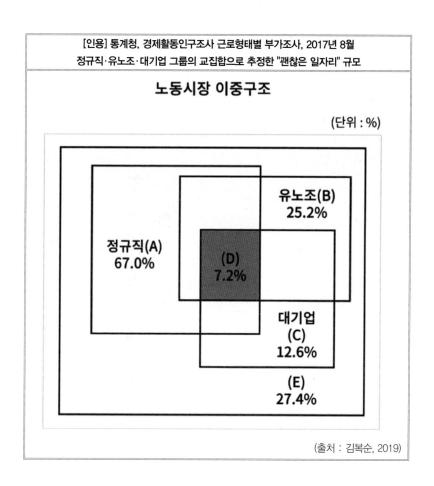

[인용] 통계청, 경제활동인구조사 근로형태별 부가조사, 2017년 8월
정규직·유노조·대기업 그룹의 교집합으로 추정한 "괜찮은 일자리" 규모

노동시장 이중구조

(단위 : %)

유노조(B)
25.2%

정규직(A)
67.0%

(D)
7.2%

대기업
(C)
12.6%

(E)
27.4%

(출처 : 김복순, 2019)

    그러나 직업에 있어 우리가 가장 중요하게 생각하는 급여나 고용안정성 측면에서 정규직이 비정규직에 비해 유리한 측면은 엄연히 존재하나, 여러 사례를 통해 그 차이는 점차 줄어들고 있는 추세임을 생각해 볼 때 필자는 청년들이 정규직이 정확히 어떤 의미인지에 대한 인식이 필요하다는 생각을 하게 되었다.

    2019년 한국노동연구원의 연구보고서에 의하면 우리나라 전체 일자리 중 우리가 생각하는 좋은 일자리라고 생각하는 이상적 형태의 "정규직"에 속하는 일자리는 불과 7.2%에 불과했다. ① 고용안정성 ② 유㈲노조 ③ 대기업에 모두 속하는 교집합이 7.2%에 불과하다는 뜻이다. 이 말은 반대로 92.8%의 일자리는 우리가 원하는 정규직이 아닌 형태의 일자리라는 뜻이 된다. 7.2%의 낮은 확률을 뚫고 들어간다고 하더라도 실질적으로는 비정규직화 되어가는 정규직. 과연 청년층이 생각하는 것만큼 가치 있는 타이틀일까?

우리가 "비정규직"이라는 단어에 부정적인 이유는 고용불안만이 아니라 임금과 복지혜택 차등, 그리고 마치 낮은 신분 계층인 것과 같은 차별이 실제로 존재하기 때문이다. 또한 직무의 레벨이 상대적으로 낮거나 직무가 요구하는 기준이 높지 않음을 의미 혹은 단순 일용직 및 단순노무를 수행하는 업무 등이 주로 비정규직에 분포하는 비중이 많기에 그러한 인식이 퍼진 것이라고 볼 수도 있다.

우선 사회가 청년들을 위해 해야 할 일은 이러한 인식과 차별을 줄여나가는 것이다. 기업은 보이지 않는 손에 따라 자연스럽게 정규직과 비정규직의 대우를 줄여나가고 있다. 그렇다면 그에 따른 인식과 차별 역시 개선될 필요가 있다. 불과 10%도 안 남은 "정규직"이라는 일자리에 사람들이 더 이상 매달리지 않도록 하는 것이 필요하다. 적성과 재능이 무엇이건 대기업 공기업 앞에 한 줄로 줄을 서야 하고, 선택되지 못하면 너무 힘들게 살아야 하는 이 사회의 구조가 문제의 본질이다. 인국공 사태는 정부가 나서서 정규직이라는 허울을 좇으려 했기에 발생한 비극이다.

　아래 그림을 보라. 21세기 고용의 특징은 정규직이 줄어드는 모습을 보이고 있다. 그림에서 보듯 새로운 일의 모습은 정규직의 필요성이 줄고, 프리랜서와 시간제 근무가 늘어난다. 온라인 플랫폼을 활용하는 일자리는 증가할 것이다. 예를 들면 내부 인력을 통한 디자인 대신 플랫폼을 통해 디자인 공모, 소비자 선호 투표로 디자인을 채택하는 것이다. 이럴 경우 특정 디자이너의 고용필요성이 줄어든다. 4차 산업혁명에 따른 새로운 일자리의 모습으로는 세분화된 작은 업무와 온라인 업무가 증가할 것으로 예상된다.

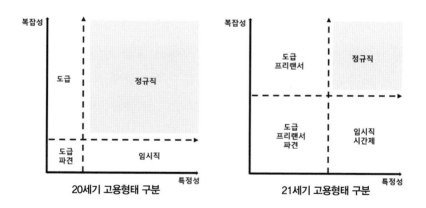

　이는 일자리가 단기간 또는 프로젝트 형으로 전환되는 것을 의미한다. 따라서 계약은 없거나 짧으며 일은 단속적으로 진행될 것이라는 의견이다. 근로자는 사용자를 만날 필요가 없이 상호 합의된 업무만 수행하고 동시에 여러 사용자를 위해 일할 수 있다. 근로시간과 장소의 제약은 없거나 과거에 비해 현저히 감소되며 일하는 날과 휴일, 근로 장소(집 vs. 회사)의 구분이 모호해짐에 따라 근로기준에 관한 법·제도의 영향력이 감소할 전망이다. 근로자는 근로시간의 유연성을 갖지만 원하는 만큼 일하지 못할 가능성이 있으며 근로시간이 아닌 맡은 바 업무에 따라 보상이 이루어질 것이다.

사람들이 원하는 의미로서의 정규직을 늘리는 방법은 그 한계가 분명하고 시장(market)과 반대되는 방법이다. 코로나 같은 불확실성이 일상이 되고, 마이너스 성장 시대가 기본인 상황에서 더욱 그렇다. 그보다는 어떤 일을 하더라도 큰 차이가 없는 사회를 지향해야 한다. 규모가 작은 조직에서 일하더라도, 프리랜서나 1인사업자로 일하더라도, 단기근속을 반복하더라도, 그 삶의 모습이나 사회의 평가가 정규직과 크게 다르지 않은 사회가 될 수 있도록 노력해야 한다. 그러면 청년들도 자연스럽게 정규직에 대한 왜곡된 인식에서 벗어날 수 있을 것이다. 이 책을 읽는 여러분들은 남들보다 정답을 미리 알았다고 생각하고 변화에 앞서 현명하게 대처하기를 바란다.

2) 프리에이전트(Free-Agent)

정규직과 비정규직의 경계가 모호해지면 일자리의 형태는 어떻게 변화할 것인가? 호주의 미래학자이자 벤처기업가로서 〈넥스트 위너(How to Hack Your Way Through the Technology Revolution)〉등의 책을 집필하기도 한 스티브 사마티노(Steve Smmartino)는 변화되는 일자리 개념에 관해 또 다른 자신의 저서 〈위대한 해체(The Great Fragmentation)〉에서 다음과 같이 언급했다.

> 지금의 나를 딱히 한마디로 정의하기는 어렵다.
>
> 나는 현재 비즈니스 블로거, 웹 벤처기업 창업자, 창업회사 투자가, 대학 강사, 테크놀로지 전문 기자, 라디오 논평가, 바이럴 동영상 제작자, 강연자, 자동차 이사회 맴버, 기업 컨설턴트, 정부의 테크놀로지 고문, 비즈니스 저서 작가 등 무수히 많은 수입 창출 활동을 하고 있다.
>
> 나는 어떤 기회가 생기든 그 안에서 벤다이어그램의 교집합 같은 영역을 찾는다. 사실 이것은 비즈니스계에서 오랫동안 사용했던 연관분야 다각화와 유사한 개념이다. 하지만 안타깝게도 비즈니스 종사자들은 본인들 손으로 수행하는 기업전략을 정작 자신의 경력이나 수입 증가를 위해서는 거의 활용하지 않는다. 테크놀로지 시대의 경력관리에 대해 나는 언제나 벤다이어그램이 정답이라고 생각한다.

사마티노의 이야기처럼 일자리는 한가지로 고정되지 않고 벤다이어그램이 겹치듯 수입 활동에 따라 유동적으로 변해가고 있다. 변화는 급격하게 느껴지기도 하지만 산업 전반에 걸쳐 순차적으로 일어나기에 이미 특정분야에서는 서서히 일자리의 개념이 달라지고 있었다. 4차 산업혁명은 특정 시점을 전후로 무 자르듯이 구분 지을 수 있는 것이 아니다.

세계적인 미래학자 중 한 사람으로 손꼽히는 다니엘 핑크(Daniel Pink)는 2001년 〈프리 에이전트의 시대(Free Agent Nation: The Future of Working for Yourself)〉에서 조직인간의 시대가 끝나간다고 주장했다. 세계적 대기업인 GM이나 마이크로소프트가 최대의 고용을 이끌어내던 시대는 일시적이었으며 앞으로 일자리는 프리에이전트가 차지할 것이라 주장했다.

프리에이전트는 본래 스포츠 용어로서 "일정기간 자신이 속한 팀에서 활동한 뒤 다른 팀과 자유롭게 계약을 맺어 이적할 수 있는 자유계약선수"를 의미한다. 여기서는 기업이나 정부기관 등 거대 조직체의 굴레로부터 자유롭게 일하는 개인을 말한다. 원하는 시간과 원하는 장소에서 원하는 조건으로 원하는 사람과 일하는 노동자이다. 이들은 주체적으로 업무 관계자들을 대하고, 업무에 관해 자신이 결정하고 책임을 진다. 다른 프리에이전트들과 업무 네트워크를 형성하고 문제를 해결한다.

공유경제 전문가인 아룬 순다라라잔(Arun Sundararajan) 뉴욕대 석좌교수는 언론 인터뷰에서 "역사적으로 보면 대기업 정규직 일자리는 20세기 하반기에 나타난 아주 짧은 현상에 불과했다. 공유경제가 확대되면서 점점 더 많은 사람이 플랫폼을 통해 상품과 서비스를 공급하는 동시에 소비하게 되면 큰 조직을 통해 이뤄지던 생산 모델 자체가 고르게 분산되는 방식으로 변한다. 그 결과 자영업자 또는 소규모 비즈니스를 운영하는 사람들의 숫자가 늘어날 것이다"라고 말했다. 비록 코로나 팬데믹으로 공유경제가 그의 예상처럼 활발히 확대되고 있지는 못하지만, 플랫폼 이용이 활발해지고 있고 경제 구조적 방향성도 예상과 맞게 진행 중이다.

이처럼 20세기가 샐러리맨으로 대표되는 조직인간(organization man)이 경제의 주체였다면, 21세기는 프리에이전트의 시대가 될 확률이 높고 실제 우리가 알지 못하는 사이에 많은 경제주체들이 프리에이전트의 생활을 하고 있다. 우리나라의 경우도 IMF를 겪으면서 비정규직이 대거 도입되었고, 기업이 개인의 고용을 평생 책임진다는 일본과 유사한 형태의 "평생직장" 개념은 옛말이 되었다. 특히 4차 산업혁명 시대의 다음과 같은 특징들은 노동자들의 프리에이전트 화(化)를 가속화 시킨다.

이제 평생고용시대는 끝났다. 정규직이라고 해서 평생직장이라는 나이브한 생각을 가져서는 위험하다. 이미 대기업이 노동자들의 생존을 보장해주던 시대는 끝났다. 자신의 직무역량을 평생 갈고닦지 않으면 급격한 변화의 파고를 뚫고 살아남기 어려운 시대이다. 자발적, 비자발적으로 프리에이전트의 고용형태를 가지게 된다. 그리고 업무의 효율과 성과가 "프로젝트"를 기반으로 진행된다.

아웃소싱이란 말이 우리에게 익숙해진 지 오래되었다. 과거에는 하나부터 열까지 조직이 모든 것을 수행하려고 했다. 그러나 현재는 사무실의 정수기 관리부터 보안까지 외부 인원이 진행한다. 이것이 가능한 이유는 기업이 환경에 변화하기 위해서 몸집을 가볍게 해야 하고 그래야 효율이 발생하기 때문이다. 4차 산업혁명의 인프라 기반에서는 시간과 공간조차 자유로워지기 때문에 효율은 더욱 극대화된다. 대중(crowd)과 아웃소싱(outsourcing)

의 합성어인 크라우드소싱(crowd-sourcing) 환경을 바탕으로 프로젝트에 필요한 전문가가 필요한 만큼의 공수를 투입하여 스마트하게 일하고 성과를 올리는 것이 중요하다.

AI가 대체할 수 없는 분야인 창의성이 점차 중요해지는 상황에서 "자율성"은 창의성의 기반이 되기에 지시대로만 행동하는 조직인간은 도태될 가능성이 높다. 자율성은 프리에이전트의 가장 큰 특징이니 만큼 앞으로 프리에이전트 식의 업무방식이 빛을 보게 될 것이다. 앞으로 다가올 프리에이전트 시대를 맞아 프로야구나 프로축구에서 "FA 대박"을 터뜨린 대형 선수들처럼 4차 산업혁명 시대에 성공한 프리에이전트가 되기 위한 계획을 세워보는 여러분이 되기를 바란다.

3) 100세 시대의 경력곡선(Career curve)

전통적인 경력곡선은 은퇴시기까지 회사의 직급 체계를 따라, 시간에 따라 서서히 올라가다 은퇴와 동시에 절벽처럼 가파르게 주저앉는 종형 곡선(bell curve) 형태였다. 하지만 요즘에는 그 형태가 변화하고 있는데 그 형태가 여러 개의 종을 늘어놓은 것 같다. 타마라 에릭슨(Tamara Erickson)은 이를 편종형 곡선(Carillon Curve)이라고 불렀다.

참고로 Carillon은 프랑스어로 까리용(carillon)이라는 종모양의 악기를 의미한다.(좌측 그림 참고) 청동으로 주조되어 교회 종탑에 설치된 한 세트가 4개의 종으로 구성된 타악기인데, 점점 종의 수가 늘어나서 포르투갈의 마프라 궁(Palace of Mafra)에 있는 까리용은 120개의 종으로 구성되어 있다.

전통적인 경력곡선은 20대 이후부터 일의 자원과 에너지가 꾸준히 쌓이다가 60대에 완전히 멈춰 힘과 권위의 정점에서 추락 또는 은퇴하는 것이다. 연금제도가 탄생한 1880년대 선진국들의 기대수명은 50세 이하였다. 1960년 한국인의 평균수명은 60세였다. 특별한 경력관리가 필요 없었고 평생직장으로 근무하다 은퇴 후 몇 년 쉬다 사망했다.

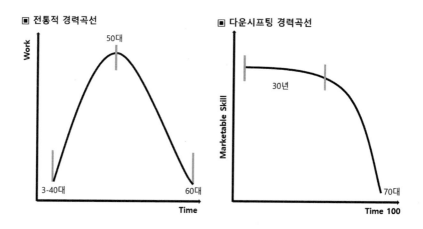

두 번째 곡선인 다운시프팅 경력 곡선도 전통적인 종 모양 곡선과 비슷하다. 의사, 변호사 등 전문 직업이라고 보면 된다. 일반적인 경력곡선이 바닥에서부터 점차 올라가는 것과 달리 높은 위치에서 경력이 시작된다. 사회가 이들이 가진 지식과 기술을 높게 평가하므로 이들은 높은 지위와 보수를 향유한다. 경력 발전의 에너지, 자원, 가치가 20대에서 50대까지 꾸준히 쌓이다가 서서히 하락하기 시작해 70대나 80대의 어느 시점에 이르면 공헌이 멈춘다.

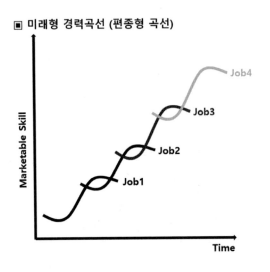

■ 미래형 경력곡선 (편종형 곡선)

마지막으로 편종형 경력곡선은 이렇게 생각해볼 수 있다. 50대 후반 혹은 60대에는 지금까지 몇 가지 분야에서 쌓은 전문 능력과 변형을 바탕으로 프리랜서, 소기업가나 1인 기업가 등으로 변신하여 계속 일을 하며 사회에 생산적인 공헌을 한다. 좀 더 바람직한 모습은 평생 일을 하고 나서 노후에 한 가지 새로운 일을 찾아 나서는 이모작이 아니라 젊을 때부터 사모작, 오모작을 계속해가는 형태를 의미한다. 모자이크처럼 다채로운 편종형 곡선에서는 새로운 분야에서 에너지를 기르고 자기성찰의 시간을 마련하여 자원봉사에도 참여한다.

오늘날 사회는 평균 수명 100세 시대에 돌입해있다. 이전의 산업사회 때에는 평균수명도 지금보다 훨씬 낮은 수준이어서 노동·자본·기술로 경제성장을 이루고 일자리를 만들어내는데 충분했다. 청년기에는 배우고 중년기에는 열심히 일을 하고 노년기에 접어들면서 그동안 고생한 만큼 쉬는 것이 당연하게 여겨왔다.

하지만 지식사회는 지식이 개인과 조직, 국가의 핵심자산이 되는 사회다. 오늘날의 지식사회는 평균 수명이 늘어난 만큼 노년기에 접어든 사람들이 이전 사회보다 훨씬 증가하였다. 청년이든 중년이든 노년이든 모두가 배우고 일하고 쉬어야 하는 세상에 들어섰다.

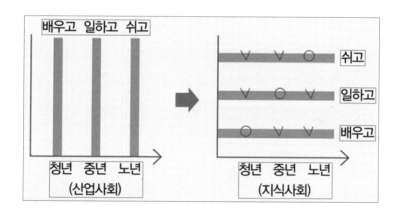

편종형 경력곡선은 우리 시대에 매우 중요한 의미를 지닌다. 편종형 곡선에 따른 근로생활은 전통적인 경력 곡선보다 유연하며, 다운시프팅 곡선보다 생산적인 생활을 오랫동안 이어 나갈 수 있다. 당신의 미래 일자리를 기업이 책임져주는 시대는 지났다. 첫 번째 경력이 끝나기 전에 제2의 경력곡선을 그려야 한다. 현재의 학습곡선이 만기가 되기 전에 시장에서 유용한 일련의 스킬들을 습득해 놓아야 한다.

이렇게 지식과 스킬을 양성하기 위해 투자에 대한 개념을 변화시킬 필요가 있다. 예를 들면 2,000만 원의 금융자산은 금리 1% 시대에는 매년 20만 원의 이자가 나온다. 한 달에 2만 원도 채 되지 않는다. 종신연금에 넣어두면 매월 6만 원 정도를 받는다. 하지만 같은 돈을 자신에게 투자하여 매월 100만 원의 소득을 올릴 수도 있다. 훨씬 효율적인 자원배분이다. 따라서 100세 시대에는 금융자산의 일부를 인적자본에 투자해서 그 가치를 높이는 것이 현명하다.

그런데 위의 첫 번째보다 더욱 중요한 의미가 있다. 우리는 "재능"의 중요성을 강조하지만 사실 인생을 살면서 자신의 재능을 잘 알지 못하는 게 현실이다. 그런데 괴테는 명언을 남겼다. "이 것저것 해보라" 뻘짓과 딴짓을 하다 보면 그냥 시간낭비가 아니라 우연히 자신의 재능을 찾게 된다. 이런 재능이 훈련되다 보면 시장에서 거래할 수 있는 기술로 변화된다. 이때 당신 자신을 온전히 믿는 것이 매우 중요하다. 당신을 믿고 가다 보면 당신은 어느새 (시장에서 크고 매력 있는 가치를 갖는) 당신만의 편종형 곡선의 높은 곳에 위치해 있을 것이다.

직업은 삶의 근간이다.

– 프리드리히 니체(Friedrich Nietzsche)

3장

어떻게
내 일자리를
마련할까?

세 종류의 사람과 맥도날드

[인용] 2016년 영화 〈파운더(The Founder, 2016)〉 중

　위 사진은 영화 〈파운더(The Founder, 2016)〉의 한 장면이다. 이 영화는 "파운더" 즉 창업자라는 의미를 가지는 영화이다. 이 장면에는 맥도날드를 이용하기 위해 줄 서 있는 사람들이 있다. 위 가게는 오늘날 우리가 아는 맥도날드와는 조금 다른 모습이다. 아직 프랜차이즈 사업을 시작하기 전의 맥도날드이기 때문이다. 우리는 여기서 세 종류의 사람을 확인할 수 있다.

　① 맥도날드 매장 앞에 줄 서 있는 사람들

　② 맥도날드 매장 안에서 매장을 운영 중인 맥도날드 형제

　③ 매장 앞 벤치에 앉아서 뭔가를 생각하는 사람(원 안)

이 세 종류의 사람은 같은 공간에 존재했지만 각자의 선택에 의해 운명이 달라졌다.

최초의 맥도날드는 리처드와 딕 맥도날드 형제에 의해 만들어졌다. 맥도날드는 현재도 드라이브 스루(Drive-through) 시스템을 갖추고 있지만 당시 미국 대부분의 드라이브 인(Drive-in) 식당들은 손님이 주문을 하면 직원들이 손님의 자동차까지 음식을 직접 가져다주는 시스템이었다. 그릇은 무거웠고 손님의 차까지 가져가는 데 시간도 꽤 걸렸다.

이 시간을 줄이기 위해 맥도날드 형제는 여러 가지 아이디어를 도입하였다. 먼저 음식의 가짓수를 줄였다. 그리고 주문할 음식의 종류를 표준화한다. 메뉴에 번호를 매겨서 주문을 간단하게 만든 것이다. 그리고 주방에서 조리할 때 요리사들이 움직이는 동선을 가장 빠르고 효율적으로 할 수 있도록 주방을 설계했다.

마치 헨리 포드의 컨베이어 벨트 시스템처럼 햄버거 생산라인을 공정화 한 것이다. 또한 설거지 시간을 줄이기 위해 일회용 종이제품과 플라스틱 제품을 활용했다. 이런 개선들을 모아서 "Speeded Service System"라고 불렀다.

이것이 오늘날 주문한 뒤 30초 후면 음식이 나오는 맥도날드의 시스템을 만든 것이다. 그런데 이러한 혁신적 시스템도 다음에 소개되는 한 사람이 없었다면 미국 한 동네의 가게에 불과한 찻잔 속 태풍에 머물렀을 수 있다. 이 영화의 주인공은 맥도날드 형제가 아니다.

여기 어딘가로 전화를 거는 한 남자가 있다. 이 남자는 멀티믹서라고 불리는 밀크셰이크 기기(milkshake machine)를 파는 영업사원이다.

[인용] 2016년 영화 〈파운더(The Founder, 2016)〉 중

그는 믹서를 팔아서 하루하루 먹고 사는 신세였다. 그의 이름은 레이 크록(Ray Kroc, 1902~1984)이고 당시 그의 나이 53세였다. 그는 믹서 영업을 위해 과거의 맥도날드 가게를 방문하게 되었는데 여기서 큰 깨달음을 얻고 프랜차이즈를 시작하기로 결심한다. 주위 사람들은 "그 나이는 새롭게 시작할 나이가 아니라 정리할 나이"라고 그를 말렸다.

그러나 그는 확신을 가지고 도전했고 그 결과 그가 프랜차이즈로 만든 맥도날드는 패스트푸드 부문에서 세계 1위의 기업이 되었다. 레이 크록은 어떻게 해서 성공할 수 있었을까?

우선 맥도날드 형제가 혁신적인 시스템을 개발할 수 있었던 이유부터 알아보자.

"분업"이라는 업무 방식은 일의 효율성을 높여주는 방식이다. 그러나 일반적으로 공산품을 제조하는 공장에 적절한 방식으로 알려져 있었기에, 분업과 레스토랑은 아무런 관계가 없었다. 맥도날드 형제는 이를 연결시켰다. 맥도날드 형제는 세상에 없던 "햄버거"란 음식을 처음으로 만든 것도 아니고, "분업"이란 형태의 노동 시스템을 처음으로 만든 것도 아니다. 그들이 한 것은 "햄버거"란 음식과 "분업"이라는 노동 방식을 연결한 것이다.

레이 크록은 맥도날드 매장 앞에 늘어서 있는 사람들의 모습, 맥도날드 매장 안에서 햄버거가 분업의 원리에 의해 빠른 속도로 만들어지는 모습을 보았다. 그리고 자신이 다양한 식당산업에 믹서 납품을 하면서 알고 있는 식당의 운영원리들을 연결해 보았다. 그는 프랜차이즈에 착안하여 맥도날드 형제가 세운 맥도날드를 인수해 전 세계 최대의 패스트푸드 체인 브랜드로 성장시켰다. 이것은 맥도날도 형제가 창출한 가치보다 훨씬 큰 가치를 창출해낸 것이다.

이처럼 **"똑같은 것"**을 보더라도 사람마다 각각의 지적 수준과 경험에 따라 **"판단"**이 달라지게 되어있다. 사람들이 같은 정보를 보더라도 그들이 어떤 지식과 경험을 가지고 있느냐에 따라서 누군가는 가치를 창출하지만 누군가는 아무런 가치를 창출하지 못하는 것이다. 이것을 기업가적 기민성(alertness)이라고 한다.

레이 크록의 사례에서 보듯 기업가는 기민한 발견자이다. 기업가정신은 불확실성 속에서 돈 냄새를 맡는 기민성에 있다. 오스트리아인들은 "비" 자체가 "우산"을 발생시킨 것이 아니라 "비에 대한 생각"이 "우산"을 발생시켰다는 점을 강조한다. "비"라는 외부정보에 대해 누군가가 자신의 지식과 경험을 가지고 생각을 하여 우산을 발명한 것이다. 기업가의 기민성은 끝없고, 성장의 잠재력도 한이 없다. 시장경제의 본질이 기업가적 과정임에도 정통 경제학에는 기업가가 빠져 있다.

오늘날 정보화 사회, 지식사회를 말한다. 하지만 우리는 대체로 "정보(information)의 홍수"와 "지식(knowledge)의 환상" 속에 본질을 파악하기 어렵다. 핵심은 무엇인가? 이러한 사회는 산업사회와 근본적인 차이가 있다. 산업사회의 핵심은 노동과 자본이다. 자본이 없으면 노동을 팔아야만 한다. 하지만 정보화 사회, 지식사회에서 누군가가 비록 자본과 자원이 없더라도 그는 외부정보를 자신의 지식에 연결하여 새로운 아이디어를 고안하고 가치를 창출할 수 있다.

이제 맥도날드 매장에서 줄 서 있는 "세 부류"의 사람들은 다음과 같이 정의할 수 있다.

① 맥도날드 매장 앞에 줄 서 있는 사람들: 소비자들
② 맥도날드 형제: 햄버거에 분업을 연결했지만 동네 매장에 머무른 사람
③ 레이 크록: 전 세계 글로벌 프랜차이즈인 맥도널드의 창업자가 된 사람

▶ Three kinds of People

People waiting in the line	Just Consumers
Richard McDonald / Maurice McDonald	Small restaurant owners
Ray Kroc	Global Franchisor

위 사진에 세 부류의 사람들이 같은 시간 한 장소에 존재했지만 세 부류의 사람들의 운명은 완전히 달라졌다. 당신은 어떤 사람이 되고 싶은가? 통상 자유시장경제와 기업가의 역할을 강조하는 사람들은 "기업가정신(entrepreneurship)"을 강조한다. 대학 강단에서 기업가정신이 하나의 과목으로 교육되기도 한다. 물론 이런 과목은 공통적으로 기업가(entrepreneur)의 역할을 강조한다. 학생들로 하여금 창업하고 기업가가 되는 것을 장려한다.

하지만 기업가는 "타고나는가? 만들어지는가?"의 논쟁에서 보듯 우리 모두가 기업가가 될 수는 없고 그럴 필요도 없다. 우리가 기억해야만 하는 핵심은 정보화 사회, 지식사회, 디지털 사회에서 우리는 언제 어느 곳에 있건 외부 정보에 보다 기민하게 대응할 필요가 있다는 것과 이러한 정보를 우리의 지식과 경험과 연결하여 가치를 창출할 수 있다는 것이다.

인공지능, 로봇, 사물인터넷(IoT), 3D프린팅, 클라우드 컴퓨팅, 빅데이터 등으로 대표되는 4차 산업혁명은 우리 사회에 큰 변화를 가져올 것으로 전망된다. 또한, 4차 산업혁명은 직업세계와 일하는 방식을 크게 바꿀 것으로 보인다. 융·복합적인 업무가 늘어나고, 업무의 지능화 및 자동화가 확대되며, 창의적인 능력이 요구되는 업무가 증가될 것이다. 산업과 기술의 급격한 변화는 새로운 시장을 만들고 창업 수요를 만든다. 구글과 페이스북은 청년들의 작은 스타트업(startup)에서 시작했지만, 세상의 큰 변화와 혁신을 가져왔다.

하지만 우리나라에서는 창업에 대한 부정적인 인식과 두려움이 크다. 과거 우리나라에 벤처 붐이 일었다가 꺼지면서 실패한 청년 사업가들이 많아졌다. 그런데 이들은 실패를 대비한 연습이 없었고, 재기를 위한 국가와 사회의 지원도 부족했다. 이로 인해 국민 전체적으로 창업에 대한 부정적인 인식이 높게 형성되어 있고, 위험하고 힘들다는 생각에 창업을 기피하고 있다.

기업가정신 교육은 기업가만을 길러내는 교육이 아니라, 청소년과 학생들에게 진로 경로의 하나로써 창업을 안내한다. 취업하는 경우에도 보다 창의적이고, 혁신적인 생각으로 효율적인 일터를 만들고, 노동생산성과 경쟁력을 높이게 한다.

그런데 "기업가"라는 단어가 주는 부정적 인상(특히 실패의 이미지) 때문에 부모들이나 자녀들이나 "기업가정신 교육" 자체를 기피하는 경향이 있다. 물론 여기에는 기업가정신 교육을 "기업가양성 교육"으로 교육하는 현장의 잘못도 크다. 기업가정신 교육은 기업가가 되는 것을 목표로 하는 것이 아니라, 문제를 정의하고 도전하고 창의적으로 해결하는 방법을 가르치고 배우는 과정이어야 한다. 우리나라 청소년들이 어릴 때부터 기업가정신과 창업

교육을 받고 사회에 나아가 자유롭게 창업하거나, 취업하더라도 창의적이고 혁신적으로 근무할 수 있도록 지원해야 한다.

필자는 누구나 자신의 삶의 현장에서 가치를 창출하여 보다 나은 내일의 삶을 이룰 수 있는 역량을 기를 수 있도록 대안교육을 개발했다. 바로 ABLE 교육이다. ABLE은 인문학(Arts), 경영학(Business), 법학(Law)과 경제학(Economics)의 영문약자이다. ABLE은 네 개 학문의 내용 중에 가치창출(value creation) 이론과 사례를 추출해서 융합 교육한다. ABLE은 기업가정신 교육이 아니며 기업가양성을 위한 교육도 아니다. ABLE은 누구나 삶의 현장에서 가치를 창출하여 보다 나은 내일을 만들 수 있도록 인도한다. ABLE 교육은 미국에서 개발된 STEM 교육의 한계를 보완한다. 현재 미국과 러시아에서 부분적으로 교육하고 있다. 우리의 선택이 우리의 미래를 만든다.

ABLE 교육의 구조

이 책은 ABLE 교육을 소개하는 책은 아니다. 하지만, ABLE의 철학과 사고에 기반하여 일자리를 마련하기 위한 평범한 방법과 비범한 방법을 알아보고 여러분 자신에게 맞는 선택을 알아보자.

평범한 방법
: 일반적 방법으로 피터지게 싸운다

대체로 평범하다는 것은 넘칠 정도로 양이 많아서 시시하다는 의미이다. 정규분포의 개념을 적용시키면 최빈치 혹은 중앙치를 뜻한다. 따라서 평범한 방법은 경쟁이 치열할 수밖에 없다. 대부분의 많은 사람들이 사용하는 방법이기 때문이다. 그렇기에 필자가 추천하는 방법은 아니다. 높은 경쟁은 레드오션(Red Ocean) 시장처럼 필연적으로 어려운 과정 끝에 소수만 성공한다는 점에서 그렇다.

하지만 "평범한 방법"이 잘못된 방법은 아니다. 문자 그대로 보통의 일반적인 방법이라는 의미이다. 본인의 능력, 상황, 조건 등은 각자 다르기에 평범한 방법이 본인에게 맞는 경우도 있다. 또한 대부분의 사람들이 사용하는 방법이라는 것은 그만큼 검증된 방법이라는 의미이기도 하다. 따라서 필자는 먼저 평범한 방법에서도 일자리의 기회를 찾는 방법을 소개한다.

통계적 차별과 이를 극복하는 방법

1) 스펙경쟁과 레드오션

구직자는 넘치고 구인자는 부족하다 보니 일자리 경쟁이 치열하다. 학벌·스펙 등을 쌓느라 시간과 정열 및 돈을 쓰고 있다. 경쟁자가 넘쳐나다 보니 그 안에서 성형수술, 좋은 옷 등으로 치장하여 매력을 높이려 노력한다. 각자 모두가 자기는 합격할 것이라고 "자기 과신의 함정(overconfidence trap)"에 빠져 있으니 계속 군비경쟁을 하게 된다.

엘크(Elk, 큰 사슴)는 코끼리물범 등 일부다처제를 고수하는 다른 종들처럼 엘크의 수컷 역시 암컷을 얻기 위해 다른 수컷들과 결투를 벌인다. 엘크들이 암컷을 놓고 싸울 때 주로 사용하는 무기는 바로 거대한 뿔인데, 뿔이 클수록 싸움에서 유리하기 마련이다. 따라서 큰 뿔을 가진 엘크 수컷이 더 많은 암컷을 거느리게 되고 이들의 유전자는 무리의 다음 세대로 전해지게 된다. 그리하여 엘크의 뿔은 군비경쟁의 결정적인 요소가 된다.

엘크의 커다란 뿔은 암컷에게 접근할 수 있게 해주지만 나무가 울창한 숲에서 늑대 등 포식자를 피해 달아날 때에는 불리하게 작용한다. 그러므로 엘크는 뿔의 크기를 절반으로 줄일 만한 충분한 이유를 가지고 있는 셈이다. 하지만 수컷들 간의 싸움에서 중요한 것은 뿔의 상대적인 크기이다. 따라서 만일 모든 엘크 수컷들의 뿔이 지금보다 작아진다면 경쟁의 결과는 전과 동일하면서 포식자들로부터 보다 안전한 삶을 즐길 수 있게 된다. 하지만 경쟁은 늘 보다 큰 뿔의 경쟁으로 치닫는다. 결국 종의 일부는 뿔로 인해 멸종했다.

거대한 뿔 때문에 지금은 멸종한 아이리쉬 엘크

이러한 경쟁은 마치 냉전시대의 미·소 간 군비경쟁과 닮았고 소련은 몰락했다. 청년들은 일자리를 두고 엘크나 미·소 간의 군비경쟁 같은 경쟁을 계속할 것인지 지혜롭게 생각해볼 필요가 있다. 고만고만한 같은 스펙 리스트를 갖고 있다면 그건 같은 곳에 가서 성형수술 한 거나 매한가지이다. 군계일학의 모습을 만들어보려했는데 모두 학으로 성형수술하면 차별화가 되지 않는다.

한국 사회는 지나치게 빠르게 고학력화가 이루어졌다. 경제구조가 변동하지 않고 노동시장 구조가 변화하지 않은 상태에서 노동시장 진입자들의 학력이 높아지게 되면, 예전에는 고등학교 졸업자가 담당하던 하위 직종의 일을 대학 졸업자 중 일부가 담당해야 한다. 누가 그 일을 담당할 것인가? 생산성이 가장 낮은 혹은 낮다고 평가되는 사람이 담당할 수밖에 없다.

기업은 예전 같았으면 대학 졸업자가 생산성이 높을 것이라 예상하여 이들을 선발해 왔지만, 대학 졸업자가 많아지면 이제는 다른 방법으로 생산성이 높은 사람을 선별해 내야 한다. 대학원을 졸업한 사람 혹은 영어성적이 높은 사람 등 다른 신호(signal)를 사용하게 된다. 그렇게 되면 영화관에서 "한 사람이 서기 시작하면 그 뒷사람도 따라서 서게 되고, 그러다가 일정 비율 이상의 사람들이 서면 결국 모두가 서서 영화를 보지 않으면 안 되는 상황"이 발생하게 된다.

〈구성의 오류: 개인들은 모두 열심히 했는데 엉뚱한 결과가 발생하는 경우〉

"우리가 저녁 식사를 기대할 수 있는 것은 정육점 주인, 양조장 주인, 또는 빵집 주인들이 자비로워서가 아니라 그들이 자신들의 이익을 얻기 위해 기울이는 노력 덕분이다. 그러나 이렇게 행동하는 가운데 보이지 않는 손의 인도를 받아 사회 전체의 이익이 증가한다." 위 문장은 애덤 스미스가 국부론에서 쓴 유명한 문장이다. 그러나 사회현상이 이처럼 항상 명쾌한 것은 아니다. 현실에서 개인들은 모두 열심히 노력했는데, 그 결과는 엉뚱하게 발생하는 경우가 있다.

대표적으로 "극장의 역설(Paradox of Theater)" 사례를 들 수 있다. 극장에서 영화를 잘 보기 위해 한 명이 일어나면 그 뒤에 사람도 일어날 수밖에 없다. 결국 모든 사람이 일어나서 봐야 하고 시야는 이전과 바뀐 것은 없다. 모두 일어나 있기 때문에 다리만 아프다. 개인들이 자신들의 이익을 위해 일어섰지만 결과는 오히려 정반대로 나타났다. 케인스는 이와 비슷한 경제적 사례로 "절약의 역설(Paradox of Thrift)"을 주장하였다. 개인이 저축을 많이 하면 개인에게는 좋은 영향을 미칠 수 있지만, 모든 개인이 저축에만 집중하게 되면 사회 전체의 수요 감소와 불경기를 초래하게 된다.

이는 앞서 설명한 "엘크" 사례나 냉전시대의 군비경쟁에도 적용되는 사례이다. 수컷 엘크 한 마리의 입장에서는 번식을 위해 큰 뿔이 유리하지만 종족 전체로 보았을 때 점점 커지는 뿔은 종족의 생존을 위협한다. 미국은 소련과의 전쟁에서 승리하기 위해 점점 강력한 핵을 보유하였지만, 결과적으로는 인류의 멸망을 앞당기는 경쟁이었다.

이와 같은 구성의 오류(Fallacy of Composition)는 일자리 시장에도 적용된다. 노동 수요는 변함이 없는 상태에서 노동 공급만 고학력화될 경우, 전에는 고등학교 졸업자가 담당하던 하위 직종의 일을 이제는 대학 졸업자가 담당하게 될 수밖에 없다. 대학 졸업장은 이제 상위 직종 일자리를 배분하는 데 있어 신호의 기능을 상실함으로써, 대학 졸업자들은 또 다른 신호를 보여주기 위한 스펙 경쟁에 돌입하게 된다.

그래서 등장한 것이 토익, 유학, 봉사활동 등의 추가적인 지수들이다. 한때는 토익 점수가 800점만 넘어도 영어 잘한다는 소리를 듣는 때가 있었다. 요즘은 취직하려면 기본으로 900점 혹은 만점에 가까운 점수를 받고 시작해야 한다는 이야기가 있을 정도로 점수 인플레현상이 심해졌다. 그런데 이렇게 쌓은 토익점수는 영어실력과는 별개라는 것이 웃픈 현실이다. 과도하게 커져서 종족의 생존을 위협하는 엘크의 뿔처럼 영어실력과 상관없는 높은 토익점수는 개인적으로도 사회적으로도 큰 낭비에 불과하다.

2) 명문대 졸업자 수와 대기업 공채인원이 비슷한 이유

우리나라에서 대학을 가기 위한 수능 시험은 큰 의미를 가진다. 초등학교 6년, 중학교 3년, 고등학교 3년을 더해 학생으로서 총 12년간 쌓아온 공부실력을 평가받는 시험이기 때문이다. 때문에 인생의 첫 번째 고비라고 불리기도 하고, 수능 시험 날은 특별하게 수험생에 대한 많은 배려를 해주고 있다. 그렇게 해서 결과적으로 가는 곳이 바로 대학이다. 그리고 우리나라에서는 대학이 서열화되어있다.

대학은 학문의 전당이기도 하지만, 우리나라에서는 취직을 위한 졸업장을 따러 가는 곳이기도 하다. 좋은 대학에 간다는 것은 좋은 직장에 가기위한 과정으로 받아들여진다. 그렇기에 좋은 대학에 가기 위해 많은 노력을 기울인다. 수능 성적을 올리려고 재수, 삼수, 사수에 N수까지 한다. 그러나 현실의 벽은 그리 만만치 않다.

일반적으로 말하는 명문대에 입학할 수 있는 비율은 2%에 불과하다. 인(in)서울로 불리는 중위권 대학을 포함 하더라도 정원의 10% 정도밖에 안 된다. 수능시험 한번으로 10%의 승리자와 90%의 패배자로 나뉘는 현행 입시제도는 참여자들에게 매우 불리한 제도이다. 누군가 승리하면 누군가는 반드시 패배하는 제로섬 게임이고, 대다수의 패배자를 양산하는 구조를 가진 게임이다.

이런 상황에서 수능시험만 평생 준비할 수는 없다. 재수하는 데는 돈이 많이 든다. 학원비, 과외비, 지원서 등 각종 비용에 일년이라는 기회비용을 생각하면 결코 만만한 돈이 아니다. 그렇다고 작년보다 꼭 잘 보리라는 보장도 없다. 사정이 이렇다보니 성적에 맞춰서 대학을 진학한다. 그렇기에 나머지 90% 대학에도 누군가 다니고 있는 것이다.

그런데 졸업할 때가 되면 갑자기 자신이 진학한 대학과 취직은 별개로 생각한다. 너도나도 이름 있는 대기업에 취직하려고 한다. 그냥 대기업이 아니다. 대기업에 정규직으로 취직하려고 한다. 정규직과 비정규직은 똑같은 일을 하면서 보수 차이는 최대

3배에 달한다. 사정이 이러니 누구라도 정규직 가고 싶지 비정규직 가고 싶은 사람은 없다. 인지상정이다. 그렇지만 곰곰이 생각해보자. 만약 원하는 대로 누구나 대기업 정규직에 취직할 수 있었다면, 좋은 대학에 들어가기 위해 힘들게 공부할 필요가 있었을까?

대기업 공채에 지원하는 것은 자격조건인 대졸자 혹은 대졸예정자 조건만 충족하면 누구나 가능하다. 그리고 설사 탈락한다고 하더라도 나에게 큰 불이익은 없다. 반면 대학교 입시는 지원 횟수에 제한이 있고, 전형에는 비용이 발생한다. 이러한 차이 때문에 대기업 공채지원은 대학 지원과 달리 밑져야 본전 식으로 묻지 마 지원을 하는 경우가 많다. 그렇지만 이러한 묻지 마 지원이 좋은 결과로 이어지기는 어렵다.

자신이 진학한 대학이 곧 자신의 직장 수준이라는 운명론적인 이야기를 하려는 것이 아니다. 하지만 세상은 확률이 지배하고 있다. 한국경영자총협회에 따르면 대기업의 대졸 신입사원 입사 경쟁률은 2013년 31.3:1에서 2015년 35.7:1로 지속적으로 증가추세이다. 100명이 지원하면 서류전형에서 절반(51.8%)이 탈락하고 최종적으로 2.8명만 합격(2.8%)한다. 2.8%라는 숫자가 명문대의 비율인 2%와 대동소이한 것은 우연이 아닐 것이다.

만약 내가 2%에 속하는 명문대 졸업자라면 대기업 공채에 지원하는 것이 일자리를 찾기 위한 적합한 방법일 것이다. 그러나

이 방법대로라면 나머지 98%는 실패한다는 산술적 결론에 도달한다. 그럼 2%에 속하지 않는 98%의 대다수는 어떻게 해야 할까?

3) 합리적 차별 : 프라이어 교수의 실험

합리적 차별이란 합당한 사유가 있는 차별을 의미한다. 예를 들어, 근로자들이 외형상 비슷하더라도 근로자들 사이에 학력, 경력, 근속년수 등에 따라 성과가 차이가 있다면 이에 따라 임금이 차등 지급되는 것은 차별대우로 볼 수 없다. 오히려 성과에 확연한 차이가 있음에도 모든 근로자가 같은 임금을 받는 것이 역차별이며, 이러한 역차별이 시스템화 되면 어떤 결과가 올지는 인류는 공산주의라는 역사 실험을 통해 답을 알고 있다.

하지만 합리적인 것이 항상 옳은 것을 의미하지는 않는다. 경제학계의 노벨상으로 불리는 존베이츠클라크 메달을 2015년에 수상한 롤런드 프라이어(Roland G. Fryer Jr.) 교수(사진). 그는 "인종 간 불평등 정도와 그 근본원인에 대한 연구"에 대한 공로를 인정받아 흑인으로서는 최초로 이 상을 수상했다. 또한 그는 30세 나이에 하버

드대 정년보장 교수(Tenure)로 임용돼 화제를 모으기도 했다. 그런 그가 버지니아 대학교의 대학생이던 2003년에 차별에 관해 흥미로운 실험을 진행했다.

실험 내용은 다음과 같다. 학생들은 "고용주"나 "근로자" 중의 한 역할을 맡는다. 근로자들은 초록색이나 자주색 중에 한 가지 색을 무작위로 부여받는다. 눈치 빠른 사람이라면 이 실험의 본래 목적을 이미 알아챘을 것이다. 여기서 부여된 색깔은 서구권의 흑백갈등을 의미한다. 실험에서는 실제 사회와 달리 색에 대한 선입견을 제거하고자 초록색과 자주색으로 색을 바꾼 것이다.

이후 근로자들은 교육을 위해 일정액의 돈을 지출할 것인지 말 것인지를 결정한다. 그리고 취직을 위한 테스트를 진행한다. 이 과정에서 근로자들이 교육을 받았다면 테스트 결과는 좋게 나오도록 설정되어있다. 그러나 교육과 테스트 결과가 100% 일치하는 것은 아니었다. 실제 현실과 최대한 비슷하게 만들기 위해 주사위라는 운적 요소를 가미했기 때문이었다.

고용주는 근로자가 부여받은 색이 무슨 색인지와 테스트 결과를 알 수 있었다. 근로자들이 부여받은 색은 무작위였기 때문에 테스트 결과와 색깔은 아무런 관계가 없는 것이 정상이다. 그러나 실험이 반복되자 전혀 상관없을 것 같은 두 가지 요소에 상관관계가 생기기 시작했다. 바로 이전 실험의 초록색과 자주색 근로자들의 채용률이 공개되었기 때문이다.

실제 현실과 비슷하게 하기위해 고용주들은 교육을 잘 받은 근로자들을 채용하면 경영실적이 좋아져 돈을 더 많이 벌게 되고, 그렇지 못한 근로자들을 채용하면 경영실적이 악화되어 돈을 손해 보게 설정되었다. 고용주들은 주어진 정보가 근로자들의 색깔과 테스트 점수밖에 없었기 때문에 처음에는 테스트 점수를 위주로 고용을 진행하였다. 그러나 테스트 결과는 운적 요소가 가미되었기 때문에 테스트 점수가 좋다고 해서 반드시 교육을 받은 사람이라는 보장은 없었다. 실험이 반복될수록 고용주들은 근로자들의 색깔에 점차 관심을 기울이기 시작했다.

오로지 우연의 결과물로 초록색 근로자의 첫 번째 테스트 점수가 더 높았다. 그러나 이는 다음번 채용 시 공개되었고 근로자와 고용주에게 정보(information)로 작용하였다. 고용주들은 초록색 근로자들이 자주색 근로자보다 교육을 더 많이 받았을 확률이 높다고 판단하였다. 심지어 일부 자주색 근로자의 테스트 점수가 높더라도 이는 운이 좋았을 뿐이고 교육과는 상관없다고 자의적으로 판단하는 고용주까지 발생하였다.

실험이 반복될수록 이와 같은 경향은 점차 강화되었고 결국 자주색 근로자는 본인이 비용과 시간을 투자해 교육을 받더라도 취직에 아무런 영향을 미칠 수 없게 되었다. 테스트 점수가 높게 나오더라도 자신이 자주색 근로자라는 이유만으로 테스트 점수는 중요한 요소가 아니게 되었기 때문이다.

그러자 자주색 근로자들은 더 이상 교육에 시간과 비용을 투자하지 않게 됐다. 더 이상 테스트 점수가 그들의 취직과 관련이 없기 때문이다.

> 우연히 초록색 근로자 점수가 높음 → 고용주는 초록색 근로자만 뽑음 → 자주색 근로자 교육 포기 → 초록색 근로자와 자주색 근로자간 점수 차가 점점 벌어짐

실험이 완전히 종료된 이후 "고용주" 측과 "근로자" 측은 서로에게 비난을 퍼부었다. 특히 자주색 근로자들은 고용주에게 엄청난 원망을 가지고 있었다. 자주색 근로자들은 "시간과 비용을 들여 교육을 아무리 많이 받더라도 어차피 고용하지 않는다면 왜 교육을 받겠느냐?"라고 불만을 토로했고, 고용주들은 "자주색 근로자들이 교육을 받지 않았기 때문에 고용하지 않은 것"이라고 받아쳤다.

첫 번째 실험의 결과는 100% 우연에 의한 결과였다. 그렇지만 우연이 만든 결과가 "편견"을 만들었고, 사람들은 그 편견에 영향을 받아 결정을 내렸다. 그리고 놀라운 사실은 편견에 의해 내린 결정이 매우 합리적인 결정이었다는 것이다. 색깔에 따른 교육지수는 처음에는 편견에 불과했다. 그러나 시간이 갈수록 자주색 근로자들은 교육을 안 받는 것이 유리한 결정이 되었고, 고용주들은 자주색 근로자들을 안 뽑는 것이 유리한 결정이 되었다.

이 실험의 결과가 의미하는 바가 무엇일까?

인종차별과 성차별 등 각종 차별이 정당하다는 의미일까? 흑인인 프라이어 교수는 차별을 정당화시키려고 이 실험을 진행한 것이 아니다. 편견을 그냥 놔둘 경우 편견에서 끝나는 것이 아니라 편견이 현실화되는 무서운 속성이 있음을 실험을 통해 드러내는 것이 이 실험의 목적이었다.

우리나라의 특성상 인종차별 문제는 아직까지 크게 이슈화된바 없지만, 성차별, 지역차별, 세대차별 등 많은 사회적 갈등을 겪고 있다. 특히 취업을 앞둔 청년들이 가장 크게 느끼는 차별은 바로 대학에 따른 차별일 것이다. 소위 말하는 "대학 간판"은 강력한 편견으로 작용한다. 고용주의 입장에서 "대학 간판"으로 구직자를 선별하는 것은 그것이 옳고 그름을 떠나 합리적 결정일 가능성이 높다.

앞서 살펴본 실험에서 고용주들은 한 번의 테스트 결과보다 근로자가 어느 색깔에 속하느냐를 우선시하였다. 이를 현실에 대입해보면 고용주들은 대학으로 근로자를 채용하는 것이 합리적이다. 어떤 관점에서 보면 대학 간판은 12년에 걸친 노력의 결과물이고, 입사시험은 단 한 번의 테스트에 불과하기 때문이다. 만약 자신이 명문대 졸업생인 2% 혹은 인(in)서울 졸업생인 10%에 속하지 않는다면, 취직을 위해서 고용주들에게 학벌 이외의 방법으로 자신이 업무에 더 적합한 사람이라는 것을 드러낼 필요가 있다.

4) 또 다른 기회, 심층면접:
당신이 내게서 본 것은 아주 작은 부분 중 하나일 뿐

최근 학벌 등의 이력서 기재내용보다는 자기소개서와 심층면접을 중시하는 추세로 취업시장이 변화하고 있다. 이러한 취업시장의 변화는 경제학에서는 정보의 비대칭성(Asymmetry of Information)으로 인한 역선택(Adverse Selection)의 방지를 위한 것으로 볼 수 있다.

정보의 비대칭성과 역선택의 대표적 예시로 중고 자동차 매매시장을 들 수 있다. 중고 자동차를 판매하는 사람은 그 차의 상태를 정확히 알 수 있지만, 구매자는 차에 대한 정보를 완벽히 알수는 없다. 양호한 자동차와 겉만 좋은 자동차가 있다. 이 차의시장가치는 각각 500만 원, 100만 원이라고 해 보자. 판매자는각 자동차의 정확한 가치를 알고 있다. 그러나 구매자의 입장에서 보면 차의 가치를 정확히 알 수 있는 방법이 없는 것이다.

이 때문에 구매자는 (500+100)/2 = 300만 원이라는 평균 가격을 제시할 것이고 판매자는 구매자가 300만 원의 가격을 제시하였다면 500만 원의 가치를 지닌 자동차가 아니라 100만 원의 가치를 지닌 겉만 좋은 불량차를 내 놓을 것이다. 그래야 200만 원의 이익을 얻을 수 있기 때문이다. 이런 행위가 계속될 경우 구매자는 자신의 300만 원 가격 제시 결과는 100만 원의 불량한 차만얻게 되는 것을 깨닫고 중고차 매매를 중단할 것이다. 이러한 현상을 역선택 발생으로 인한 정보의 비대칭성의 폐해로 설명하곤 한다.

이러한 예를 취업시장의 이야기로 치환시켜 보자. 기업 인사담당자와 두 명의 취업준비생이 있다고 해 보자. 이 기업의 업무 특성상 채용 이후에 이 인력의 능력치를 알 수 있다고 전제할 경우 한 명은 월 300만 원의 일을 할 수 있는 우수한 인력이고 다른 한 명은 100만 원의 능력을 지녔다면 기업의 인사 담당자는 임금을 (300+100)/2 = 200만 원으로 제시하게 될 것이다. 이러한 경우 월 200만 원의 임금 제시는 300만 원의 능력을 지닌 사람은 취직을 포기하게 만들고 100만 원 능력을 지닌 사람이 이 채용공고에 응하게 된다. 결국 이 기업의 채용은 실패작으로 판명날 수밖에 없으며 계속된 200만 원 제시는 거듭되는 실패로 귀결되며 역시 역선택으로 인한 정보의 비대칭성 현상이 나타나게 되는 것이다.

정보의 비대칭성으로 인해 구직자의 정확한 정보를 얻는 데 어려움이 있고 이에 따라 신입사원의 채용을 기피하고 경력자를 선호하는 현상을 이해할 수 있을 것이다. 물론 최근 들어 기업의 채용에 있어서 이러한 극단적인 상황의 비대칭적인 정보 상황은 많이 해소되었다. 이로 인해 토플, 토익 등의 어학점수와 학점, 소위 간판이라는 학벌이 강조되던 시기도 있었다.

그러나 이것이 취업난의 유일한 돌파구가 되지는 않는다. 바로 전통적으로 인식되었던 정보가 업무 능력에 100% 반영할 수 없는 것뿐만 아니라 모든 직종에서 동일한 기준이 적용되던 실수를 되풀이하고 있지 않기 때문이다. 그런 이유에서 인턴 제도의 확대는 이러한 단점을 해소하는 데 많은 도움이 될 것이다. 채용대상자에 대한 업무 능력에 대한 정보를 가장 효과적으로 얻을 수 있기 때문이다.

〈레몬마켓과 피치마켓 : 레몬 그림과 복숭아 그림〉

"레몬마켓"이란 위에서 살펴본 중고차 시장처럼 정보의 비대칭이 매우 심해 소비자가 합리적인 선택을 못 하는 시장을 의미한다. 레몬이 서양에 처음 소개되었을 때, 모양은 달콤한 오렌지와 비슷하지만 강한 신맛 때문에 못 먹는 과일로 인식되었다. 그래서 영단어 "lemon"은 "쓸모없는 것", "불량품"이라는 뜻을 가지고 있다. 그래서 "레몬마켓"은 겉은 멀쩡하지만 실상은 쓸모가 없는 서비스나 재화가 유통되는 시장을 의미한다.

이와 반대로 "피치마켓"이란 상품에 대한 정보가 원활하게 공유되며 소비자들이 선호하는 시장으로 형성되고 판매자들은 상품의 질로 경쟁하는 이상적인 시장을 의미한다. 복숭아는 제철 과일이며 대부분의 복숭아가 달콤한 맛을 가지고 있어 구입 시에 보기에 탐스러운 것이 맛도 좋은 경우가 많다. 복숭아의 이런 특성 때문에 영단어 "peach"는 "훌륭한 것", "멋진 것"이라는 뜻을 가지고 있다. 그래서 "피치마켓"은 고품질의 상품이나 우량의 재화 서비스가 거래되는 시장을 의미한다. 현실에 존재하는 피치마켓은 불황 속에서도 지속적으로 성장하고 있는 온라인 시장을 예로 들 수 있다.

"빙산의 일각"이란 말이 있다. 빙산은 바닷물이 얼어서 일정한 모양으로 형태가 잡힌 고체 상태로 물이 얼면 고체가 되고 부피가 증가하며 비중은 감소한다. 바닷물의 비중은 1.025로 빙산의 무게에 해당하는 바닷물의 부피만큼 물에 잠기고 그 부피만한 물의 무게만큼 부력을 받기 때문에 빙산이 물 위에 떠 있게 된다. 그래서 빙산의 90퍼센트는 물에 잠기고 10퍼센트만 수면 위에 떠 있게 된다. 빙산의 일각은 전체 중의 일부이다. 인간의 능력도 이와 같다.

인간의 능력은 빙산과 같이 대부분 수면 아래에 잠겨 있다. 대부분의 사람들은 겉으로 보여지는 모습과 능력으로 자신과 타인을 규정하고 마치 그것이 전부인 양 행동한다. 당신의 잠재력은 수면 아래에 있다. 그 아래의 것을 취업시장에 잘 드러내야 한다.

이런 점에서 볼 때 구직자는 취업시장에서 당신을 판단하는 기준에 대해 알 필요가 있다. 일반적으로, 다음의 세 가지로 사람을 판단한다.

① 추정(Inference)
② 참조(Reference)
③ 수치(Credit)

첫째 "추정"은 당신의 이력서, 자기소개서 등 당신이 직접 준비한 것으로 판단하는 것이다. 취업 면접관은 당신이 직접 작성한 내용을 갖고 당신이 어떤 사람인지를 판단한다. 하지만 당신이 작성한 것이라는 주관성이 있고, 당신의 내면(빙산의 잠긴 부분)을 알기 어렵다는 한계가 있다.

둘째, "참조"는 추천서, 언론보도내용, 당신에 대한 주위의 평가, 특허, 논문, 수상실적, 봉사증명서 등 주위에서 당신에 대해서 얻을 수 있는 정보로 판단하는 것이다. 제3자가 말한 것이라는 점에서 좀 더 객관적 정보로 작용한다.

셋째, "수치"는 말 그대로 당신을 숫자로 말해주는 것이다. 대학성적(GPA), 토익점수, 기업의 필기시험 점수 등이다.

문제는 위의 세 가지 중 어떤 것도 당신의 내면(빙산의 잠긴 부분)은 알기 어렵다는 한계가 있다. 하지만 기업에서 정작 알고 싶은 것은 바로 이런 것이다. 당신의 적성과 기질, 신념과 가치관 그리고 태도는 참으로 알기 어려운 것이다. 오늘날 기업에서는 태도가 성과(Performance)에 핵심적 영향을 미친다고 여기고 있다. 당신의 고민은 토익점수를 올리는데 치중할 게 아니라 어떻게 하면 당신의 내면(빙산의 잠긴 부분)을 진정성 있게 홍보할 것인가에 있다.

대학입시는 정시 기준으로 가, 나, 다 군의 세 번의 기회가 있다. 그에 비해 입사지원서는 공채기간에 계열사를 포함하여 수십 ~수백 곳을 넣어볼 수 있기 때문에 심층면접이 존재하는 채용절차를 부담스럽거나 번거롭게 여기는 구직자도 있다. 그러나 학력을 기준으로 채용하는 것이 기업 입장에서 나름의 합리적 결정이라는 것을 이해한다면 심층면접 과정이 있는 채용절차를 오히려 기회로 받아들일 수 있다.

채용절차가 추가되면 당연히 추가 비용이 발생한다. 그럼에도 불구하고 기업들은 역선택을 최대한 방지하기 위해 비용 발생을 감수하는 것이다. 심층면접은 명문대가 아닌 98%의 졸업자들에게도 또 다른 기회를 제공하고 있는 것이다.

5) H여행사 구직자 사례

필자는 KBS 취업 관련 교양프로그램인 〈내일을 부탁해〉에서 취업 멘토 역할을 수행한 적이 있다. 해당 프로그램은 세 개의 코너로 구성되어 있었다. 첫 번째 코너에서는 고용노동부 이기권 장관이 취업준비에 지친 학생들을 위해 직접 요리사로 분해 학생들과 소통하였고, 이어서 이연복 셰프, 오세득 셰프 등 스타 요리사들도 출연해 취준생의 힘을 돋아주는 요리를 해주면서 위로가 되는 이야기들을 건넸다.

마지막 코너는 기업의 정직원 자리를 놓고 실제 채용프로세스를 진행하여 취업준비생들에게 간접체험의 기회를 제공하는 코너이다. 필자는 KBS의 요청으로 이 마지막 코너에서 멘토링을 담당했다. 이 날의 참여기업은 여행업계의 선두주자인 H여행사였다. H여행사의 마케팅팀 정직원 자리를 두고 취업준비생 2명이 치열한 경쟁을 벌였다. 취업준비생 둘 다 요즘 젊은이들처럼 열정이 넘치고 여러 경력과 각종 자격증 등 스펙을 쌓은 인재들이었다. 하지만 주어진 자리는 단 하나뿐이었다.

두 지원자 모두 학력, 어학성적, 자격증, 공모전, 동아리 등 소위 말하는 5대 스펙이 나름대로 갖춰진 지원자였다. 이미 수많은 지원자들 중에서 서류심사를 통해 선별된 인원이었기 때문이다. 학력은 소위 말하는 인(in)서울 레벨이었고, 전공과 지원한 업무 및 기업이 일치하였다. 취업을 위해 경험한 경력의 양과 질 또한 크게 차이나지 않았다. 여러 가지 면에서 비슷한 스펙을 보유한 두 명의 지원자였지만 누군가는 웃고, 누군가는 눈물을 흘렸다. 당락을 좌우한 결정적인 차이는 무엇이었을까?

지원자의 신상 보호를 위해 A지원자와 B지원자로 지칭하도록 하겠다. H여행사의 채용프로세스는 최근 트랜드에 맞춰서 복합 면접의 형태로 구성되었다. 심층면접인 프리젠테이션 면접과 여행박람회 실습 면접 그리고 임원 면접의 순서로 진행되었다.

먼저 진행된 프리젠테이션 면접은 "성수기 프로모션"이라는 주제로 진행됐다. 지원자들이 관심분야인 "여행"에 대해 얼마나 많은 지식을 보유하고 있는지와 기업의 수익으로 연결될 수 있는 실제 상품으로 만들 수 있는 기획력, 그리고 얼마나 설득력 있게 주장하여 상품을 판매할 수 있는지 평가하는 면접이다.

A지원자는 일을 많이 해봤고, 여러 사람들 앞에 서는 것이 자연스럽다는 것을 느낄 수 있게 프리젠테이션을 소화하여, 마케터에게 중요한 발표능력을 선보였다. 반면, B지원자는 여러 사람들 앞에 서본 경험이 부족하여 실수가 발생하자 당황하는 모습을 보였고 상대에게 신뢰를 주는 것에 실패했다.

여행박람회 실습면접에서는 마케팅 부서에서 다루는 실무를 직접 경험해보는 기회를 부여하고 동시에 평가를 진행했다.

A지원자는 역시 다양한 경험을 바탕으로 능수능란하게 프로그램을 진행하였고, 동물 탈을 쓰고 홍보를 담당하는 업무 또한 신입사원다운 패기와 열정으로 마다하지 않았다. 본인이 진정으로 하고 싶은 일이기 때문에 창피함이나 부끄러움을 느끼지 않고 업무에 집중할 수 있었다. 오히려 조직의 일원으로 일하는 자신의 모습에 뿌듯함을 느끼기까지 하였다.

B지원자에게도 일본 전통복장을 입고 홍보를 담당하는 업무가 주어졌다. 그러나 B지원자는 이전에 비슷한 홍보 업무를 해본 경험이 없었기에 민망하고 당황스러워하기 급급했다. 다행히 선배들의 도움으로 자신감을 회복하여 관람객들과 어울리며 소통하는 모습을 보여줬지만 아쉬움이 남는 실습이었다.

마지막 면접인 임원 면접은 추정(Inference), 참조(Reference), 수치(Credit) 자료가 종합적으로 정리된 이력서 등을 비롯한 서류자료와 먼저 진행된 PT면접과 실습면접을 모두 포함하여 최종평가를 진행했다.

A지원자는 이번 면접이 첫 번째 임원면접임에도 불구하고 당황하지 않고 뛰어난 중국어 회화실력을 선보였다. 지원자가 이렇게 유창한 중국어를 할 수 있었던 까닭은 실제로 중국에 있는 호텔에서 수년간 아르바이트(인턴) 경험을 쌓았기 때문이었다. 이는 여행사에 지원하기 위해 지원자가 도전해서 얻은 성과물로 면접관들에게 대단히 강렬한 인상을 남겼다.

B지원자는 면접에 임하는 태도에서 진실성과 열정을 이야기했지만, 막상 준비한 내용은 업무내용과 동떨어진 자신의 희망사항에 대해 이야기했다. 구체적이지 못하고 이론차원의 이상론적인 이야기가 면접관들의 공감을 이끌어내지 못하였다.

지금까지 필자가 각각의 지원자들에게 내린 평가를 종합해 보면 누가 합격하고 누가 불합격했는지 쉽게 알 수 있을 것이다. 이러한 평가는 취업 멘토인 필자만의 견해가 아니라 임원을 포함한 면접관들의 공통된 평가였다. 결국 최종심사 결과 A지원자는 합격했고 B지원자는 불합격하였다. 다행히 H여행사는 B지원자의 열정을 높이 사서 인턴 기회를 제공하기로 결정하였다.

필자는 탈락한 B지원자에게 위로를 전하며 취업 멘토링을 해주었다. 냉정한 이야기로 B지원자는 여행을 취미로서는 매우 좋아

하지만 그 이상은 아니었다. 기업에서는 그런 사람을 고객으로서는 환영하지만 함께 일할 동료로는 받아주지 않는다. 취업준비생들이 흔히 하는 오해가 있다. 기업의 존재 목적에 관해서이다. 기업은 구직자를 취직시켜서 급여를 제공하기 위해 존재하는 조직이 아니다. 기업의 존재 목적은 온갖 미사여구와 포장에도 불구하고 한 마디로 이익 극대화이다.

이익을 얻기 위해 기업들은 서로 치열하게 경쟁한다. 때문에 기업은 성과(Performance)로 얘기하는 곳이다. 성과를 잘 낼 수 있는 사람을 뽑아서 새로운 제품과 서비스를 갖고 경쟁사와 치열한 경쟁을 하여 먹고 사는 존재이다. 기업은 역량이 있는 사람을 뽑아야 존속 발전할 수 있다. 그렇기에 A지원자와 B지원자는 면접을 통해서 자신이 더 역량이 있는 사람임을 드러내야 한다.

A지원자와 B지원자는 면접결과와는 달리 서류전형에서는 비슷한 역량 또는 B지원자가 더 높은 스펙을 보유한 것으로 판단되었다. 그러나 복합면접에서 A지원자와 B지원자의 역량은 현저한 차이를 보였다. 이러한 차이는 어디에서 왔을까?

A지원자는 실무에 관련된 다양한 경험을 실제로 보유하고 있었다. 소규모 여행사에서 1년간 아르바이트 경험을 통해 여행사의 전반적인 업무에 대해 파악하였고, 중국의 호텔에서 인턴과 사원으로 약 4년간 근무하며 중국어 회화실력을 현지인과 대화에 무리가 없는 수준까지 끌어올렸다. 또한 호텔 근무는 전 세계

의 다양한 여행객을 경험할 수 있게 해주었고, 그들의 요구(Needs)를 파악할 수 있는 기회를 제공해주었다. 이런 경험들이 쌓여 복합면접에서 A지원자의 역량으로 발휘되었다.

B지원자 또한 다양한 경험들을 하였으나, 이 경험들은 대체적으로 여행사 그리고 실무와 연관성이 없거나 매우 짧았다. 대부분의 경험은 일회성 경험(스펙 쌓기용) 혹은 생명보험, 서점 등 연관성이 없는 경험들이었고, 여행에 관련된 경력은 호텔 인턴십(internship)이 있었으나 2개월에 불과하였다.

일관성 없는 경험들은 B지원자의 역량이 될 수 없었다. 오히려 기본조건이면서 가장 중요한 요소라 할 수 있는 신뢰측면에서 문제가 되었다. 임원면접 자리에서 여행사와 관계가 없는 보험과 서점 근무를 왜했냐는 질문을 받게 되자 B지원자는 당황하였고 제대로 대답하지 못하였다. 기업 입장에서는 여행사 취업을 목표로 몇 년 째 준비해왔다는 B지원자의 말을 믿을 수 없게 된 것이다.

B지원자는 자신의 경험을 나열하듯이 모두 기록하면 취업에 도움이 될 것으로 생각했으나, 일관성과 그에 따른 신뢰성에 많은 손해를 보았다. 다양한 경험이 자신에게 녹아들어 역량이 되지 못하고 이력서에 문자로만 남아있다면 오히려 자신의 발목을 잡는 덫이 된다. 요즘 들어 기업들이 비용과 시간이 훨씬 많이 드는 합숙 면접을 선호하는 이유가 바로 이력서와 실무능력 사이의 언매칭(Un-matching)현상 때문이다. 한 발 더 나아가 채용 조건부

인턴을 통해 실제 업무능력을 파악한 후 채용하는 기업들도 많이 늘었다.

그렇기에 여러분이 취직을 원한다면 스펙뿐 아니라 고용인의 "신뢰"를 얻어야 한다. 신뢰를 얻기 위해서는 채용 프로세스 전반에 걸쳐서 일관성을 유지하라. 스펙이 무조건 많다고 좋은 것이 아니다. 원하는 일자리와 해당 스펙이 어떤 관련이 있는지 고려해서 이력서를 제출하고 면접에서 답변하라. 가장 좋은 방법은 실제로 일자리와 관련이 높은 스펙과 경험을 쌓는 것이다. 이를 위해서는 무엇보다 자신이 어떤 곳에서 어떤 일을 하고 싶은지가 명확해야 하지 않을까 싶다.

6) 통계적 차별 극복을 위한 방안 : 나만의 무기

H여행사 사례에서 살펴본 바와 같이 취업에 필요한 것은 다른 지원자들과 차별화되는 나만의 무기이다. 나만의 무기로 차별화되지 못한다면 힘들게 쌓은 스펙들이 모두 무위로 돌아갈 수 있다. 여기에는 반드시 유의해야 할 점이 있는데, 필자가 말하는 나만의 무기란 "그 무기만을 갖추라"는 의미가 결코 아니라는 점이다. 한때 유행처럼 불었던 "한 가지만 잘해도 대학 간다"와 같은 무책임한 구호가 아니다. 통상적으로 말하는 기본 스펙을 갖춘 이후 거기에 차별화를 위한 "플러스 알파(α)"를 더하라는 의미이다.

서류면접을 포함한 기업의 채용 경쟁률은 통상 100대 1에 달한다. 높은 경쟁률로 취업시장에서는 "100번의 지원서를 제출해야 비로소 합격한다"는 말이 있을 정도이다. 지원자들은 서류 전형, 필기 전형, 그리고 1차 면접을 통과해야 임원 면접을 볼 수 있다. 이러한 단계를 통과하기 위해서는 반드시 기본 스펙이 필요하다. 한 취업포탈이 기업 인사담당자 113명을 대상으로 진행한 설문조사에서 60%의 담당자는 "스펙과 업무능력이 비례하지 않는다"고 답했다. 하지만 기업들의 채용과정에 스펙은 여전히 활용되고 있다.

스펙이 업무능력의 지표가 될 수 없음을 알면서도 기업이 이를 활용하는 이유는 무엇일까?

가장 큰 이유는 "효율성" 때문이다. 일자리는 줄어들고 취업준비생들은 취업 재수와 삼수를 하다 보니 적체현상이 발생해 채용 공고가 나면 말 그대로 물밀듯이 지원서가 접수된다. 대학 입학원서는 지원 횟수에 제한이 있기에 매우 신중한 지원이 요구된다. 정시의 경우 입시 군별로 1개 대학씩, 최대 3번만 지원할 수 있어서 막판 눈치작전까지 발생한다. 반면 입사지원서는 지원 횟수에 아무런 제약이 없다. 공채일정만 맞는다면 무한 지원이 가능하다. 그러다 보니 "묻지마 지원"이 빈번히 발생하고 있다.

높은 실업률과 함께 채용 경쟁률이 100대 1에 달하는 이유가 바로 여기에 있다. 기업은 그 어떤 조직보다 "효율성"이 중시되는 조직이다. 다른 기업과의 경쟁에서 승리하기 위해서는 효율성에서 앞서야 한다. 기업의 효율성이란 "최소의 비용으로 최대의 생산"을 의미한다. 이런 관점에서 볼 때 신입사원 채용에 투여되는 인적자원과 시간은 무한할 수 없다. 이때 기업에서 지원자들을 효율적으로 구별하기 위해 사용하는 것이 바로 스펙인 것이다.

스펙은 대체로 정량화 되어있는 것들이다. 학점(GPA), 토익점수, 필기시험 점수 등은 기준에 따라 서열화하여 일정 배수 이상만 합격시키면 되기 때문에 시간과 비용이 최소화된다. 이런 특성 탓에 서류전형과 필기전형은 외주화한 기업들도 많이 있다. 기업 운영의 핵심이라 할 수 있는 인사시스템이지만 서류전형은 중요성이 높지 않다고 판단하기 때문에 비용절감을 위해 외부에 맡기는 것이다.

지원자 입장에서는 일단 서류전형을 통과해야 그 다음전형인 필기전형과 1차 면접을 볼 기회가 주어진다. 그렇기에 기본 스펙을 갖추는 것은 취업의 전제조건이라 하겠다. 임원 면접은 보통 3대 1의 경쟁률이지만, 세 명 중 마지막 한명이 되는 것은 지금까지 통과한 여러 전형들을 통과하는 것만큼 어렵다. H여행사의 사례에서 A지원자의 나만의 무기는 "실무에 관련된 다양한 경험"이었다. 필자가 이야기한 나만의 무기는 취업의 마지막 장이자 가장 어려운 관문인 임원 면접에서 발휘할 수 있는 필살기가 될 것이다.

필자의 제자로 대학졸업 후 사회의 일원으로서 가치를 창출하고 있는 건실한 청년이 있다. 이 청년의 이야기가 "나만의 무기" 발굴에 도움이 될 것이라 생각하며 여기에 소개한다. 필자의 제자는 대학에서 현장실습(인턴)을 안내하고 지도하는 일을 하고 있다. 그러다보니 인턴십을 홍보하는 설명회 PPT도 진행하곤 한다. 그가 인턴을 앞두고 있는 학생들에게 들려주는 이야기다. 그의 말에 귀를 기울여보자.

"지금부터 제가 여러분에게 말씀드리는 내용을 옆에 있는 친구, 동료, 대학간판, 평균적인 스펙과 관련짓지 말고 오로지 자기 자신을 두고 생각해보길 바랍니다. 저는 기회를 가지는 것도 능력이라고 생각합니다.

저는 어쩌면 여기 앉아 있는 학생들보다 소위 말하는 'Spec'이 낮을 수도 있습니다. 저의 객관적인 지표(이력서, 자기소개서, 영어점수, 자격증 등)는 형편없습니다. 하지만 저는 스스로 잘 할 수 있는 것을 알고 있었고 믿었습니다. 저는 회사에 들어가면 해야 할 것들(엑셀, PPT, 체력, 붙임성, Team으로 일할 때 리더로서의 역할, 팀원으로서 역할, 상사를 대하는 태도 등)을 잘 수행할 자신이 있었습니다.

문제는 이런 저의 역량을 보여줄 방법이 없었습니다. 왜일까요? 저의 객관적 지표가 형편없었기에 그 흔한 면접의 기회도 저에게는 쉽지 않았습니다. 그래서 스스로 고민하기 시작했습니다. 저에게는 3가지 선택지가 있었습니다.

① 나의 객관적인 지표를 남들과 똑같이 던지며 우연히 나를 알아봐줄 선견지명을 기다릴 것인가?

② 이제부터 남들과 객관적인 지표를 비슷하게 맞추기 위해 시간과 노력을 투자 할 것인가?

③ 나를 그리고 내 역량을 보여줄 수 있는 기회를 잡기 위해 노력 할 것인가?

결국 저는 현장실습(인턴)을 통해 해당업체 대표에게 취업제의를 반년 동안 받았었습니다. 고민 끝에 제가 하려던 일과는 성격이 달라서 정중히 거절 했지만, 과연 이력서와 자기소개서만을 봤었더라면 저에게 이런 스카우트 제의가 올 수 있었을까요?

저도 취업을 준비하며 스스로 항상 절망하며 이런 생각을 했었습니다. '뽑아만 주면 정말 잘 할 수 있는데…….' 그렇지만 그것은 머릿속에만 존재하는 생각일 뿐이었습니다. 그래서 어쩌란 말인지? 뽑아 주질 않는데? 내가 잘 할 수 있다는 것을 보여줄 기회가 없는데?

마트의 식품매장에 가면 시식코너가 있습니다. 고객들이 먹어봐야 맛과 품질을 정확히 알 수 있기에 이런 코너가 있는 것이지요. 저는 스스로를 마트에 있는 시식 코너에 놓인 시식용 음식처럼 헤드헌터에게 체험해 보라고 절박하게 움직였습니다. 진열대에 가만히 앉아서도 브랜드 가치를 빛내고 잘 팔리는 객관적인 베스트셀러가 아니었기 때문입니다. 여러분도 스스로에게 같은

질문을 해 보길 바랍니다."

7) 그림자 채용

가장 큰 "그물"을 가지고 있는 어부가 고기를 잡을 가능성이 가장 크다. 당신이 갖고 있는 그물의 크기를 크게 하는 법을 연구하라. 그러면 일자리를 구할 가능성이 높아진다. 구인광고만을 보고 지원한다면 당신의 그물은 여전히 작은 그물에 불과하다.

취업시장에도 보이지 않는 채용이 은근히 많다. "몰래 뽑기"라고도 불리는 "그림자 채용"이 바로 그것이다. 그림자 채용이란 구인광고를 내는 대신 취업사이트에 등록된 구직자들의 이력서 데이터베이스(DB)를 이용해 적임자를 발굴, 은밀히 채용하는 방식이다. 채용정보가 전면에 투명하게 드러나지 않고 취업사이나 인맥(사내추천·학교추천), 헤드헌팅의 그늘에 가려 있다고 해서 "그림자(shadow)"란 말이 붙은 것이다.

사내추천이나 학교추천 등도 몰래 뽑는다는 점에서 동일한 채용방식이지만 그 활용빈도는 취업사이트의 이력서검색서비스에 비할 바가 못 된다. 온라인 채용이 보편화되면서 구직자 정보를 빠르게 찾아보는 가장 효과적인 방법이 인터넷 취업사이트를 활용하는 것이기 때문이다.

기업들이 그림자 채용을 선호하는 이유는 시간과 노동력 낭비를 최소한으로 줄일 수 있기 때문이다. 허수(虛數) 지원을 없앨 수 있고 면접 등 모든 채용절차가 빠르면 3~4일 안에 마무리된다. 인사 청탁이 몰리는 곤란한 상황도 막을 수 있는 장점이 있다.

업종에 따라 50~60%의 기업이 공개 채용과 더불어 그림자 채용을 병행한다는 취업사이트 조사결과에 주목해야 한다. 현장별로 소수의 인력을 급하게 채용하는 경우가 많은 건설업종은 그림자 채용이 많다. 수시 채용이 일반적인 보건의료업종, 외국계기업, IT업종 등도 마찬가지다.

"은밀한 채용"에 대처하는 가장 좋은 방법은 자신이 구직활동을 하고 있다는 사실을 널리 알리는 것이다. 취업 희망기업에 근무하는 선배나 지인들에게 자신이 현재 직장을 구하고 있으며 그 회사에 취업하고 싶어 한다는 의사를 최대한 알린다. 그들이 활동하는 동아리나 동호회 등의 커뮤니티에 적극적으로 참여하는 것도 방법이다.

앞서 그림자 채용이 가장 빈번한 곳이 인터넷 취업사이트라고 했다. 그런 점에서 취업사이트 방문 시 채용정보 열람서비스에만 집중하는 구직자가 많다는 현실이 안타깝다. 취업사이트에 이력서를 등록하지 않거나 비공개로 설정한 사람은 스스로 구직활동 범위를 좁히는 것이나 다름없다.

취업사이트에 올려놓은 이력서는 일반기업만 보는 것이 아니다. 전문 인력의 재취업이나 스카우트를 중개하는 헤드헌팅 업체들도 취업사이트의 인재DB를 활용한다. 따라서 취업사이트에 등록한 이력서는 수정할 내용이 없어도 자주 업데이트해 상단에 노출시키거나 이력서 추천서비스를 이용해 노출빈도를 높이는 노력이 필요하다. 취업사이트마다 특성이 있지만 대개 최신 업데이트된 이력서 순으로 리스트가 나열되는 것이 보통이다.

상당수의 일자리는 전혀 구인광고를 하지 않는다는 사실을 알고 있는가? 신문광고나 인터넷 광고를 보고 연락을 하는 식으로만 일자리를 찾게 되면 대다수의 일자리는 그물을 빠져나가게 될 것이다. 구인광고를 내지 않는 회사들에게도 적극적으로 연락을 하라. 지금은 일자리가 없지만 3개월 후에 다시 연락해보라고 연락이 올 수 있다.

취업포탈 사람인이 487개 기업을 대상으로 헤드헌팅이나 추천, 취업사이트 이력서 조회 등 이른바 "그림자 채용" 여부를 설문조사한 결과 69%의 기업들이 "있다"고 답했다. 그림자 채용을 가장 많이 하는 기업군은 외국계 기업(86%)이었으나, 중소기업(69%), 대기업(63%), 공기업(54%)도 적잖은 비율을 보였다.

경제적 지대(자격증 등 차별화)를 통한 취업

1) 영화 〈변호인〉을 통해 본
면허의 경제학과 경제적 지대(economic rent)

취직을 앞둔 청년들뿐 아니라 이미 직장을 구한 사람들도 부러워하는 직업이 있다. 사회통념상 전문직이라 하는 직업 또는 "사"자(士) 직업이라 불리는 의사 변호사 등이 그것이다. 우리가 전문직을 부러워하는 이유는 대체로 이런 직업을 갖게 되면 부와 명예가 함께 보장되기 때문이다. 다운시프팅 경력곡선에서 보듯 이들은 출발선부터가 일반인과 달랐다.

의사가 되려면 의대를 졸업해야 하고 국가 의사고시에 합격해야 한다. 의대 정원도 정해져 있다. 변호사가 되려면 사법고시 또는 로스쿨을 나와 변호사 시험에 합격하고 소정 교육을 이수하면 된다. 세무사, 변리사 등 전문직이 대체로 이러하다. 매년 뽑는 정원이 정해져 있다.

다음 기사는 위에 열거된 직업들이 어떻게 해서 특권을 가지는지 잘 설명해주는 기사이다.

[인용] 2014년 1월 25일 토요일 인터넷 한국경제 고은이 기자
[영화로 쓰는 경제학원론] 가난한 변호사, 빗장 푼 틈새시장서 큰 돈…
이익집단·진입장벽엔 부가가치가 없다

(2013년에 송강호가 주연으로 출연한 영화) "변호인"은 경제학적으로도 많은 생각거리를 제공해 준다. 주변에서 쉽게 찾아볼 수 있는 전문가집단 간의 줄다리기, 학력에 의한 차별, 공고한 전문직 시장 진입장벽 등을 아주 세심하게 그려냈기 때문이다.

① 면허의 경제학
"저한테 죽이는 아이템이 하나 있습니다만…. 돈 좀 빌려주이소." 영화 초반인 1981년 어느 날, 부산의 신참 변호사 송우석은 한 선배 변호사를 찾아간다. 판사로 잠깐 일하다 그만두고 변호사 사무실을 차렸지만 파리만 날리던 시절이었다. "뭔데?" 시답잖아 하는 선배의 반응에도 우석은 자신만만했다. "법이 바뀌어 이제 변호사도 부동산 등기 업무를 할 수 있다 아입니꺼."

우석의 아이디어는 단순했다. 법무사에게만 허용됐던 부동산 등기 업무가 변호사에게도 막 열린 상황. 그러나 당시 변호사들은 부동산 등기 업무를 하찮은 일로 치부했다. 하지만 우석은 부동산 등기 시장을 선점하면 떼돈을 벌수도 있을 것으로 확신했다. 더욱이 우석에겐 다른 법무사들에겐 없는 한 가지 경쟁력이 있었다. 변호사 자격증이란 고급 면허였다. 전문직 면허제는 일반인들에게 엄청난 진입장벽이다.

영화 속에선 학력이나 학벌도 면허와 비슷한 진입장벽으로 작용한다. 우석이 부동산 등기 업무 같은 틈새시장을 찾을 수밖에 없던 것도 고학력이라는 일종의 사회적 면허를 취득하지 못해서였다. 동창 모임에서 우석은 이렇게 답답함을 토로한다. "서울대, 연대, 고대! 내 상고 출신은 끼워주지도 안해."

② 승승장구의 비밀
(로스쿨 정원이 정해지면 해마다 공급되는 법조인의 수도 제한된다. 돈을 아무리 많이 준다고 해도 공장에서 찍어내듯 메이저 리그 야구 선수를 복제해낼 수 없듯이 법조인도 갑자기 찍어낼 수 없다. 법조인의 공급이 비탄력적이 된다.)

이처럼 공급이 비탄력적인 시장은 다른 시장과는 다른 특징을 지닌다. 기존 공급자가 기회비용 이상으로 얻는 몫이 많이 생기기 때문이다. 이처럼 공급이 제한돼 있거나 탄력성이 낮은 생산요소에서 발생하는 추가적 소득을 보통 "경제적 지대"라고 부른다. 한국사회에서 학력이나 학벌을 통해 얻는 기회비용 이상의 이득이 있다면 그 또한 일종의 지대다.

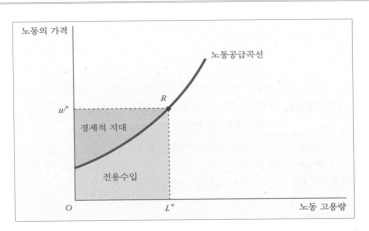

우석은 부동산 등기 전문 변호사로 지역에서 승승장구한다. 그러나 몇 달 후 우석의 지대도 차차 위협받기 시작한다. 주변의 다른 변호사들도 하나둘씩 부동산 등기 업무에 뛰어든 것. 그는 전문 분야를 "세금"으로 바꾼다. "내 또 상고 출신 아이가. 돈 계산엔 빠삭하다." "당신의 소중한 돈을 지켜드립니다"란 문구가 박힌 명함을 들고 백방으로 뛰어다닌 덕에 우석은 세무 변호사로도 이름을 날리게 된다. 대형 건설회사의 세무업무를 맡게 되면서 우석이 누릴 수 있는 지대의 규모는 더 커진다.

③ 법무사들은 왜 시위를 했을까
다만 비탄력적 시장의 공급자들이 과도한 지대를 추구하다 보면 사회 전체의 후생엔 악영향을 미친다. 대표적인 게 공급을 제한하기 위해 정부 등에 로비하는 행위다. 이는 정상적인 이윤추구 행위(profit seeking)와는 다르다. 이윤추구 행위가 합리적인 경제활동으로 새로운 부를 창조해 성장의 밑거름이 된다면, 지대추구 행위(rent seeking)는 이미 형성된 부를 더 많이 가져가기 위한 싸움에 노력력을 투입하는 일이기 때문이다. 생산이 원칙적으로 증가할 수 없는 상황에서 시장독점적 권리를 확보하기 위해 투입하는 비용은 새로운 가치를 창출하지 못한다.

그가 부동산 등기 업무를 시작하자 법무사들이 모여 "송우석은 물러가라"는 시위를 벌인 것도 이익단체의 지대추구 행위라고 볼 수 있다. 자신의 영역을 지키기 위해 다른 시장참여자를 밀어내려는 행동이기 때문이다. 때때로 이런 전문성을 갖춘 특정 이익집단의 요구를 정부나 시장참여자들이 어쩔 수 없이 수용하는 일도 생긴다. 이를 "포획이론(capture theory)"이라고 한다. 이 경우 소수의 전문집단에 이익이 집중돼 전체 경제엔 비효율성을 초래하게 된다.

앞서 살펴본 전문직인 의사나 변호사가 아니더라도 이와 비슷한 성격의 직업군이 있다. 공무원이 그렇다. 매년 공무원 채용공고가 난다. 공무원이 되려면 정해진 숫자의 합격선 안에 들어가야 한다. 그리고 공무원이 되면 헌법이 보장하는 직업공무원제도 하에서 신분이 보장되는 "철밥통"이 된다. 거기다가 각종 인허가 권한을 등에 업고 평생 갑(甲)으로 행세한다.

경제학 이론을 빌려 설명해 보면 위의 영역들은 모두가 일정한 경제적 지대를 뜯어 먹고 사는 구조이다. 여기서 지대(地代)란 것은 일반적으로 토지에 대한 임대료를 말한다. 임대인이 건물을 월세 내어서 임차료(Rent)를 받는 것과 똑같은 식이다. 건물이 있기에 가능한 일이다. 그러나 경제학에서 말하는 경제적 지대는 "마치 토지처럼 공급이 제한되거나 비탄력적이어서(토지, 노동, 자본 등) 공급자가 기회비용 이상으로 얻는 몫"을 의미한다.

그렇기에 노동도 경제적 지대가 발생할 수 있다. 대표적인 예로 운동선수를 들 수 있다. 수십억 원의 연봉을 받는 유명 농구선수의 경우, 기회비용을 생각하면 농구를 하지 않고 다른 직업을 선택한다면 수억 원의 연봉도 받기 어려울 것이다. 반대로 농구라는 종목에서는 해당 선수와 같은 능력은 가진 선수가 극히 드물기 때문에 그만한 대우를 받을 수 있다. 따라서 이 선수의 연봉의 상당 부분은 경제적 지대라고 볼 수 있다.

"농구 황제" 마이클 조던의 순자산은 약 1조 872억 원으로, 선수 마지막 해에 그가 받은 연봉은 400억 원이 넘었다. 이는 시카고불스 선수 전체 연봉의 절반에 해당하는 액수였다. 그러나 야

구선수 조던의 연봉은 천만 원에 불과했다.(야구선수 조던에 관한 이야
기는 뒤에 또 다룰 것이다.)

〈신서유기 시리즈〉, 〈꽃보다 시리즈〉, 〈윤 식당〉 등을 연출
해 스타PD로 꼽히는 나영석 PD는 2018년 상여를 포함해 1년에
37억을 벌었다. PD평균 연봉인 3,700만 원의 100배에 해당하
는 금액이다. 20여 년간 국민MC로 자리를 지켜온 유재석은 회당
1,500만 원의 출연료를 받고 연간 약 27억 원 이상을 벌고 있다.
예능인 평균 출연료인 40만 원의 수십 배에 해당하는 금액이다.
나영석 PD와 유재석이 이렇게 높은 보수를 받을 수 있는 이유는
독보적인 재능 덕분이다. 그들의 대체 불가능한 재능이 경제적
지대로 작용한다.

마찬가지로 의사, 변호사라는 자격증을 가진 직업을 갖게 되면
건물이 있어 또박또박 월세 받을 수 있는 것처럼 경제적 이익을
얻을 수 있는 것이다. 심지어는 불법적으로 자신은 일 안 하고 자
격증만 빌려주고 매월 일정액을 받는 사람들도 있다. 이것이 자
격증의 힘이다. 물론 자격증 없는 사람이 변호사가 아닌데 변호
사 일을 하게 되면 당장 변호사법 위반이 된다.

경제적 지대를 향유하는 직업들은 부와 명예가 보장되지만 해
당 직업들이 아래와 같은 공통점이 있다는 것은 구직자에게 진입
장벽이다.

첫째, "정원(fixed number)"이 소수로 정해져 있고.

둘째, 일단 그 안에 들어가면 대체로 먹고 사는 게 보장된다. (물론 사무실 급여도 못 주는 변호사와 망하는 개업의사도 가끔 있다)

셋째, 공부를 잘해야 한다. (정원 안에 들어가기 위한 어려운 시험에 합격해야 하므로)

대기업과 공기업은 어떠한가? 여기도 위의 세 가지 조건이 거의 들어맞는다. 그렇기에 전문직에 준하는 이익을 향유할 수 있는 것이다. 다만, 자격증이 없어 혼자 개업할 수 없고, 교수처럼 정년이 길게 보장되지 않는 단점이 있다. 공부를 잘해야 한다는 점은 공통점이다. 숫자는 다르지만 정원이 정해져 있기에 어려운 시험에 합격해야 한다. 정원이 정해져 있다는 의미는 장벽이 처져 있다는 뜻이다. 통계적으로 합격할 확률보다 당연히 떨어질 확률이 높다.

경제적 지대를 한마디로 요약하면 "정해진 정원(fixed number) 안에 들어가면 부와 명예를 얻을 수 있지만 그 안에 들어가기가 어렵다"이다. 그렇기에 선택에 있어 전략적 판단이 필수적이고 중요하다. 남들 따라 절벽으로 떨어지는 쥐 떼는 되지 말아야 한다.

2) 확률을 계산하고 경제적 지대에 도전하라

도전은 청춘의 특권이다. 설령 실패하더라도 다시 도전할 수 있는 시간과 에너지가 청춘에게는 있기 때문이다. 실패는 경험으로 쌓이고 나의 역량이 된다. 여러분이라면 "용감한 도전"을 하고 싶은가 "무모한 도전"을 하고 싶은가? 무모와 용감을 구분하는 기준은 도전의 결과에 달려있지 않다. 성공했다고 용감한 도전이 되고, 실패했다고 무모한 도전이 되는 것이 아니다. 무모한 도전이란 일종의 욕심이다. 욕심은 분수에 넘치게 무엇을 탐내는 것을 의미한다. 용감한 도전은 쉽지 않지만 노력한다면 이룰 수 있는 목표를 향하는 것이다. 결국 확률이 무모함과 용감함을 구분 짓는 것이다.

패기를 가지고 무작정 도전한다고 모두가 히말라야 정상에 오를 수 있는 것은 아니다. 초등학생이 히말라야를 정복하겠다는 것은 무모한 도전이다. 신체조건, 체력, 노하우 등 모든 조건이 불가능에 가깝다. 즉 성공 가능성이 0%에 가까운 일이다. 무모한 도전의 또 다른 예로는 카지노에서 일확천금을 노리고 올인(All In) 하는 경우를 들 수 있다. 카지노가 왜 무모한 도전인지 자세히 살펴보자.

카지노는 다른 산업에 비해 투자비가 많지 않으며 그것도 초기 투자만 많을 뿐 계속적인 투자가 필요한 것은 아니다. 만일 카지노측이 유리하지 않다면, 즉 이점(advantage)이 없다면 카지노는 당연히 운영될 수 없다. 카지노에서 이익이 발생하는 것은 처음부터 카지노가 행해지는 게임에서 고객보다는 카지노 측이 유리하도록 구조적으로 고안되어 있기 때문이다.

게임종류 또는 고객의 숙련도나 전략에 따라 손해 보는 경우도 있겠으나 전체적으로 보아 카지노가 유리하다. 게임이 길어질수록 승자는 정해져 있는 셈이다. 여러 가지 테이블 게임 중에서 고객의 숙련도에 따라 승률이 달라질 수 있는 게임은 일명 21(Twenty One)이라 불리기도 하며, 가장 많이 알려진 카드 게임인 블랙잭(Blackjack)뿐이며 나머지는 확률보다는 운 또는 흐름에 좌우된다.

빙고게임의 경우 카지노의 승률은 2.81% 정도인데 이는 카지노가 손님을 유인하기 위해 손실까지 감내하고 있는 셈인데 그렇더라도 빙고 손님이 빙고게임만 즐기는 것이 아니라 다른 게임도 하기 때문에 실제로는 빙고게임에서도 돈을 잃게 된다. 카지노측은 슬롯머신에서는 6.09%, 룰렛에서는 19.59% 높은 승률로 고객의 돈을 딴다.

사람들은 경쟁자들에 비해 자신이 승리할 가능성을 과대평가하는 경향이 있다. 애덤 스미스(Adam Smith)는 사람들이 자신의 능력과 행운을 과대평가하는 경향이 있다면서 다음과 같이 통렬하게 설파했다.

"모든 시대에 걸쳐 철학자와 도덕가들은 사람들이 자신의 능

력에 대해 갖는 지나친 자만을 악덕이라고 생각했지만 행운에 대한 부당한 과신에는 별 관심을 갖지 않았다. 건전한 육체와 정신을 가진 사람들 중 그러한 태도를 조금이라도 가지지 않은 사람은 없다. 많은 사람들이 이득을 얻을 수 있는 가능성은 과대평가하고, 손해를 볼 가능성은 과소평가하며 몇 사람은 유리한 가능성을 실제 이상으로 평가한다."

또한 애덤 스미스는 이에 덧붙여서 "경험에 대한 경멸과 성공에 대한 성급한 기대감은 청년들이 처음 직업을 선택할 때 가장 많이 나타난다."라고 꼬집었다. 애덤 스미스가 이미 200여 년 전에 이야기한 인간본성은 오늘날에도 똑같이 나타나고 있다.

미국인들에게 "자신의 운전 능력이 어떻다고 생각하십니까?"라고 물어보면 90퍼센트 이상이 "나는 평균 이상으로 운전을 잘하는 사람"이라고 답한다는 조사 결과가 있다. 기업에서 우수한 인재로 분류하는 사람들은 전체 종업원의 20퍼센트 남짓인데, "당신은 회사에 필요한 우수 인재입니까?"라는 질문에 미국 노동자들의 90퍼센트 이상이 "나는 일반 노동자보다 생산적이다"라고 생각하고 있는 것으로 밝혀졌다.

물론 한국도 다를 게 없다. 응답자의 80퍼센트 정도가 "그렇다"라고 응답했다. 한국에선 2008년 잡코리아가 비즈몬과 함께 구직자 2,013명을 대상으로 조사한 결과, "나는 평균보다 우수한 인재"라고 생각하는 사람이 70퍼센트에 달했다. 이 중 77.4퍼센트는 자신의 능력에 비해 연봉이 낮다고 불평했다.

물론 과신 효과가 나쁘기만 한 것은 아니다. 사업에서 스포츠까지 그 어떤 분야에서든 모든 도전에는 자신감이 필요하며, 그런 확신이 강할수록 좋은 결과를 낳을 수 있기 때문이다. 일찍이 독일 시인 괴테가 말했듯이, 사람이 자신에게 요구되는 모든 일을 이루기 위해서는 자신이 실제보다 더 위대하다고 믿어야만 한다.

일상적인 삶에서도 우리 인간은 자긍심 없이는 살아가기 어렵다. 설사 그 자긍심이 기만적인 것일지라도 그것이 남에게 피해를 안 끼치면서 자신의 행복에 기여할 수 있다면 무엇을 망설이랴. 그래서 "제 잘난 맛에 산다"는 말이 오랜 생명력을 유지할 수 있는 게 아닐까? 다만 "낙관적 감성"을 "비관적 이성"으로 보완하거나 견제하는 일은 꼭 필요하다고 할 수 있겠다. 행동은 돈키호테처럼 하더라도 생각은 햄릿처럼 해야 한다.

코넬대 심리학자 톰 길로비치(Tom Gilovich) 교수는 사람들이 자신을 평균 이하라고 생각하는 것이 유쾌하지 않기 때문에 아무 근거 없이 자신을 평균 이상으로 생각하는 손쉬운 해결책을 택한다고 한다. 속칭 "근자감(근거 없는 자신감)"이다. 필자는 신림동 고시촌에서 고시 공부를 할 때 자신의 직업을 고시생으로 끝나는 사람들을 많이 보았다. 시장에 뛰어들어 경쟁하는 것은 시간과 정열 및 투자가 소요된다. 그렇기에 인간본성인 "자기 과신의 함정"에서 벗어나서 게임에서 승리할 수 있는 가능성 즉 승률(Winning Rate)에 대한 지식이 필요하다.

소프트뱅크 창업자 손정의 회장은 어려서부터 고집이 강하고 자기가 하고자 하는 것에 대해 무슨 일이 있어도 끝까지 해내는 의지가 강한 사람으로 알려져 있다. 17세에 미국 유학길을 떠나 미국에 온지 1년도 안 돼 고교 과정을 마쳤다. 검정고시 시험을 치르는 과정에 감독관에게 당당하게 일본에서 왔다고 하면서 공정하게 일영사전을 쓰게 해달라고 하고, 시험시간을 연장해 달라고 요구하는 당돌한 그였다. 19세 때 인생 50년 계획을 세운 미래 계획주의자이며, 아이디어 관련해서 남들과 다르게 생각하려고 많이 노력하고 두뇌를 훈련하였다.

처음에는 말이 안 되는 미친놈이라는 소리를 듣지만, 시간이 지나면 결국 헛소리가 아니라는 것을 보여 주는 사람이다. 손 회장은 창업 키워드로 확고한 비전으로 오르고 싶은 산을 정했다. 그것은 디지털 정보 혁명으로 인간을 행복하게 하는 것이었다. 시대의 흐름을 파악했다. 즉 미래는 소프트웨어 세상으로 상품이 아닌 인프라를 장악하겠다는 것으로 요약된다. 그리고 40개 아이템을 놓고 18개월간 시장 조사를 하는 치밀한 분석을 통해 승률 70퍼센트 이상의 높은 등급이 나온 아이디어 가운데 사업화할 수 있는 것을 선택하여 도전하였다.

그리곤 과감한 승부수를 던졌다. 또한 손 회장은 믿을 만한 멘토에게 겸허하게 조언을 구해서 그들이 고비마다 구원투수 역할을 해주었고 그들이 돈과 인맥의 숨통을 틔워주었다. 또한 손 회장은 성공한 이후에도 스스로 멘토로서의 자격과 미래에 대한 혜안이 있음을 보여 주었다. 손 회장은 2000년 중국 전자상거래사이트 닷컴 초창기 기업인 알리바바에 2천만 달러(220억 원)를 투자, 14년 만인 2014년 이 회사가 미국 나스닥에 상장하면서 투자가치가 2천500배인 500억 달러(60조 원)로 치솟았다.

여러분이 도전하는 영역이 어느 정도의 노력과 승률로 성취 가능한지에 대해 스스로만 평가 하지 말고 주위의 많은 선후배와 멘토들의 조언을 들어보길 제안한다. 카지노와 손정의 회장 모두 자신의 승률을 높이기 위해 노력하지 않던가?

공부는 시간과 노력과 돈이 든다. 누구와 경쟁할지를 신중하게 결정하라. 공무원시험 공부를 준비할 때 모두가 5급부터 시작하고 싶지만(9급에서 5급이 되는데 평균적으로 25년이 걸린다) 모집정원과 합격생 수준을 보곤 7급 또는 9급으로 목표를 조정한다. 9급이라고 해서 결코 쉬운 게 아니다. 신중하게 결정해야 한다.

실력이 떨어지는데 동일한 방식으로 계속 경쟁의 자리에 나서는 건 지혜롭지 못하다. 실력 발휘가 될 수 있는 이길 수 있는 장에서 싸워야 한다. 전투기가 활주로에서 탱크와 싸워 이기겠는가? 전투기는 하늘을 날아야 한다. 이렇듯 독수리는 초원에서 사자와 싸우지 않는다. 악어도 땅 위에서 싸우지 않는다. 일단 먹이를 물면 물속으로 끌고 들어가서 질식시켜 숨을 끊어놓는다. 그리곤 여유롭게 먹잇감을 뜯어먹는다.

자신감(confidence)은 필요하지만 "자기 과신의 함정(overconfidence trap)"에 빠지면 시간을 허비할 수 있고 돈을 버는 게 아니라 까먹기만 할 수 있다. 자칫하다간 인생이 헛손질과 헛수고가 될 수 있다. 그렇기에 대기업, 공기업 입사를 목표로 하기 전에 여러분도 어느 레벨에서 경쟁할 것인지를 먼저 결정해야 한다. 삼성전자 CEO의 연봉이 240억 원이다. 임원들 연봉도 10억 원대이다. 이들이 부러운가? 그렇다면 삼성전자는 세계 톱 수준으로 경쟁하고 있음을 상기하라. 삼성전자의 제품과 서비스는 세계 톱 수준과 경쟁한다.

삼성전자의 여러 사업부 중 하나인 스마트폰 시장의 2021년 크기는 539조 6000억 원이다. 그중 16%가 삼성전자(86조 7200억 원)이다. 매출과 이익도 이에 비례한다. 그렇기에 연봉이 세계 톱 수준이다. 당연히 이를 산출하는 주체인 임원들도 세계 톱 수준으로 경쟁해야 함을 뜻한다. 세계 톱 수준의 경쟁력을 갖춰야 함을 뜻한다. 여러분이 이러한 연봉과 대접을 받고 싶다면 여러분이 이러한 경쟁력을 갖췄는지 자문해보라. 부자로 살고 싶다면 그에 걸맞는 경쟁력과 수준을 갖추었는지 고민해보기 바란다.

중국 연길에 연변과학기술대학교가 있다. 조선족이 80퍼센트, 한족이 20퍼센트이다. 이곳 학생들은 중국어, 영어, 한글을 모두 능통하게 구사한다. 당신은 어떤가? 이미 연변과기대 졸업생들이 국내에 들어와 일하고 있다. 공장의 단순노무직이 아니라 변리사 사무소 등 전문직에서 종사하고 있다.

남 보기 좋은 먹잇감은 경쟁이 치열하기 마련이다. 경쟁이 치열하다는 건 실패할 확률이 높다는 의미이다. 그러기에 당신이 잘 할 수 있는 영역인지 보다 신중하게 판단해야 한다. 송어는 강에서 살고 숭어는 바다에서 산다. 송어가 생각 없이 바다로 나갔다간 짠물을 뒤집어쓰고 죽는다. 자신이 설 자리 살 자리를 제대로 알아야 한다. 서고 싶은 자리 살고 싶은 자리에 서고 살고 싶은 마음이야 누구나 매한가지이지만 지혜로운 사람은 당장 만족시키기를 갈망하는 욕구를 참아내고 때를 기다리고 준비를 한다.

〈확률에 대한 또 다른 시각〉

위에서 살펴본 바와 같이 확률을 따져보는 것은 매우 의미 있는 일이다. 인생은 한 번뿐이며, 불가능에 가까운 일에 무모하게 도전하는 것은 인생의 낭비일 수 있다. 그렇지만 확률에 큰 영향을 미치는 변수가 하나 있다. 바로 "도전의 횟수"이다. 인

디언들이 기우제를 지내면 반드시 비가 온다는 이야기가 있다. 그 이유는 아주 단순하다. 바로 비가 올 때까지 기우제를 멈추지 않기 때문이다. 물론 인생을 이렇게 살 수는 없다. 하지만 계속된 도전은 결국 성공으로 이어진다는 점은 주목할 만한 사실이다.

다음은 좀 더 현실적인 케이스를 알아보자. 야구에서 3할(30%)을 치는 타자는 최고 타자에 속한다. 그런데 30%는 생각보다 그렇게 높은 숫자가 아니다. 흔히 하는 동전 던지기의 경우 50%의 확률을 가지고 있다. 30%는 동전던지기 확률에 비하면 대단히 불리한 숫자이다. 누군가와 내기를 하는데 이길 확률이 30%라고 하면 그 내기에 선뜻 응하는 사람이 있을까?

하지만 야구에서 3할 타자는 대단히 능력 있는 선수로 인정받는다. 어떤 이유에서 일까? 야구 선수들 중 연속해서 3할을 칠 수 있는 선수는 손에 꼽을 정도이다. 이런 선수들은 주로 3번, 4번, 5번 타순을 배정받으며 이들을 일컬어 "클린업 트리오"라 부른다. 3할의 타율을 가진 클린업 트리오가 안타를 칠 확률은 얼마일까?

3번이 아웃될 확률 X 4번이 아웃될 확률 X 5번이 아웃될 확률
0.7 X 0.7 X 0.7 = 0.343 ≒ 34%

따라서 클린업 트리오가 모두 아웃될 확률은 34%이고, 반대로 세 명 중 한명이라도 안타를 칠 확률은 66%(100%-34%)이다. 66% 확률은 거의 70%에 육박하는 수치이다. 이정도 확률이라면, 두 번의 타순이 돌기 전 안타가 확정적으로 발생한다. 바로 이와 같은 확률의 비밀 때문에 3할을 치는 타자는 높은 연봉을 받는다.

야구이야기는 우리에게 "도전의 횟수가 증가하면 낮은 확률도 극복할 수 있다"는 것을 알려준다. 이번에는 확률을 취직에 대입해보자. 계산의 편의를 위해 "회사에 취직할 가능성"을 10%라고 가정하자. 이런 경우 내가 1개 회사에 지원을 했을 때 구직이 될 확률은 10%에 불과하다. 만약 10개 회사에 지원을 한다면 어떻게 될까?

1번 회사 탈락확률 X 2번 회사 X 3번 회사 … X 10번 회사
0.9 X 0.9 X 0.9 X 0.9 X 0.9 X 0.9 X 0.9 X 0.9 X 0.9 X 0.9 = 0.348 ≒ 0.35%

따라서 모든 회사에 탈락할 확률은 35%이고, 반대로 한 회사에라도 합격할 확률은 65%(100%–35%)이다. 비록 합격확률이 10%에 불과하였지만, 10곳에 지원하게 되면 확률이 대단히 높아지게 된다. 물론 실제 구직과정은 확률의 문제만은 아니다. 그러나 역량증진을 통해 확률을 높이는 것 외에도 도전의 횟수를 증가시켜 낮은 확률을 극복하는 방법도 있음을 염두에 두고 취업에 도전하기를 바란다.

3) 토너먼트와 리그전의 차이: 절대적 성과에 따라 보상이 이뤄지는 영역에 관심을 가져라

각종 고시 등은 상대평가이고 정원이 있다. 100명이 정원이라면 내가 잘 봤어도 나보다 잘 본 사람이 더 많아서 내가 101등이면 불합격이다. 100등과 101등은 천당과 지옥 수준이다. 하지만 떨어진 101등이나 5000등이나 불합격자란 점에선 똑같다. 올해 수석이 20년 전 수석과 누가 더 실력이 뛰어나다고 말하긴 어렵다. 누구와 싸웠는지 중요하다. 하지만 운전면허 시험은 커트라인 이상 되면 합격이다.

1차 시험, 2차 시험, "토너먼트(tournament)"에 따라 정원 안에 들어가는 경쟁에 몸을 맡기면 경쟁에서 승리한 후 들어간 곳에서도 계속해서 토너먼트 경기를 해야 함을 명심하라. 여러분이 일을 아주 잘하거나 동료가 일을 못 하게 훼방 놓아야 한다. 뒤통수치기도 합리화된다. 먹이인 생쥐를 놓고 경쟁하는 경쟁자인 부엉이를 죽이려는 뱀의 모습이 동물의 세계만 있는 게 아니다. 피겨스케이팅 등 많은 스포츠영역을 포함 상대적 경쟁성과에 따라 보상하는 모든 영역에서도 일어난다.

경기를 진행하는 방식에 토너먼트만 있는 것은 아니다. "리그 (League)전" 방식도 우리에게 익숙한 방식이다. 리그전은 여러 팀이 일정한 기간에 같은 시합 수로 대결을 벌인다. 그 후에 성적에 따라 순위를 결정하는 경기 방식이다. 대표적으로 프로야구 정규리그 순위를 들 수 있다. 이 방식은 참가한 팀에게 공평하게 시합을 할 수 있는 기회를 주는 점이 장점이지만, 토너먼트 전에 비해서 순위를 결정하기까지 시간이 많이 걸린다는 단점이 있다.

토너먼트와 리그전은 서로 장단점이 뚜렷한 경기 방식이기 때문에 혼합해서 활용하게 된다. 월드컵 대회에서는 토너먼트와 리그전 방식을 함께 사용한다. 참가 팀을 여러 그룹으로 나누어 각 그룹끼리 리그전을 치른 뒤, 각 그룹의 승자(상위 2팀)를 뽑아 토너먼트를 하는 방식이다. 이것을 "토너먼트-리그 결합형"이라고 한다.

토너먼트와 리그전이 장단점이 뚜렷하기 때문에 이를 결합해 사용하는 것처럼, 최근 기업의 평가제도도 상대평가 일변도의 단점이 부각되어 절대평가 방식으로 보완하는 방식이 대안으로 제시되고 있다. 기업의 상대평가 제도가 마치 영화 〈오징어게임 (Squid Game)〉에 참가한 참여자들처럼 동료들을 과도한 경쟁으로 내몰았다는 이야기다.

과도한 경쟁으로 인한 부작용을 마이크로소프트(MS) 사례를 통해 알아보자. 윈도우 독점과 오피스로 공고한 성을 쌓았던 마이크로소프트는 2000년대 들어 모바일이 대세가 되면서 추락했다. 모바일 시장에서 윈도우는 구글의 안드로이드와 애플의 iOS에 밀렸고, 빌 게이츠 이후 스티브 발머가 CEO로 재직하던 2000~2014년은 잃어버린 15년이었다. 발머 시절의 MS는 사내 정치와 관료주의적인 조직문화가 문제라는 지적을 받았다.

노후한 조직문화를 단적으로 드러내는 것이 스택랭킹(stack ranking)이라고 하는 상대평가 시스템이었다. GE의 잭 웰치가 1980년대 고안한 시스템인데 직원들을 정해진 비율에 따라 "최고", "양호", "평균" 및 "빈약" 등급으로 줄 세우고 고성과자에게는 포상을, 저성과자는 해고하는 방식이다. 1980년대에는 적합한 평가시스템일 수 있지만 현시대에는 맞지 않는 시스템이었다.

상대평가이기 때문에 팀이 똘똘 뭉쳐 성과를 내도 누군가는 최하위 순위가 돼야 했다. 자신의 등급이 떨어질까 우려해 뛰어난 엔지니어일수록 공동 작업을 기피했다. 재능 있는 젊은 직원들은 나태한 관료주의 직원으로 변해갔고 직원들은 일을 잘해서가 아니라 동료가 실패했기 때문에 보상을 받았다. 이런 평가 시스템은 마치 실패한 공산주의처럼 성과에 독으로 작용하였다. 게다가 연간 성과목표를 설정하고 각 직원별 연초 목표가 얼마나 달성됐는지를 평가하는 스택랭킹 시스템은 짧은 주기의 프로젝트를 동시다발적으로 실험해야 하는 기술발전의 시대와 맞지 않았다.

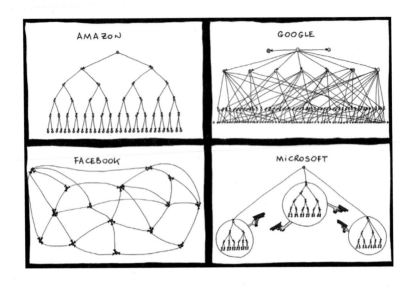

위 그림은 미국의 커뮤니티에서 마이크로소프트의 내부조직 문화를 비판하는 풍자 그림이다. 아마존은 전통적 수직계열화의 모습이다. 구글은 "따로 또 같이" 스타일의 조직문화, 페이스북은 "느슨한 연결" 등 기업 문화를 반영한 특징 있는 조직구조인데, 마이크로소프트의 경우 "내부총질"이 조직문화로 묘사되어있다. 같은 회사 소속임에도 내부경쟁이 너무 심하다 보니 외부 조직을 대하는 정도로 적대적 경쟁이 진행된다는 의미다.

이렇게 조직문화로 인해 기울어져 가던 마이크로소프트는 2014년 사티아 나델라(Satya Nadella)가 새로운 CEO로 취임하면서부터 부활하기 시작했다. 사티아 나델라는 2014년 CEO로 취임하면서 평가시스템을 싹 뜯어고쳤다. 그는 "마이크로소프트의 조직문화가 문제다"라고 주장하며 상대평가를 없애고 평가를 통보하는 것이 아닌 상호 소통을 제안했다. 회의문화에도 "더 듣고,

적게 말하고, 때가 되면 결정하라"는 3가지 원칙을 제시했다.

그는 직원들 사이 피드백을 독려하기 위해 "피드백"이라는 단어 사용을 금지했다. 피드백이 마치 평가와 관련된 것 같은 부정적 인식을 주기 때문이다. 그 대신 "관점(Perspectives)"이라는 시스템을 도입했다. 관점 시스템에서는 직원들이 서로 의견을 나누고 이 결과를 관리자와 공유하는 방식이다. 그 덕분에 직원들이 다른 사람의 의견을 덜 공격적으로 받아들이게 됐고, 평가가 아니라 코칭으로 인식하게 됐다.

상대평가 제도를 대체하기 위해 절대평가 제도는 "커넥트 미팅(Connect Meeting)"을 도입했다. 커넥트 미팅 시스템은 관리자와 직원이 연 2~3회 직접 미팅을 하여, 업무의 우선순위를 정하고 목표로 했던 성과를 잘 달성하고 있는지 논의하는 제도다. 커넥트 미팅 제도는 동료와의 불필요한 경쟁을 줄이고 동료와 팀으로 협력 근무할 수 있는 기반이 된 것으로 평가받는다. 마이크로소프트의 시가총액은 2021년 10월말 기준 애플을 넘어서 1위를 탈환했었다. (2022년 3월 현재는 3위를 유지 중이다.)

경제적 지대가 확고한 분야는 대체로 상대평가의 영역에 있다. 정원이 있기 때문이다. 반면 경제적 지대가 크지 않은 분야는 절대평가의 영역에 있다. 앞서 예로든 운전면허 시험이 대표적이다. 우리가 흔히 졸업은 끝이 아니라 새로운 시작이라고 하듯 어려운 과정 끝에 취직을 하였지만 취직이 끝이 아니다. 2장에서 살펴본 것처럼 평생직장 개념은 사라졌기 때문에 끊임없이 나를 갈고 닦아야 하고 평가의 대상이 된다. 내가 보는 시험이 어느 영역에 있는지 확인하고 그에 맞춰서 준비하는 현명함이 필요하다. 그렇기에 최근 기업들의 평가방식이 상대평가에서 결합형으로 바뀌고 있는 것은 주목할 만한 사안이다.

결혼시장과 취업시장

1) 우리는 왜 갑자기 루저가 되었나?

2009년 한 방송에서 비롯된 "루저(loser, 패배자)" 발언은 한동안 대한민국을 떠들썩하게 만들었다. 이 방송에 출연한 한 여대생이 "키가 180cm 이하의 남성은 루저라고 생각한다"고 발언했다. 2009년 당시 한국 남성의 평균키가 173cm임을 감안하면 이 발언으로 수많은 한국 남성이 순식간에 루저로 전락한 것이다.

이 사건은 하나의 해프닝으로 생각될 수도 있지만 이 발언이 나오게 된 배경을 생각해보면 변화하는 사회를 드러낸 바로미터 같은 사건으로 볼 수 있다. 얼마 전까지만 하더라도 유교의 영향을 받아 가부장적인 대한민국 사회에서는 "남성이 여성의 외모를" 평가하는 것이 일반적이었다. 지금은 TV에서 사라진 미스코리아 대회라던가 슈퍼모델 대회 등이 그 대표적 사례다.

그러나 90년대 후반부터 꽃미남, 몸짱, 얼짱 등의 단어가 등장하면서 "여성이 남성의 외모를" 평가하는 일이 보편화되었다. 이런 흐름에서 "루저" 에피소드는 여성이 남성을 바라보는 시각이 위험한 수준에까지 이르렀음을 보여주고 있다. 남성이 여성을 성적인 측면으로만 바라보는 것이 잘못된 것처럼 여성이 남성을 그러한 시각으로 바라보는 것 또한 잘못된 일이기 때문이다.

이러한 드라마틱한 추세의 변화는 본질적으로는 수요와 공급의 균형에 달려있다. 우리는 결혼과 연애를 로맨틱한 것으로 생각하고 실제로도 그러하길 바라지만, 현실은 매우 냉정하다. 결혼 정보회사에서는 마치 상품에 가격을 정하듯 사람을 분류하고 등급을 매긴다. 하지만 엄밀히 말하면 우리 스스로도 상대에 대해 판단기준에 의해 점수를 매기고 있다. 우리가 이야기하는 이상형은 일종의 판단 기준인 것이다. 결국 결혼시장에서 남자와 여자는 그 자체로 수요자이자 공급자(상품)가 된다.

그렇기 때문에 경제학의 기본원리인 수요와 공급의 균형과 그로 인한 적정가격의 산출까지도 모두 결혼시장에 적용 가능하다. 결혼시장에서 수요와 공급은 남성의 수와 여성의 수 자체이다. 이론적으로 (결혼을 원하는) 남성의 수와 (결혼을 원하는)여성의 수가 동일하다면 남성과 여성의 가치는 동일하다. 하지만 현실 세계는 이와 매우 다르다.

우리나라는 80년대 말까지만 하더라도 남아선호사상이 강하게 남아있었다. 이 때문에 한국은 기록적으로 높은 남성 성비를 기록했다. 1990년대엔 남성 출생성비는 최고 116.5까지 올라갔다. 자연 상태에서 남녀 성비는 104대 100 정도이다. 남녀성비가 116.5대 100을 기록했다는 것은 부모가 배 속 아이가 여성인 경우 낙태를 선택하는 등 비정상적인 방법으로 남성 성비를 높였다는 의미다. 남아선호사상의 폐해이다.

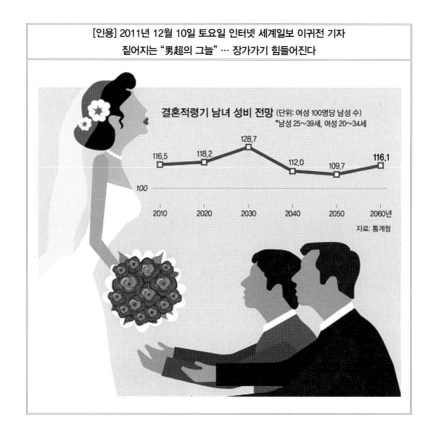

[인용] 2011년 12월 10일 토요일 인터넷 세계일보 이귀전 기자
짙어지는 "男超의 그늘" … 장가가기 힘들어진다

결혼적령기 남녀 성비 전망 (단위: 여성 100명당 남성 수)
*남성 25~39세, 여성 20~34세

116.5 / 118.2 / 128.7 / 112.0 / 109.7 / 116.1
2010 2020 2030 2040 2050 2060년
100
자료: 통계청

116.5대 100이라는 성비는 산술적으로만 계산해도 약 14%의 남성이 결혼을 못 하는 숫자이다. 이는 심대한 사회적 불안요소

로 작용하고 있다. 결혼은 사회의 구성원을 탄생시키는 가장 중요한 순기능 외에도 사람이 가지는 기본 욕구 중 하나인 성적 욕구를 충족시켜주는 기능, 평생을 함께할 인생의 동반자를 얻어 정서적 안정감을 얻을 수 있는 등의 순기능이 있다. 14%의 남성이 산술적으로 결혼이 불가능한 상태에 놓여 결혼으로 인한 효용을 얻을 수 없게 되면 결국 이들의 불만이 표출될 수밖에 없다.

결혼을 경제학의 수요와 공급에 빗대어 표현했지만, 남자와 여자는 일반적인 상품들과 차별점을 가진다. 바로 수요가 아무리 늘어도 공급을 늘릴 수 없다는 것이다. 일반 시장에서는 수요가 늘면 가격이 상승하고 그에 따라 공급이 증가한다. 그러나 결혼 시장에서는 그것이 불가능하다. 결혼 적령기인 20~30세의 인구 비율은 이미 20~30년 전에 결정되어 있다.

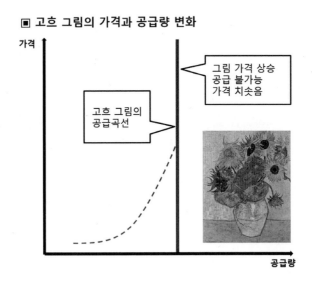

■ 고흐 그림의 가격과 공급량 변화

이 세상에 하나뿐인 예술품이나 골동품은 하나뿐이기에 가격이 아무리 오르더라도 더 이상 공급을 할 수 없다. 마치 예술품과 골동품처럼, 남녀의 성비는 이미 20~30년 전에 결정된 것이기 때문에 결과적으로 14%의 남성은 항상 결혼을 할 수 없는 상태에 놓여있다. 그렇기에 남자들은 14%가 아닌 86%에 들기 위해서 적자생존의 경쟁을 펼치게 된다. 안타깝지만 이 경쟁에서는 누군가 패배할 수밖에 없다. 모두가 열심히 노력하더라도 14%의 절대비율은 변하지 않는다.

한 남성을 예로 들면, A라는 남성이 외모 100, 학력 100, 성격 100, 재산 100의 능력을 갖춰서 총 400의 능력을 보유하고 있다. 이 남성은 안타깝게도 14%의 커트라인에서 탈락하였다. 이 남성이 결혼을 하기 위해 남성임에도 불구하고 외모에 신경을 써서 150의 외모를 갖추었다고 하자. 총 450의 능력을 보유한 A는 이제 결혼을 할 수 있게 되었다. 그러나 그와 동시에 B라는 남성은 410의 능력만을 보유했기 때문에 결혼을 할 수 없게 된다. 결국 B라는 남성이 결혼에 성공하기 위해서는 450보다 더 높은 능력을 보유해야 한다. 누군가는 패배할 수밖에 없는 제로섬(zero-sum) 게임인 것이다.

이러한 성비의 변화는 남자와 여자 사이의 파워 밸런스에도 영향을 미친다. 시장에서는 희소성이 곧 가치가 되기 때문에 남자에 비해서 상대적으로 부족한 여자의 수는 그 자체로 여자에게 높은 가치를 부여하고 협상에서 강한 힘을 가지게 해준다. 성비의 차에서 비롯된 여성의 협상력이 남성의 그것을 훨씬 상회함에 따라 여성이 남성을 "선택"할 수 있는 입장이 된 것이다. 앞서 소개한 "루저"발언은 강화된 협상력에 따라 외모의 요소 중 하나인 키 180 이하의 남자는 선택하지 않겠다는 일종의 선언인 셈이었다.

상황이 이렇다보니 연애 및 결혼에 관심을 끄고 경쟁을 아예 포기해버리는 "초식남" 현상까지 발생하고 있다. 이와 비슷한 현상이 구직시장에도 발생하고 있다. 취직의 어려움과 사회 분위기로 돈 버는 것을 포기한 최근 "안티워크" 현상과 매칭된다. 결혼시장에서 현재 남성과 여성의 관계처럼 구직시장에서는 구직자와 일자리의 관계가 그렇게 되고 있는 것이다. 현재 구직시장의 청년 실업률은 9.3%에 달한다.(2021년 기준) 다시 말해 약 10명의 청년 구직자(남성) 중에서 한 명은 취직을 하지 못하는(결혼을 하지 못하는) 상태인 것이다.

2) 취업시장의 힘의 불균형

앞서 살펴본 바와 같이 공급과 수요의 차이는 힘의 불균형을 가져온다. "루저" 발언이 남성과 여성의 뒤바뀐 파워 밸런스를 보여준다면, "열정페이" 논란은 구직자와 일자리 간의 힘의 균형이 극단적인 상태임을 보여준다. 무급 또는 최저시급 이하의 보수를 감수하더라도 그 일을 할 수만 있다면 하겠다는 구직자들이 너무나도 많기에 이러한 논란이 발생하는 것이다. 박사급 학력이나 유학을 다녀온 인재들조차 월 100만 원 인턴자리에 몰리고 있다. 설문조사를 해보면 남녀 데이트 비용에 관해 5:5가 적절하다는 의견이 압도적으로 많지만, 실제 지출비용은 남성(9만 원)이 여성(6만 원)의 150%에 달했다.

 또한, 한정된 일자리를 얻기 위해 구직자 간 무한 경쟁이 발생하고 있다. 최근 문제가 되고 있는 무차별적이고 소모적인 스펙 쌓기가 바로 그것이다. 구조적으로 실업이 발생하기 때문에 대학 졸업장, 우수한 학점만으로는 취직(결혼)할 수 없게 되었다. 그래서 등장한 것이 토익, 유학, 봉사활동 등의 추가적인 지수들이다. 한때는 토익 점수가 800점만 넘어도 영어 잘한다는 소리를 듣는 때가 있었다. 요즘은 취직하려면 기본으로 900점은 받고 시작해야 한다는 이야기가 있을 정도로 점수 인플레현상이 심해졌다. 일부 여성이 키 180 이하의 남성들에게 "루저"라고 했던 것처럼 대기업은 토익 900 이하의 구직자들에게 "탈락"이라고 하고 있는 셈이다.

 이러한 수요의 불균형으로 인한 비효율적인 경쟁은 정규직 시장에서는 더욱 심하게 발생한다. 그 수가 더욱 한정되어있기 때문이다. 그러나 앞으로의 취업시장에서 정규직은 허울 좋은 이름만 남게 될 가능성이 높다. 수요와 공급의 불균형으로부터 발생하는 이 문제를 해결하려면 어떻게 해야 할까? 힌트는 바로 시장의 정상화에 있다. 현재의 결혼시장과 취업시장은 비슷한 듯 보이지만 아주 큰 차이가 있다. 바로 상품의 속성이다.

앞서 이야기하였듯 결혼시장에서 수요와 공급은 바뀔 수 없다. 이미 20~30년 전에 결정된 숫자이기 때문이다. 그렇지만 취업시장의 수요와 공급은 변화할 수 있다. 모든 사람이 그렇게 한다고 이름뿐인 대기업 정규직에만 목매달지 말고, 경력을 쌓을 수 있는 일부터 시작하는 것이 하나의 방법이다. 얼마 전, 한 코미디 프로그램에서 주인공이 취업준비생으로 분해 면접을 보는 장면은 청년들의 많은 공감과 지지를 얻었다. 면접장에서 면접관이 "우리 회사는 경력직만 뽑는다"고 이야기하자 주인공은 "다 경력직만 뽑으면 나 같은 신입은 어디서 경력을 쌓나?"라고 일갈한다. 주인공의 이 이야기는 답답한 현실을 풍자하는 시원하고 맞는 말처럼 들리지만, 한편으로는 틀렸다.

기업은 기본적으로 이익을 내기 위해 존재하는 조직이다. 최근들어 기업의 사회적 책임에 대해 강조하는 분위기가 형성되고 있지만, 이 역시 기업의 지속가능한 성장을 위한 조치의 일환일 뿐이다. 기업의 판관비(판매비와 관리비)에서 가장 큰 비중을 차지하는 것은 바로 급여를 포함한 인건비이다. 그렇기에 회사는 경기가 어려우면 어려울수록 당장 일할 수 있는 경력직을 선호할 수밖에 없다. 이러한 추세는 갈수록 심화될 예정이다. 현대자동차 그룹의 경우 올해부터 경력직을 포함한 신입채용에서 공채비율을 50% 이하로 낮추기로 하였다. 대기업 공채만을 유일한 취직수단으로 생각한다면 갈수록 더 힘들어질 수밖에 없다.

작년에 한 유통업체는 정직원 채용을 빌미로 수습직원에게 정직원 수준의 업무를 시킨 후, 전원 해고한 사실이 밝혀져 논란이 되기도 하였다. 한국경영자총협회에 따르면 대기업의 대졸 신입 사원 입사 경쟁률은 2013년 31.3:1에서 2015년 35.7:1로 2017년에는 38.5:1로 계속 오름 추세이다. 100명이 지원하면 서류전형에서 절반(51.8%)이 탈락하고 최종적으로 2.8명만 합격한다. 이런 상황에서 대기업의 정규직만을 고집하는 것은 자신을 가망성 없는 무한경쟁으로 내모는 것과 같다.

정규직 일반직원들은 자신들과 임원진의 엄청난 보수차이를 보면서 일단 한 계단 한 계단 승진하기 위해 노력할 동기부여가 될 것이다. 그래서 〈미생〉의 주인공 인턴사원 장그래조차도 정규직이 되어야만 그 경쟁의 사다리 정점으로의 여정을 시작할 수 있는 출발선에 설 선수자격을 얻게 되니 그를 위해 최선의 노력을 경주할 동기가 부여될 것이다. 이 회사 밖의 구직자들 또한 장그래 수준 또는 한방에 정규직 사원이 되기 위해 최선의 노력을 다할 것이다. 일단 채용이 되어 그 안에 들어가야 한다.

하지만 이 경쟁은 상대적 경쟁성과에 따라 보상하는 시장이다. 소수의 선택된 사람만이 시장 안에 들어간다. 대다수는 시간과 노력 특히 대학에 8천만 원 이상의 기회비용을 들이고 루저가 된다. 큰 좌절을 겪는다. 이게 현재의 일자리 시장 모습이다. 비정규직과 정규직의 차이가 크기에 나름 더 갈망하면서 많은 노력을 하는데 결국 실패하는 것이다. 〈오징어 게임〉은 드라마로 볼 때는 재미있지만, 내가 참여자라면 더 이상 재미있기 만한 이야기가 아니다. 언제까지 피 터지는 싸움을 계속할 것인가?

3) 상대방이 원하는 것에 집중하라

우리가 정원 안에 들어가기 위해 피 터지게 싸우기로 결정하고 싸울 때는 싸우더라도 효과적으로 싸울 필요가 있다. 결혼시장과 취업시장은 상대방(연인, 기업)에게 구애한다는 점에서 동일하다. 그렇다면 당연히 집중해야 되는 것은 "내"가 아니라 "상대"일 것이다. 그러나 우리는 이 당연한 사실을 간과하는 경우가 많다. "내"가 얼마나 잘생겼고, 키가 크고, 매력적이고, 능력이 있는가에 집중한다. 그러나 그보다 더 중요한 것은 "상대"가 원하는 것이 무엇인가이다. 상대가 원하는 것이 노래를 잘하는 사람이라면 나의 노래실력이 뛰어남을 어필해야지, 외모를 어필하는 것은 적절한 대응이 아니다.

인류의 천재라 불리는 레오나르도 다 빈치는 상대방이 원하는 것에 집중하여 일자리를 마련했다. 그는 천재라는 말 그대로 매우 다재다능하여 과학과 공학, 해부학 등에도 정통했다. 하지만 그가 젊을 때인 1480년대 초반에는 그도 일자리를 찾기 위해 다양한 곳에 구직 활동을 벌였다. 천하의 다 빈치도 젊은 시절에는 백수였다.

우리는 그가 남긴 결과물인 걸작을 보고 그가 처음부터 귀족들의 풍족한 지원을 받으며 그림을 그렸다고 생각할 수도 있지만 우리가 지금 그의 작품을 볼 수 있는 것은 그의 처세술과 연관이 깊다.

다빈치는 1482년 자신을 키워준 피렌체를 떠나 밀라노로 삶의 터전을 옮긴다. 당시에 밀라노는 프란체스코 스포르차의 아들인 루도비코 스포르차공작이 섭정하고 있었다. 다빈치는 스포르차에게 일자리를 구하기 위한 편지를 보냈다. 다빈치는 스포르차공작이 화가가 아니라 군대를 위한 엔지니어를 찾고 있다는 걸 알게 되었다. 그래서 자신이 무한한 엔지니어 재능을 갖고 있다면서 자신의 능력을 정리해 편지를 썼다.

레오나르도 다빈치의 편지(이력서)

그의 편지는 지금으로 치자면 자신이 얼마나 재능이 있는지를 홍보하는 이력서(resume)이다. 하지만 그의 편지는 시대를 뛰어넘어 우리에게 시사해 주는 바가 매우 크다. 다빈치의 편지 내용을 간략히 요약해보면 다음과 같다.

먼저 그는 조립식 교량, 대포와 적의 공격을 방지할 수 있는 덮개 있는 차량, 사출기와 덫, 엔진 등을 제작할 수 있다고 말한다. 그가 이력서에 제시한 9가지 항목은 전쟁과 전투에 적합한 능력들이었다. 이력서의 마지막 항목인 열

번째 항목에서 비로소 그는 자신이 평화로운 시기에는 건축과 수로 공사 등을 할 수 있다고 밝힌다. 그런 후 그는 혹시 기회가 주어진다면 자신은 그림과 조각도 잘 할 수 있다고 썼다.

하지만 루도비코는 다빈치의 이력서에 바로 응답하지 않았다. 루도비코는 7년이 지난 후 다빈치에게 연락을 한다. 7년이 지난 후에야 연락한 이유는 자신의 정부(情婦)인 체칠리아 갈레라니의 초상화를 그려달라고 의뢰한 것이다.

흰 족제비를 안은 여인, 1489~1490

그때 다빈치가 그린 초상화가 초기 걸작으로 평가받는 〈흰 족제비를 안은 여인(Lady with an Ermine)〉이다. 루드비코는 초상화에 만족했고 그 후 다빈치는 스포르차의 성에 취직해 경제적 빈곤에서 벗어나게 되었다. 다빈치는 그곳에서 군사무기 외에 많은 예술작품도 남기게 되었다. 다빈치에게 〈최후의 만찬〉을 그리라고 명한 것도 바로 스포르차 공작이다.

다빈치의 이력서와 활동이 오늘을 사는 우리에게 시사해주는 점은 무엇인가?

다빈치가 진정으로 하고 싶은 것은 작품 활동이었고 가장 잘하는 것도 그림 그리기였다. 그럼에도 그는 자신이 잘하는 10가지 항목을 나열한 이후에 마지막으로 자신이 하고 싶은 활동을 언급했다. 단순히 잘하는 10가지가 아니라 요즘 표현으로 철저히 소비자의 니즈(Needs)에 맞춰진 10가지 항목이었다. 그 결과 그는 그가 진정으로 원하는 작품 활동을 할 수 있었고, 작품으로 남아 불멸의 존재가 되었다. 만약 다빈치가 이력서의 첫 번째 항목부터 마지막 항목까지 본인이 하고 싶은 작품 활동들만 나열했더라면 어떻게 되었을까?

레오나르도 다빈치는 스포르자 공작에게 연결되기 위해서 그의 지식, 기술과 경험을 어필했다. 다빈치는 그가 가진 것(재능과 경험)을 스포르자에게 제시하는 한편 그러한 그의 재능이 스포르자에게 어떻게 유용한 것인지 말했다. 다빈치는 스포르자 공작에게 자신의 이력서를 보내면서 군사무기의 제작 등 전쟁과 관련된 자신의 많은 능력들을 어필했다. 스포르자 공작이 원하는 인재는 "화가"가 아니라 "엔지니어"였다. 그렇기에 다빈치는 "화가"가 아닌 "엔지니어"로서 자신의 모습을 이력서에 적극적으로 어필한 것이다.

여러분도 이와 같이 해야 한다. 내가 아니라 상대방이 원하는 것에 집중해서 접근하라. 우리는 앞서 H여행사 구직자 사례를 보았다. A지원자와 B지원자는 서류상으로는 큰 차이가 없었지만 H여행사가 실무에 바로 투입할 수 있고 직무연관성이 높은 지원자는 A지원자였다. 그렇기에 H여행사는 A지원자를 선택한 것이다. 단순히 내가 하고 싶어서 했던 활동을 이력서에 작성 면접에서 이야기하는 것은 기업입장에서는 "So What?"이라는 피드백을 받을 가능성이 높다. 기업이 왜 구직을 하는지 파악하고 자신이 그 자리에 맞춤형 인재라는 것을 최대한 어필해야 경쟁시장에서 내 자리를 확보할 수 있을 것이다.

★★

내가 알고 있는 최대의 비극은

많은 사람들이 자기가 진정으로 하고 싶은 일이

무엇인지 알지 못하고 있다는 것이다.

단지 급료에 얽매어 일하고 있는 사람처럼 불쌍한 인간은 없다.

− D. 카네기(Dale Carnegie)

비범한 방법
: 독특한 방법으로 지혜롭게 싸운다

지금까지는 우리가 일자리를 구하는 평범한 방법과 구조에 대해 알아보았다. 이제부터는 비범한 방법을 알아보려고 한다. 그러나 비범한 방법이 평범한 방법보다 절대적으로 우월하며, 모든 사람에게 비범한 방법이 맞는다는 이야기는 아니다. 평범한 방법은 높은 경쟁률이라는 부작용이 있음에도 가장 많은 사람들이 일자리를 구하는 수단이기에 나름의 의미가 있는 방법이다. 비범한 방법은 평범한 방법으로는 볼 수 없던 일자리를 찾아내 일자리로 만드는 방법으로 다수가 패자가 될 수밖에 없는 평범한 방법의 단점을 극복하려는 방법이다.

팀으로 싸워라
: 높은 경쟁률을 극복하는 법

★★ 1 ★★

1) 키 작은 영철이의 이어달리기

학창시절 가을운동회의 하이라이트는 뭐니 뭐니 해도 400미터 계주이다. 엎치락뒤치락 달리다 넘어지는 친구, 그래도 벌떡 일어나 다시 뛴다. 배턴(baton)을 주고받다가 놓치기도 하고 역전에 재역전에 참으로 드라마틱하다. 가을운동회에서 이것만큼 신나는 게 없다.

이때 주인공 영철이가 등장한다. 영철이는 400미터 계주에 출전하게 되었는데, 큰 고민이 있다. 영철이는 키가 작은데, 상대선수는 키가 크고 달리기도 빠른 친구이기 때문이다.

영철이가 **지식인**에 물었다. "안녕하세요. 저는 **영철**이에요. **제가 키는 작지만** 가을운동회때 계주를 하게 되었어요 그런데 제 상대선수가 우리 학년에서 가장 빠른 친구에요 꼭 이기고 싶은데 이길 수 있는 방법이 없을까요?"

아래에 보니 답변이 달렸다.

"노력하세요! 열심히 노력하면 이길 수 있어요"

노력하면 이길 수 있다고 한다. 그런데 이건 청년들에게 "노력하면 '모두' 명문대 갈 수 있고, 노력하면 '모두' 일자리도 생기고, 그리고 노력하면 '모두' 결혼도 할 수 있어"라고 말하는 것과 비슷해 보인다.

그 아래 또 다른 답변이 달렸다.

"말이 되니? 무슨 수로 일주일 만에 전교 1등을 이기냐? 재수가 없다고 생각해! 숏 다리로 태어난 걸 누굴 탓하겠어, 조상 탓, 사회 탓이지! 뱁새가 황새 쫓아가다가 가랑이 쭉 찢어진다는 말도 있고 오르지 못할 나무는 쳐다보지도 말라는 말이 있잖아. 흙 수저는 그냥 흙 수저로 사는 거야. 개천에서 용이 난다고? 언제 적 이야기하는 거니?"

이런 이야기를 들으면 기분이 어떤가? "노력"만 강조하는 꼰대의 잔소리를 들을 때와 반대로 "팩트 폭력(팩폭)"에 기분이 좋아지고 용기가 샘솟는가? 어차피 노력 해봤자 헛거라는 **"노력무용론"**은 현실에는 아무 도움이 되지 않는다.

영철이는 어떻게 해야 가을운동회의 400미터 계주에서 승리할 수 있을까?

이 문제의 답을 찾아보기 위해 다시 우사인 볼트 이야기를 해볼까 한다. 100미터 세계신기록은 "라이트닝 볼트(Lightning Bolt)" 우사인 볼트가 2009년에 달성한 9초58이다.

　그럼 우사인 볼트의 400미터 기록과 400미터 계주 세계신기록 중에 어느 것이 더 빠를까?

　일반적으로 생각할 때 100미터 세계신기록을 가진 우사인 볼트 혼자 뛴 기록이 4명이 이어서 뛴 기록보다 빠를 것이라 예상된다. 그런데 실제 기록은 400미터 계주 기록이 훨씬 빠르다. 우사인 볼트 개인의 400미터 기록은 43초 18인 반면 400미터 계주 세계신기록은 36초 84이다. 무려 6초 이상 차이가 난다. 우사인 볼트를 포함한 4명의 주자가 이어서 뛴 기록이 100미터 세계기록보유자 우사인 볼트 혼자서 뛴 개인 기록보다 더 좋은 이유는 뭘까?

　100미터 달리기는 직선주로만 있다. 하지만 400미터 달리기는 운동장이 타원형이기 때문에 곡선 주로가 있고 직선 주로가 있고 여러 변수가 생기게 된다. 바로 이것이 4명의 주자가 연달아 뛴 400미터 계주기록이 우사인 볼트 혼자 뛴 400미터 기록보다 빠른 이유이며, 계주 달리기에 여러 역할이 필요한 이유이다.

첫 번째 선수는 순발력이 좋아서 스타트가 좋은 선수를,

두 번째 선수는 직선 코스에 강한 선수를,

세 번째 선수는 곡선 코스가 강한 선수를,

네 번째 선수는 막판 스퍼트가 좋은 선수를 뽑는 식이다.

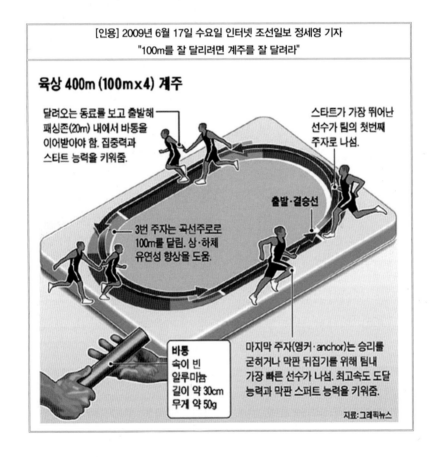

[인용] 2009년 6월 17일 수요일 인터넷 조선일보 정세영 기자
"100m를 잘 달리려면 계주를 잘 달려라"

육상 400m (100m×4) 계주

달려오는 동료를 보고 출발해 패싱존(20m) 내에서 바통을 이어받아야 함. 집중력과 스타트 능력을 키워줌.

스타트가 가장 뛰어난 선수가 팀의 첫번째 주자로 나섬.

출발·결승선

3번 주자는 곡선주로로 100m를 달림. 상·하체 유연성 향상을 도움.

바통
속이 빈 알루미늄
길이 약 30cm
무게 약 50g

마지막 주자(앵커·anchor)는 승리를 굳히거나 막판 뒤집기를 위해 팀내 가장 빠른 선수가 나섬. 최고속도 도달 능력과 막판 스퍼트 능력을 키워줌.

자료:그래픽뉴스

여러분의 실력이 부족하더라도 여러분의 역량이 극대화되는 역할을 찾으면 된다. 여러분의 실력이 떨어져도 나머지 탁월한 선수들과 팀을 이루면 된다. 우사인 볼트의 동료주자들은 우사인

볼트보다 100미터 달리기 실력은 떨어진다. 우사인 볼트가 세계 최고의 100미터 달리기 선수이기 때문이다. 하지만 각자의 역할에서는 우사인 볼트 혼자서 400미터 달리면서 수행한 각 구간의 우사인 볼트보다 뛰어난 역량을 발휘한 것이다. 그렇게 해서 36초 84의 400미터 세계신기록이 나왔다.

다시 영철이 얘기로 돌아가 보자. 전교 1등을 꼭 이기고 싶은 영철이는 어떻게 해야 계주에서 승리할 수 있을까? 여러분은 이제 답을 알고 있을 것이다. 100미터 달리기 경주라면 영철이가 전교 1등을 이기기 어렵다. 그러나 400미터 계주라면 이야기가 다르다. 영철이는 키가 작고 다리는 짧지만 대신에 순발력이 좋아 스타트가 빠르기에 첫 번째 주자로 안성맞춤인 것이다.

영철이가 일대일로 붙어서는 전교 1등을 이기기 어렵지만, 계주경기 안에서 영철이 역량이 최대로 발휘되는 역할, 예를 들면 첫 번째 주자. 그 역할을 찾아 그 역할에 충실하면 결국 팀은 승리하고 팀의 승리는 곧 영철이의 승리가 된다.

국부론의 저자 애덤 스미스(Adam Smith)가 이에 대해 분석하였다. 〈국부론〉에 나오는 "핀(pin) 공장 사례"를 보면 분업을 통해 일을 하면 생산성이 무려 480배 증가한다. 혼자서 하루 종일 하면 1개밖에 조립 못 하지만 일을 나눠서 하면 480개나 조립할 수 있다는 이야기이다.

핀을 만드는 작업은 18개의 일로 나눠진다고 한다. 철사를 펴고, 끊고, 한쪽을 뾰족하게 깎고, 다시 구부리는 등의 작업을 거친 뒤 상자에 넣어 포장해야 한다. 이 공장에서는 10명의 직원이 일을 했는데 두 가지 정도의 작업을 전문적으로 처리했다. 이들 10명은 하루에 4만 8,000개, 1명당 4,800개의 핀을 생산했다. 아마도 사람이 철사를 끊고 펴고 포장하는 모든 작업을 했다고 하면 20개도 만들지 못했을 것이다. 만약 숙련되지 못한 사람에게 핀 만드는 일을 시켰다면 하루에 한 개도 만들지 못할 수도 있다.

분업은 제품을 만드는 데 많은 도움을 준다. 근로자는 한 가지 일만 하면 되기 때문에 전문성이 높아진다. 예컨대 철사를 펴는 작업을 하는 사람이라면 어떻게 하면 쉽고 빨리 펼 수 있는지를 계속된 작업을 통해서 알 수 있게 될 것이다. 그리고 전문성이 높아지면 같은 시간에 더 많이 만들 수 있게 된다. 즉 노동의 생산성이 높아지는 것이다.

여러분이 어떤 분야에 있든 여러분이 우사인 볼트와 같이 세계 1인자가 아닐 수 있다. 그렇지만 400미터 계주에서는 우사인 볼트도 한 명의 팀원으로 함께 뛰었다. 같은 달리기라도 100미터 달리기와 200미터 달리기는 달리는 방식에 차이가 있다. 직선주로만을 달리는 100미터 달리기와 다르게 200미터 달리기는 곡선주로를 포함하고 있다. 그렇기에 최고 기록 달성을 위한 전술과 방법에 차이가 발생하고 다른 종목으로 인정된다. 마찬가지로 400미터 개인 달리기 종목이 있지만 팀 경기인 계주가 존재하는 이유는 개인과 팀은 경기에 필요한 역량과 과정이 매우 달라서 서로 다른 종목으로 인정되기 때문이다.

마찬가지로 직장은 개인전이 아니라 계주처럼 한 명의 팀원으로 제 역할을 해줄 사람을 필요로 하는 곳이다. 그렇기 때문에 내가 최고가 아니라도 나의 역할에서 최선을 다할 수 있다. 여러분이 직장 내에서 잘 할 수 있는 역할을 정확히 파악하고 그 역할을 해낼 수 있는 능력을 준비하는 것이 중요하다. 획일화된 평가 기준인 토익 점수나 인적성 점수로 그 사람의 능력을 모두 확인하는 것은 불가능하기 때문이다. 여러분의 토익점수가 경쟁자보다 50점, 100점이 부족하고, 인적성 시험 점수가 낮다고 하더라도 여러분의 역할에서는 경쟁자보다 뛰어난 능력을 발휘할 수 있다.

2) 당신의 자리를 찾아라

이야기의 시작에서 400미터 계주를 살펴보았다. 그런데 경주에는 레벨이 있다. 초등학교, 중고등학교, 대학교 수준 및 프로수준의 대회가 있다. 국내선수권이 있고 해외선수권이 있다. 예를 들면 대학생간의 경쟁일 경우 서울, 인천 등 개별도시 대학교체 전, 전국단위 대학교체전, 아시아 및 세계선수권 등 규모와 수준 이 달라진다. 고교선수권에서 뛸 실력인데 프로경기에서 큰돈 벌 면서 뛰겠다고 나서면 각고의 노력과 시간을 들였음에도 그라운 드에 한 번도 서지 못하는 신세가 된다.

마이클 조던은 고등학교 시절 노스캐롤라이나 고교 야구선수 권에서 우승할 정도로 야구 실력이 뛰어났다. 하지만 성인이 되 어 프로농구에서 잠시 은퇴 후 프로야구로 간 후 삼진만 당하다 은퇴했다. 자신의 수준에 걸맞고 실력이 빛날 자리와 역할을 찾 아야 한다. 그곳이 대기업이면 대기업, 중소기업이면 중소기업, 개인회사면 개인회사, 창업이면 창업 무엇이 되었건 나에게 맞는 곳이면 된다.

자신의 수준과 실력에 걸맞는 자리를 찾는 게 사냥과 생존의 기본법칙이다. 동물들은 자신의 능력에 맞는 먹잇감을 노린다. 우리도 그래야 한다. 사자는 큰 동물을 늑대는 작은 동물을 노리 는 것이다. 실력에 안 맞는 걸 노리다 보면 굶어죽기 십상이다. 늑대가 코뿔소를 사냥감으로 노린다고 생각해보라. 늑대 무리가 몰살당할 수도 있다.

늑대들은 기분에 의해 먹잇감을 쫓지 않는다. 무리한 목표를 정해 치명상을 입을 위험을 자초하지 않는다. 어린 새끼나 나이든 약한 녀석들을 사냥감으로 정하고 뒤 쫓는다. 사냥이 시작되면 늑대들은 일렬종대로 이동한다. 눈길을 갈 때는 가끔씩 선두를 바꾼다. 길을 만드느라 지치는 놈과 교대하는 것이다.

사냥을 해봐야 사냥기술이 늘기 마련임을 잊지 말아야 한다. 가능한 빨리 일을 배울 수 있는 기회를 잡고 일을 시작해야 한다. 작든 크든 돈벌이를 하다보면 배우는 게 많다. 모든 게 때가 있다. 너무 늦어지면 곤란하다. 구구단은 초등학교 때 배운다. 시계 보는 법도 초등학교 때 배운다. 나이 들어 배우려면 여러 면에서 힘들다. 이런 단순한 것도 이치가 이렇다. 하물며 생계와 발전을 위한 기초인 일이야 두말하면 잔소리이다. 자칫 일을 배울 수 있는 기회를 놓치면 머릿속에 영어 단어 몇 개 더 들어있을지는 몰라도 일머리가 없어서 밥값 못 하는 존재가 되어 버릴 수 있다.

글로벌화의 진전으로 인한 지금의 일자리 시장을 직시해야 한다. 2020년 기준 중국의 인구는 14억 200만 명이고 인도의 인구는 13억 8천만 명이다. 이들 인구가 배출해낸 근로자들이 저임금을 앞세워 세계시장에 나서고 있다. 중국과 인도 현지에서는 물론이고 해외로 크게 진출하고 있다. 이들 중 상당수는 영어도 능통하게 구사하고 소프트웨어에도 탁월한 기술력을 보유하고 있다.

여러분이 그들에 비해 실력이 뛰어난가? 그들보다 종합실력이 떨어지면 여러분은 관중석 또는 TV에서 그들의 경기를 지켜보는 신세가 될 수 있다. 여러분은 지금 지구촌 경쟁에 노출된 것임을 꼭 명심하라. 국내의 "가진 자와 못 가진 자"의 대립되는 편협한 시각을 갖고 세상을 바라보면 앞으로 여러분의 삶은 현재보다 개선되지 못할 것이고 고단할 것이며 심지어 더욱 악화될 수 있다.

한때 이태리 피렌체의 오페라 가수는 무대에 자랑스럽게 서서 그의 실력을 맘껏 뽐내면서 인기를 누렸다. 물론 경제적으로도 괜찮은 수입을 거둘 수 있었다. 하지만 이제 피렌체의 주민들도 유튜브나 아이튠즈를 통해 전 세계 탑 클래스 가수의 노래를 공짜로 또는 매우 값싸게 감상할 수 있다. 시골마을의 오페라 가수에게는 눈길도 주지 않는다. 잘 나가던 피렌체의 오페라 가수의 생계가 어려워졌다.

다시 400미터 달리기를 생각해보자. 모두에게 환호성을 지를 기회를 주는 400미터 계주. 아드레날린이 온몸 말단까지 짜릿짜릿 흐르는 흥분을 느낀다. 하지만 경기장에 선수로 서야 한다. 관중석에서 응원만 해선 안 된다. 혹시 여러분 중 누군가는 "누가 그걸 모르나? 선수로 뛸 기회가 없어서 그렇지"라고 답한다면 그건 핑계에 불과하다.

그렇게 선택한 사람은 바로 당신이다. 이 세상에 경기장은 많다. 당신이 지금 바라보고 있는 곳만 경기장이 아니다. 세상은 육상 경기장이고 야구장이며 축구장이다. 400미터 계주라면 다른 사람이 아닌 여러분이 이어달리기 선수가 되어야 한다. 실력이 없으면 관중석에 앉아서 구경만 해야 한다. 심지어 경기장에 서는 방법을 배우려고 부단히 입장권 수업료를 내야만 한다. 우리는 남들이 하는 경기를 구경하고 응원만 하려고 이 땅에 있는 것이 아니지 않는가.

3) 보상적 임금격차와 3D직업

사람들은 같은 소득이면 소위 3D 직종, 즉 더럽고(dirty), 위험하고(dangerous), 어려운(difficult) 작업환경에서 일하기를 싫어한다. 원래 "3D"는 일본으로 이주한 외국인들이 주로 더럽고 험하고 노동 강도가 심한 업종에 몰려 있는 것을 "3K"(kitanai-더러운, kiken-위험한, kitsui-강압적인, 극도의, 어려운)로 일컫은 데에서 유래되었다.

그것이 미국으로 가서 3D가 되었는데 원래 3D는 Dirty, Dangerous and Demeaning이었는데 그것과 다른 두 개 버전(Dirty, Dangerous and Demanding 혹은 Dirty, Dangerous and Difficult) 역시 함께 쓰이고 있다. 원래 일본어에서 유래했기에 3K의 마지막 K인 Kitui가 의미가 다양해서 미국에서 그 의미만 대충 통하도록 Demanding(노동 강도가 요구되는), Demeaning(모욕적인), Difficult(어려운) 이 세 단어들이 돌아가면서 쓰이게 된 것이다.

어떤 직업을 구할지 결정할 때 임금은 여러 조건 중 하나일 뿐이다. 예를 들어 쉽고 재미있으며 안전한 직업은 고되고 지루하며 위험한 직업에 비해 노동공급이 많다. 따라서 "좋은" 조건을 가진 직업이 "나쁜" 조건을 가진 직업에 비해 균형임금 수준이 낮은 경향이 있다. 이와 같은 비금전적인 직업속성의 차이를 보상해주기 위한 임금의 차이를 "보상적 임금격차(compensating wage differential)"라고 한다.

참고로 수요와 공급이 일치하는 이 임금을 "균형임금"이라 하는데, 취업(노동의 공급)을 원하는 사람은 모두 취업하므로 실업이 발생하지 않는다. 이러한 균형 임금의 결정 변수는 ① 보상적 임금격차 ② 인적자본 ③ 능력, 노력, 운 ④ 슈퍼스타 현상 ⑤ 최저임금제, 노동조합, 효율임금 등이다.

오염된 지역에서 근무하는 직업이나 물가가 비싼 지역에서 근무할 경우 보상적 임금은 양(+)의 값을 가질 것이다. 보상적 임금격차 개념에 근거할 때 승진 가능성이 있는 직업에서는 낮은 임금이 형성될 가능성이 높다. 비슷한 교육수준에도 불구하고 대학교수들이 의사나 변호사에 비해 낮은 임금을 받는 것은 보상적 임금격차로 설명할 수 있다.

의과대학 교수보다는 외과의사가 더 많은 보상을 받는다. 휴양지 관리원보다 쓰레기 수거반이 도로공사 사무원보다 도로보수 공사를 하는 근로자가 더 많은 보상을 받는다. 3교대로 일하는 사람 중 밤에 일하는 사람에게 더 높은 임금을 준다. 격지에 근무하는 군인에겐 더 높은 수당을 지급한다.

약사(藥師)는 약사법에 규정된 약사(藥事)업무를 담당하는 전문직이다. 약국을 개국한 약사는 개국약사(약국장)이라 하며, 약국장이 아니라 밑에서 일하는 약사는 근무약사(또는 관리약사)라고도 부른다. 서울에서 관리약사를 하는 것 보다 거제도에 가서 관리약사를 하면 몇 배의 돈을 벌 수 있다. 반면 비금전적 측면에서 매우 매력적인 직업일수록 다른 산업의 유사한 일에 비해 보상적 임금은 음(−)의 값을 갖게 된다.

환경미화원의 예를 들어보자. 건물 내부를 청소하는 미화원, 굴뚝을 청소하는 미화원 그리고 고층건물 외벽을 청소하는 미화원 그리고 구청 소속 미화원. 모두 속칭 3D 직종에 속한다. 더럽고, 위험하고 어렵고 그리고 가끔 업신여겨지는 직종이다. 고된 육체노동이다. 하지만 사람들이 하기 싫어하는 일을 대신하는 것이며 대체로 건물 밖의 척박한 환경에서 일을 하며 환경을 정화하므로 이러한 사회적 가치에 따라 임금을 받아야 한다.

환경을 정화할 때 외부효과가 발생한다. 물론 이러한 긍정적 효과는 반영되지 않는다. 이러한 효과를 반영하면 환경미화원의 월급은 지금보다 훨씬 높아야 한다. 하지만 현실은 그렇지 못하다. 왜냐하면 "환경미화원은 월급을 많이 안 받아도 돼"라는 인식이 보편화되어 있기 때문이다. 학벌에 의해서 임금격차가 갈리는 사회에서 학력이 크게 필요 없는 속칭 개나 소나 할 수 있는 단순노동이라고 무시하기 때문이다. 환경미화원이 없으면 나라는 오물천지가 된다. 중세 유럽에서는 환경미화원 역할을 하는 고양이를 마녀라고 다 잡아 죽이자 쥐의 개체 수가 지나치게 증식되어 페스트가 발생했다. 그리고 유럽의 인구는 급격히 감소했다.

여기에서 환경미화원의 중요성을 강조하려는 게 아니기에 이 정도로만 하겠다. 환경미화원의 사례와 보상적 임금격차를 볼 때 우리가 착안할 점은 무엇인가? 첫째, 이러한 일에 보상이 있다는 점이다. 둘째, 보상적 임금격차가 이뤄지는 영역을 좀 더 살펴볼 필요가 있다는 것이다.

[인용] 2007년 8월 6일 월요일 UGN경북뉴스 황준오 기자
'환경미화원', 공개채용 34:1의 경쟁률! 고학력자 대거 지원, 극심한 취업난 반영…

위의 사진은 운동회 경기장면이 아니라 환경미화원 채용을 위한 공개경쟁 장면이다. 정화조 청소나 음식물 쓰레기 분리수거하는 작업이 딱히 위험하거나 어려운 일은 아닐 수 있다. 이에 비해 용접은 기술력도 있어야 하고 위험하고 어려운 일이다. 실내청소보다는 외부 청소가 힘들다. 굴뚝 청소는 기술을 요한다. 굴뚝에 올라가서 작업해야 하니 위험하고 잿더미를 뒤집어쓰니 더럽기도 하다. 고층빌딩 외벽청소도 특별한 훈련과 기술이 필요하다. 어렵고 위험천만한 일이다. 고소공포증이 없거나 아니면 이

겨내야 한다.

여러분 주위에 다음 영역이 어디 있는지 면밀히 살펴볼 필요가
있다.

보상적 임금격차 발생요인	아래 경우 임금을 더 주어야 한다
작업의 쾌적함	작업환경이 열악하거나 위험한 경우
고용의 안정성	고용이 불안정한 경우 실업으로 인한 소득상실 보상
성공과 실패 가능성	장래가 불확실한 일
교육훈련 비용정도	취업위해 교육훈련 비용이 많이 들어간 경우
책임정도	막중한 책임이 따르는 경우

그런데 현재 우리나라의 3D(더럽고, 어렵고, 위험한) 업종은 이미 외
국인의 돈벌이 수단으로 전락한 지 오래다. 게다가 최근 실업률
과 청년 구직난이 심화되고 있으나, 중소기업은 여전히 인력난에
허덕이고 있다. 묻지마 식의 중소기업 기피 현상으로 관련 분야
세계 1위인 히든 챔피언, 강소기업마저도 상황은 마찬가지다.

언론보도에 의하면 국내 고급 자동차 시트 개조 1위 기업인 R
사도 상황은 비슷하다. 4대 보험 지원에 월 260만 원, 초과 근무
시 임금의 1.5배 지급 조건으로 초보 미싱사를 구해도 응시자가
없다고 한다. 이곳에서 3년만 근무하면 시트 전문가가 돼 연봉이
대기업 수준으로 오르고, 상대적으로 경쟁이 덜한 관련 시장에서
창업도 가능하다고 한다. 물론, 적게는 12~16년, 많게는 20년

넘게 공교육을 받은 인재들이 좋은 조건의 대기업을 선호하는 것은 인지상정이기 때문에 이해는 간다.

하지만 앞으로는 변해야 살아남을 수 있다. 의식을 바꿔야 한다. 국민 개개인이 3D 산업에서든지, 중소기업에서든지, 대기업에서든지 맡은 바 임무에 충실하면서 부가가치를 최고조로 끌어올리는 것이다. 이는 다시 국가 경쟁력으로 이어지면서 시너지를 낼 것이다.

적절한 중소기업에 취직해 자신의 능력만 검증되면 빠른 승진과 함께 그에 따른 고임금은 물론, 자신이 가진 노하우를 회사에 업무에 접목해 더 큰 시너지를 낼 수 있다. 대기업의 복잡하고 까다로운 일처리 방식에서는 상상하기 어려운 부분이다. R사의 경우 능력만 검증되면 해당 직원을 중심으로 팀을 꾸려 시트 개조를 맡긴다고 한다. 차량과 작업 난이도, 옵션(선택사항)에 따라 가격은 천차만별이지만 기아차 카니발의 시트 개조가 2000~3000만 원선, 연예인들이 많이 이용하는 수입 밴의 경우 개조 비용이 8000만 원에서 1억을 호가한다. 기아차 K9, 현대차 제네시스의 최고 사양에 버금가는 돈을 보름 만에 버는 것이다.

4) 우산 밑으로 들어가라

로버트 프랭크 교수는 승자독식을 주장했다. 국내 혹은 세계시장에서도 소수의 몇 사람만이 크게 두드러지면서 신용을 얻게 되고 이들이 모든 것을 취한다는 이론이다. 하지만 일반인에게도 기쁜 소식이 있다. 각각의 거대 브랜드 뒤에는 더 작은 규모의 개인 브랜드와 상당한 재능과 영업능력을 갖춘 많은 사람들이 있기 마련이고 그 팀에 속하면 내 일을 할 수 있다. 여러분이 그런 사람이 되면 된다. 내가 꼭 우산이 될 필요는 없다. 우산 밑에 들어가면 비를 피할 수 있다.

전 세계적으로 크게 흥행한 영화를 기억해 보라. 디즈니의 겨울왕국과 어벤져스, 20세기폭스사의 아바타 등. 그 영화를 한 사람의 힘으로 제작하고 홍보·판매할 수 있는가? 영화 제작진(映畫製作陣)은 전문 기술을 가지고, 연출 측(감독)의 요청에 따라 영화 작품 제작에 참여하는 사람들을 가리킨다. 넓은 의미에서는 홍보, 배급 등 감독의 권한이 미치지 않는 분야의 관계자도 가리킨다. 진(陣) 또는 사단을 짜고 있는 것이다.

위 사진은 어벤져스 촬영을 끝내고 출연진과 스태프가 함께 기념촬영을 한 장면이다. 4장의 사진으로 나눠 찍어도 모두 담을 수 없을 정도로 수많은 사람들이 협력하여 세계적인 흥행작을 만들어냈다. 이 사진은 영화 촬영에만 참여한 사람들의 수고, 영화

가 전 세계로 배급되고 홍보하는 데 기여한 사람들까지 포함하면
그 수가 사진에 담기 어려울 정도로 늘어날 것이다.

영화 〈페임(Fame)〉 제작에는 다음의 뮤지션 팀이 참여했다. 먼
저 케빈 탄차로엔(Kevin Tancharoen) 감독이다. 그는 브리트니 스피
어스, 마돈나, 크리스티나 아길레나 등 최고 팝스타들의 안무가
이자 뮤직비디오 감독 출신이다. 음악적 재능뿐 아니라 MTV 인
기 프로그램의 작가와 연출가로도 활동하며 프로듀싱, 안무, 편
집, 연출, 시나리오 등 다양한 분야에서 실력을 인정받은 21세기
멀티플레이어이다.

다음은 안무가인 마가렛 데릭스이다.
뮤지컬 〈페임〉으로 에미상 안무가 상을
수상했다. MTV 어워드, 미국 안무 어
워드 노미네이트 및 수많은 영화와 인기
드라마를 비롯해 "펩시", "갭" 등의 광고
안무로 세계적인 명성을 쌓은 안무가이
다. 그리곤 팝 뮤지션으로는 샤키라, 브
리트니 스피어스 등 세계적인 팝 스타들
의 앨범을 프로듀싱한 매트릭스(The Matrix), 질 스캇과 에리카 바
두 프로듀싱을 한 포이저(Poyser), 그웬 스테파이와 비욘세 등 프
로듀싱을 한 엘리옷(Elliott) 등이다. 최고의 뮤지션 드림 팀이 아닐
수 없다.

김수현은 해품달, 송중기는 태양의 후예로 국내는 물론이고 중국에서 대박이 났다. 2015년 남자배우 출연료는 김수현과 현빈이 1억 원, 소지섭과 조인성이 8천만 원, 유아인과 이승기가 7천만 원, 송중기가 6천만 원이고 여자배우는 이영애와 전지현이 1억 원 송혜교 6천만 원이고 고현정, 하지원과 최지우가 5천만 원으로 알려져 있다. 그런데 태양의 후예의 대박에 힘입어 몸값이 폭등해서 CF편당 10억 원으로 폭등했다.

얼굴은 꽃미남인데 몸은 터미네이터. 송중기에 대한 중국인들의 열기는 상상을 초월한다. 연예가에서는 〈태후〉 종영 이후 그가 벌어들일 돈이 1천억 원을 넘어설 것으로 전망한다. 이미 중국에서 송중기의 몸값이 책정불가라니 1천억 원이 껌 값이 될 수도 있다. 〈태후〉는 중국 외에도 아시아와 유럽, 미국 등 총 32개국에 판권이 팔렸다. 간접광고, 음원판매 등으로 제작비 130억 원은 회수한 지 오래다. 최근 중국 역직구몰 G마켓의 의류와 주얼리, 화장품 등의 매출이 폭발적으로 증가하는 추세로 보아 장차 그 상품가치는 수조 원이 넘을 것으로 보인다.

국민 여동생 시절을 거쳐 연매출만 수년 넘게 100억 원 이상을 달성하여 걸어다니는 중소기업이라는 별명을 가지고 있는 연예인 아이유. 아이유는 고3 시절 대학은 입학을 위해서 노력한 사람이 가야 된다며 여러 대학에서 특별전형 입학 제안을 받았으나 모두 거절했다. 대신 화성악도 배우고 작곡 공부도 열심히 해서 자기 진로에 필요한 공부를 하겠다는 소신을 밝혔었다. 아이유는 이후 가수, 예능인, 배우, 작사가, 작곡가 등 만능 아티스트로 거듭나 꾸준한 활동을 해오고 있다.

그런 아이유에게는 비밀병기라 불리는 "아이유 팀"이 있다. 매니저, 코디, 댄서, 경호원, 밴드 등 스태프 30~40명 정도로 추정되는 그룹의 명칭이 바로 아이유 팀이다. 아이유는 소속사와 재계약할 당시 돈을 조건으로 내건 것이 아니라 직원들의 고용보장을 요구한 것으로 유명하다. 활동이 없는 시점에도 안정된 수입을 보장하여 10년 가까이 인연을 이어오고 있다고 한다. 아이유 스스로는 우여곡절이 많은 연예계에서 자신이 이만큼 성공할 수 있었던 이유에 대해 함께하는 사람들(팀)을 의지할 수 있어서라고 밝힌다.

이런 사례가 여러분에게 시사해주는 바가 무엇인가?

이러한 히트작과 성공 뒤에는 함께 고생하는 팀이 있다는 것이다. 작가와 프로듀서 등 누군가의 드러난 성공 뒤에 함께 하고 있는 주변 사람들이 보상을 함께 나누게 된다. 재능 있는 사람을 중심으로 형성되어 있는 거대한 네트워크 안에 함께 하는 사람들의 가치도 덩달아 올라간다. 연예계에 "누구 사단"이라고 불리는 이름들에 함께 하는 사람들이 있다. 우사인 볼트와 함께 뛰는 팀원들이 있고 감독과 트레이너 등이 있는 것과 같다. 여러분이 이런 네트워크의 허브 역할을 하거나 네트워크에 속하면 된다.

5) 리더가 돼라

여러분은 우산 밑으로 들어가는 것뿐 아니라 심지어 리더가 될 수도 있다. 축구, 농구, 야구경기를 보라. 스트라이커, 골게터 그리고 타격왕이 리더가 되는 게 아니다. 동료들이 좋아하고 존경하며 팀을 단합시키는 사람이 바로 리더가 된다. 리더는 달리기 실력이 아니라 사회적 기술에 의해 결정되기 때문에 영철이도 리더가 될 수 있다.

아이돌이나 걸그룹을 보더라도 멤버별로 역할이 정해져 있다. 요즘 대세인 BTS의 "뷔"처럼 비주얼과 센터를 담당하는 멤버가 있고, 노래를 담당하는 리드 보컬과 서브보컬, 랩 담당, 그리고 예능담당도 있다. 이 중에 꼭 노래를 가장 잘하는 멤버나 춤을 잘 추는 멤버가 리더를 맡는 것이 아니다.

지금 당신은 당신의 재능과 헌신에 비해 제대로 인정받지 못한다고 불평불만 하고 있지는 않은가? 만약 그렇다면 당신의 주제와 분수를 다시 살펴볼 것이며, 세상 이치를 좀 더 헤아려 볼 것이다. 노자는 "어떤 자리에 오르지 못함을 서운하게 여기지 말고 자리에 오를 것을 두려워하라"고 일찍이 설파했다.

당신을 정점으로 하는 피라미드 조직의 모습이 멋져 보이는가? 진정 성공과 행복을 함께 누리고 싶다면 그런 모습이 아니라 당신을 좋아하고 존경하며 당신이 잘되기를 진심으로 소망하는 사람들과 함께 섞여 있는 네트워크의 모습을 그려보라. 모든 사람들이 당신을 중심으로 촘촘하고 긴밀한 네트워크를 형성하고 있는 멋진 모습을.

고속도로 연결망(좌)과 비행기 항공연결망(우)

사회는 결국 관계 네트워크라 표현할 수 있다. 각각의 점들은 개개인이자 사회구성원이고 여러 개의 선들은 그 점들의 가족이나 친구 등의 사회관계이다. 사회학자 스탠리 밀그램(Stanley Milgram, 1933~1984) 박사는 "지구상의 어떤 두 사람도 평균 5사람을 거치면 서로 아는 사이가 된다"는 6단계의 분리를 주장하였다. 전염병과 소문이 쉽게 퍼지는 이유를 예로 주장한 이 논리는 "사회＝관계"라는 것을 다시 한 번 입증해주는 말이다.

사람을 많이 아는 게 좋을까? 아니면 조금 알더라도 알차게 아는 게 좋을까? 리처드 코치(Richard Koch)는 "낯선 사람 효과"라는 개념을 제기했다. 이는 사람을 많이 알고 지내면 취업, 사업 성공의 가능성이 높다는 주장을 담고 있다. 이러한 사람 효과는 사람들 간의 연결인 네트워크가 전제가 된다. 네트워크의 구성요소로는 강한 연결, 약한 연결, 그리고 허브(hub)가 있다.

강한 연결은 가족, 친구, 동료들을 말하고 약한 연결은 낯선 사람, 뜸하게 아는 사람 등을 지칭한다. "허브"는 그룹이라는 개념으로 조직, 모임 등을 말한다. 우리는 살아가면서 강한 연결, 약한 연결 그리고 몸담고 있는 수많은 허브에 속해 있는데 그 중에서 우리를 새로운 세상으로 연결해 주는 역할은 약한 연결에서 많이 발생한다. 이러한 약한 연결이 발생하는 스팟은 수많은 허브가 되기도 한다. 네트워크 구성요소에 하나를 더 추가 한다면 슈퍼커넥터이다. 일명 "마당발"이라 부르는 사람들로 네트워크 구조에서 노드의 역할을 한다.

6단계 법칙에 의하면 대부분 정규분포 중심 6단계만 거치면 어떠한 목적지(사람)에도 도착할 수 있다고 한다. 불특정 다수가 한 명의 주식중개인에게 우편을 전달하는 데 어떻게 전달되는지에 대한 연구를 간략하게 도식화하면 아래와 같다.

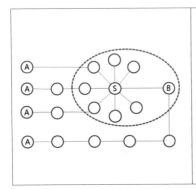

〈A〉는 우편을 보내는 불특정 다수이다.
〈S〉는 우편을 중간에 전달하는 사람들 중에 노드의 역할, 〈수퍼커넥터〉이다.
〈B〉는 최종적으로 우편을 받는 주식중개인이다.

빨간 점선은 〈허브〉이고, 네트워크를 확대하면 이 전체가 허브가 될 수도 있다.

낯선 사람 효과를 전략적으로 이용하는 사람들은 성공에 가깝게 갈 수 있다. 그 행동지침은 슈퍼커넥터가 되거나 아니면 슈퍼커넥터를 최대한 많이 알고 지내는 것이고 허브에 속하기 위해서 새로운 사람들이 많이 모이는 장소나 모임에 적극적으로 동참해야 한다.

그런데 문제는 잘 알지 못하는 단순히 얼굴만 아는 또는 대화를 해봐야 고작 몇 시간밖에 되지 않는 사람을 다른 사람에게 추천하거나 무턱대고 투자를 할 수 있을까? 여기에는 진화생물학적 중요한 표면적인 요소 평판, 신뢰가 자리 잡고 있다. 이에 대해 존 휘트필트(John Whitfield)는 책 〈무엇이 우리의 관계를 조종하는가?〉에서 그 이유를 심도 있게 설명하고 있다.

가난한 사람들(지역, 지구)은 너무 강한 연결에 집착하여 가난을 벗어나지 못하는 측면이 있으므로 새로운 일, 취업과 밀접한 관계가 있는 약한 연결을 만들어 나가는 게 중요하다. 낯선 사람 효과를 운(Luck)과 관련지어 보면, 운은 약한 연결을 통해서 들어오므로 혼자서 부지런하게 자신 일만 하지 말고 운이 들어올 수 있는 채널, 즉 약한 연결과 허브를 최대한 많이 만들어 둬야 한다.

레이먼드 조(Raymond Joe)는 〈관계의 힘〉에서 "관계란 자신이 한 만큼 돌아오는 것이네. 먼저 관심을 가져주고, 먼저 다가가고, 먼저 공감하고, 먼저 칭찬하고, 먼저 웃으면, 그 따뜻한 것들이 나에게 돌아오지."라는 말을 하였다. 무엇이든 먼저 주고, 가고, 무엇을 하고, 웃는 등의 행위를 하는 것이야말로 어떠한 관계를 형성하고 유지하는 데에 있어서 가장 중요하다는 것을 한 마디로 표현을 말하였다.

자랑하지 말고 자랑스러운 사람이 되라. 겸손하면 이룰 것의 절반을 이미 이룬 것이다. 그리고 성실히 묵묵히 노력하면 때가 되면 주위 사람들의 칭송 속에 원하는 자리에 올라 있는 자신을 발견하게 될 것이다. 네트워크의 어떤 지점에 가려고 기를 쓰지 마라. 주위 사람들이 당신을 그곳으로 보내줘야 비로소 가는 것이다.

I suppose leadership at one time meant muscles;
but today it means getting along with people.

나는 리더십이 한때 근육(힘)을 의미했다고 생각합니다.
하지만 오늘날 리더십은 사람들과 사이좋게 지내는 것을
의미합니다.

마하트마 간디(Mahatma Gandhi)는 깡마른 외모에 곧 쓰러질 것 같은 약골로 보이지만 비폭력 평화운동을 통해 영국을 인도에서 몰아냈다. 간디는 리더십은 Muscles, 즉 근육이 아니라 Getting along with people 즉 남들과 사이좋게 지내는 능력이라고 말했다.

인류역사가 밝혀낸 결론이 있다. "인간은 자기보다 잘난 인간을 시기질투하고 미워한다. 그리고 못난 인간은 무시하고 짓밟는다." 여러분 1등하고 싶은가? 모난 돌이 정 맞는다는 말이 있다. 애석하지만 사람들은 1등 하는 사람을 싫어하는 속성이 있다. 그리고 1등은 말 그대로 1등이기 때문에 한자리밖에 없다.

그러니 "1등" 하려 하지 말고 "리더"가 되려고 노력하는 게 지혜로운 사람이 갈 길이다. 리더는 누구나 될 수 있다. 평범한 사람들은 1등 하려는 목표를 세운다. 그리고 잘난 사람 되겠다는 목표를 세운다. 그렇게 되라고 집에서는 부모님이 학교에서는 선생님이 가르친다. 그러나 여러분은 잘난 사람 되겠다는 결심하기 전에 나쁜 놈 되지 말자는 결심부터 하기 바란다. 그리고 작은 집단이라도 여러분이 리더가 되고, 존경받는 리더가 되려고 노력하기 바란다.

마하트마 간디의 예를 들었다. 여러분도 리더가 되라. 1등하긴 어렵지만, 리더는 누구나 될 수 있다. 자리에 앉아서 관리하고 감독하는 리더가 아니라, 세상 사람들에게 선한 영향력을 행사하는 리더는 누구라도 될 수 있다. "믿음과 사랑"을 지닌 리더는 그렇지 못한 사람과 보는 것이 다르다. 그냥 자신이 보고 싶은 것을 보는 평범한 사람들과는 시각차가 있다. 패러다임이 다르다. 프레임이 다르다.

〈"프레임"이 다른 사람〉

이들은 땅바닥을 파헤치는 닭처럼 눈앞의 것에 급급하지 않는다. 망원경을 지녔다. 그래서 비전을 갖고 멀리 볼 줄 안다. 쌍안경을 지녔다. 현실진단을 정확히 한다. 백미러를 지녔다. 뒤를 돌아볼 줄 알고 실패의 전철을 밟지 않는다. 사이드미러를 지녔다. 옆을 볼 줄 안다. 타산지석과 반면교사를 실천한다. "3人行 必有我師(세 사람이 길을 가더라도 그 중에 반드시 내 스승이 될 사람이 있다)"의 지혜를 알며 배려, 경청, 공감, 소통의 능력이 있다. 그리고 현미경을 지녔다. 자기 자신의 주제와 분수를 안다.

퍼듀대학 공대 졸업생 대상으로 관계와 관련하여 5년에 걸친 연구를 진행한 곳이 있었다. 그 연구결과로 성적이 우수한 상위그룹 학생들과 하위그룹 학생들 간의 연봉차이는 200달러에 불과하였다. 반면에 대인관계능력의 상·하위 간 연봉차이는 무려 33%에 이르렀다. 하버드대학에서는 해고된 사람을 대상으로 연구를 한 결과, 업무능력 부족보다는 관계능력 부족이 두 배 많았다고 한다. 하버드의 연구의 경우는 퍼듀대학의 확장판이라 볼 수 있다.

성적과 업무능력의 뛰어남을 잣대로 사람들에 대한 기준을 삼고 있다. 위의 두 연구결과들을 볼 때에 얼마나 쓸모없는 행동이었는지를 보여주고 있다. 학교에서 높은 성적을 받는 것은 중요하다. 그러나 대학이라는 장소는 고등학교 때와는 다른 상위의 전공학습을 통해 자신의 지식을 발전시킴에 있어 필요한 곳이지만, 또 다른 의미로는 작은 사회활동의 장이라 할 수 있다. 여러 사람들을 만나면서 대인관계능력을 향상시킬 수 있는 곳이기도 하다.

아무리 우수한 능력의 직원이라도 관계가 원만하지 못하면 그것은 개인과 개인에서 개인과 팀으로 개인과 회사에까지 그 영향이 적지 않을 것이다. "미꾸라지 한 마리가 도랑을 흐린다."는 말이 있듯이 우수한 직원 한 명을 위해 회사 전체의 인원을 희생하기보다는 전체를 위해 우수한 한 명을 버릴 수 있다는 것이다. 즉, 관계의 능력이 승리의 비결이라는 것이다.

적성을 찾아라
: 효과적으로 노력하는 법

계주 경주에서 주자는 자기 구간을 꾸준히 연습해야 한다. 그렇게 하려면 내가 어떤 적성을 가지고 있는지 파악하는 것이 매우 중요하다. 키 작은 영철이가 중간주자가 되어서는 안 된다. 스타트, 곡선주로, 직선주로, 막판 스퍼트.

첫 번째 주자는 "레디 셋 고"의 총소리와 함께 달려 나간다. 총알처럼 달려 나가기 위해 최대한 몸을 웅크린다. 폭발적인 추진력을 얻기 위해서이다. 중간주자는 끊임없이 발을 굴러대며 앞의 주자와 바통을 터치할 준비를 한다. 가만히 서 있는 게 아니다. 마지막 주자는 그야말로 스퍼트이다. 스프링처럼 가슴을 튕겨내어 솟아오르며 결승점 테이프를 끊는다. 마지막 주자는 결승점 테이프를 가슴에 안는 모습을 생생하게 그리듯 꾸어야 한다. 각자가 핵심역량을 키워서 이길 수 있는 장에서 팀워크로 달리고 싸우고 일하는 것이다.

1) "야구선수" 마이클 조던

인류 역사상 가장 위대한 농구선수로 평가받는 "농구 황제" 마이클 조던은 농구를 포함한 모든 스포츠에서 역대 최고의 스포츠 스타이다. 2016년 초에 미국 여론조사업체에서 실시한 여론조사에서 "시대를 가리지 않고 누가 가장 뛰어난 스포츠 스타인가"라는 질문에 조던은 성별과 인종, 세대, 지역별 조사 모든 분야에서 모두 1위를 차지했다. 그의 명성에 걸맞게 금전적으로도 많은 이익을 보고 있다. 그는 몇 년째 은퇴한 스포츠스타 중 수입랭킹 1위를 차지하고 있다.

조던이 농구천재라는 사실은 기록이 말해준다. 그는 올림픽 금메달 2회(84, 92년), 정규시즌 최우수선수(MVP) 5회, 챔피언 결정전 최우수선수(MVP) 6회, 통산 경기당 평균득점 1위(30.2점), 신인상·베스트·득점왕 등 각종 상을 수상하였고 이런 기록은 앞으로도 나오기 힘들 것으로 예상되고 있다. "신이 농구가 하고 싶어 조던으로 태어났다"는 말이 있을 정도이다.

그런데 그의 기록을 보다 보면 이상한 점을 발견하게 된다. 조던의 친정팀인 시카고 불스는 1991년부터 조던의 활약에 힘입어 1992년, 1993년의 3연패 우승을 차지한 전성기 직후인 1994년에 그는 갑자기 농구선수가 아닌 야구선수로 팬들에게 돌아왔다. 그러나 야구선수로서의 조던은 초라하기 그지없었다. NBA 코트를 화려하게 누비던 그는 메이저리그가 아닌 마이너리그에서 뛰게 되었고 그나마도 마이너리그 트리플A에서 더블A로 강등되었다.

더블A에서의 성적 또한 매우 초라하다. 타자로서의 조던은 형편없었다. 127경기의 타율은 겨우 2할이고 삼진은 114개나 당했지만 홈런은 3개에 불과했다. 그리고 야수로서의 수비력 또한 문제가 많았다. 실책이 발생하면 곧바로 팀의 패배와 직결될 정도로 수비율은 야수에게 중요한 지수이다. 메이저리그 더블A라 하더라도 상당한 수준의 선수들이기 때문에 평균 수비율은 98%에 달한다. 즉 실수를 2%정도밖에 하지 않는다는 이야기다. 반면 조던은 수비율이 95%에 불과하다. 실책 비율이 평균의 2배가 넘는다.

〈1993년, 1994년, 1995년 조던에 대한 여론의 변화 / 왜 은퇴? → 짐 싸라! → 아임 백!〉

인류 역사상 가장 뛰어난 농구 재능을 가지고 있는 그가 왜 갑자기 야구를 선택하였는가?

1993년 3연패의 기쁨이 있던 직후 조던에게 그 누구보다도 더 강력한 후원자였던 아버지 제임스 조던이 강도에게 살해되는 사고가 발생했다. 조던은 큰 충격을 받았고 은퇴를 결심하게 된다. 조던의 아버지는 메이저리그에서 뛰는 것이 평생 이루지 못한 꿈이었다. 그리고 조던은 어린 시절 야구와 농구 모두에 뛰어난 재능을 가지고 있었다. 그는 안타깝게 돌아가신 아버지의 꿈을 대신 이뤄드리기 위해 농구가 아닌 야구를 선택한 것이다.

그러나 아버지를 기리고자 하는 그의 깊은 뜻과 달리 농구 천재인 그는 야구에서는 둔재에 불과했고, 여론은 그의 몰락을 야유하기 바빴다. 우리는 그가 타고난 천재인줄로만 알고 있지만 그는 노력하는 천재였다. 마이클 조던은 여러 명언을 남겼지만 그중에 "나는 실패하는 건 받아들일 수 있다. 누구나 때때로 실패하니까. 하지만 도전하지 않는 것은 받아들일 수가 없다(I can accept failure, everyone fails at something. But I can't accept not trying)"라는 말은 특히 그의 도전정신을 드러내는 명언이다. 그는 그의 말처럼 야구에서도 부단한 노력을 하였다.

마이클 조던	적성	노력	성과
농구	200	10	2000
야구	10	100	1000
골프	5	10	50
공부	1	10	10

〈P (성과, Performance) = T (재능, Talent) X E (노력, Efforts)〉

그러나 조던의 타고난 적성이 농구에 비해서 야구가 부족하였기 때문에 부단한 노력에도 불구하고 더블A에서조차 저조한 성과를 거둘 수밖에 없었다. 다른 모든 조건을 제한하고 성과가 타고난 "적성"에 얼마만큼의 "노력"을 더하느냐(곱)에 따라 결정된다고 가정해보자.

마이클 조던이 농구에 가진 적성은 200이고 이것이 세계 최고 수준의 적성이었기에 최선의 노력인 10을 곱하자 세계 최고의 성과인 2000(200×10=2000)이 나왔지만, 야구의 적성은 10에 불과하였기 때문에 10의 노력을 곱해도 100 성과는 100에 불과하였다. 심지어 조던이 자신이 가진 노력보다 10배의 노력을 더 가한다고 하더라도 농구의 성과에 비하면 절반(1000)에 불과하다.

2) 적성의 중요성과 노력의 한계

조던의 사례에서 살펴보았듯 "농구 천재" 마이클 조던은 동시에 "야구 둔재"였다. 그나마도 타고난 신체적 능력과 부단한 노력 덕에 둔재에라도 머무를 수 있었던 것이지 그가 노력조차 하지 않았다면 그는 "야구 바보"가 되었을 수도 있다. 적성은 그만큼 중요한 것이다. 그리고 우리는 또 한 가지 깨달음을 얻을 수 있다. 바로 성공에 노력은 기본이라는 사실이다. 성과는 적성과 노력의 곱이기 때문에 어느 한 수치가 0이라면 다른 한 수치가 아무리 높더라도 결과는 0(無)이다. 그렇기에 성공한 사람들은 항상 최선의 노력을 다한 사람들이다.

그러나 노력은 성공의 필수조건일 뿐 필요충분조건은 아니다. 그럼에도 불구하고, "노력 만능주의"를 내세우며 청년들을 비난하는 일부 어른들이 있다. 노력만 하면 무엇이든 가능하다면서 좋은 대학에 못 가는 것은 노력이 부족해서 그렇다. 취직을 못 하는 것은 노력을 안 해서 그렇다. 심지어 연애와 결혼도 노력하면 가능하다고 청년들을 무작정 비판하는 것은 적절한 조언이 아니다. 삼포와 오포를 넘어 N포세대라 불리는 청년들에게는 잔소리에 불과하다.

성공을 위해서는 당연히 노력을 해야 한다. 그러나 성공을 위해 노력만 필요한 것이 아니다. 반드시 자신의 적성에 맞게 노력을 해야 뛰어난 성과가 나올 수 있다.

피겨선수로서 김연아는 독보적인 존재이다. 김연아 이전 빙상의 여제였던 미셸 콴에게조차 올림픽 금메달은 허락되지 않았다. 김연아는 피겨의 전설 카타리나 비트에 근접한 유일한 선수라고 평가받고 있을 정도로 대단한 성과를 이루었다. 2010년 밴쿠버

올림픽 금메달을 포함하여 피겨스케이팅 100년 역사상 올포디움은 김연아가 유일하다. 여기서 올포디움은 출전한 모든(All) 시상대(Podium)에 올랐다는 말로, 3위 이내 입상을 의미한다. 박태환 역시 수영의 불모지인 한국에서 나고 자라 베이징 올림픽에서 금메달과 은메달을 획득했다.

만약 피겨여왕 김연아와 마린보이 박태환이 서로의 종목을 바꿔서 연습했다고 가정해보자. 수영하는 김연아? 피겨하는 박태환? 김연아와 박태환은 둘 다 엄청난 연습량으로 이슈가 되었을 정도로 노력하는 선수들이다. 그러나 서로의 적성이 아닌 영역에서의 노력은 빛을 보기 어렵다. 좀 더 명확한 이해를 위해 적성과 노력을 수치화하여 표로 만들면 다음과 같다.

구분	김연아	박태환
피겨	200	10
수영	10	200
미술	1	50
요리	10	1
노력	100	100
적성 성과	20000	20000
비적성 성과	100	100

김연아는 피겨에 200의 재능이 있고 수영에는 10, 미술은 1, 요리는 10의 재능이 있다. 박태환은 수영에 200의 재능이 있고

피겨에는 10, 미술은 50, 요리는 1의 재능이 있다. 김연아와 박태환이 각각 적성인 피겨와 수영에 최선의 노력인 100을 가하자 20,000(200×100)의 성과가 발휘되었다.

이번에는 우리의 가정대로 서로의 종목을 바꿔서 연습했다면 어떻게 되었을까? 김연아는 수영에 10의 재능이 있고, 박태환도 피겨에 10의 재능이 있었다. 여기에 최선의 노력인 100을 가하더라도 1,000(10×100)의 성과밖에는 발휘되지 않는다. 본래 재능에 비해 1/20의 성과밖에 거둘 수 없는 것이다.

이 가정에서 피겨와 수영이라는 같은 속성(스포츠)의 재능이었기에 1,000이라는 성과라도 얻을 수 있었지만, 김연아가 재능 중 가장 적성에 맞지 않는 1점짜리 미술을 하거나 박태환이 1점짜리 요리를 한다면 그 성과는 100(100×1)으로 더욱 형편없이 떨어진다. 적성과 비적성의 성과를 비교하면 20,000대 100으로 200배의 차이를 보인다.

위의 예에서 우리는 다음의 두 가지 사실을 알게 된다.

첫째, 성과를 얻기 위해 노력은 기본이다. 성공한 사람들은 제각기 다른 방법으로 성공하였지만, 그들의 공통점은 각자 자신의 분야에서 최선을 다했다는 것이다. 최선의 노력을 기울이지 않고도 성공하기를 바라는 것은 로또에 당첨되길 바라는 요행과 다를 바 없다. 노력만 있으면 된다는 노력만능주의는 분명 잘못되었지만, 노력 자체를 비하하는 노력무용론 역시 사회 암적인 의견이다. 노력해 봐야 아무 소용없다. 어차피 안 될 건데 뭐 그리 열심히 하냐, 내가 그럴 줄 알았다 등의 힘 빠지는 소리는 우리를 안으로부터 갉아먹는다.

둘째, 노력만으로는 성과를 낼 수 없다. 최선의 노력을 기울이더라도 방향이 잘못되었다면 안타까운 결과가 기다리고 있다. 이는 매우 중요한 사실이다. 왜냐하면 청년들에게 그저 노력하라고만 하는 것은 실질적인 도움이 되지 않는다는 사실이기 때문이다. 그렇기에 자신의 적성을 찾는 것은 최선을 다해 노력하는 것만큼 중요한 일이다. 자신의 적성을 찾는 것이 어떤 것에 최선을 다하기 전 반드시 선행돼야 할 일이기 때문이다.

3) 신중하게 계획된 연습(Deliberate Practice)의 힘

미국의 사회심리학자 캐롤 드웩(Carol Dweck) 스탠포드대 교수는 노력에 관한 실험을 시행했다. 초등학생 400명을 둘로 나눠 문제 10개를 풀게 한 뒤 A집단 학생들에겐 "참 똑똑하구나" 하고 재능을 칭찬하고, B집단엔 "참 열심히 하는구나" 하고 노력을 칭찬했다. 엇비슷한 성적의 두 집단은 뒷 실험에서 놀라운 차이를 보였다.

난이도가 다른 문제 중 하나를 고르게 했더니 A집단은 대부분 쉬운 문제를, B집단은 90%가 어려운 문제를 택하더라는 것이다. 안주와 도전으로 갈린 것이다. 이어진 실험은 더 놀랍다. 처음 수준의 문제를 다시 냈더니 A집단은 성적이 20% 정도 떨어졌고, B집단은 30%가량 올랐다. 이 실험의 결과는 천재는 1%의 영감과 99%의 노력으로 이루어진다는 발명왕 에디슨의 명언을 뒷받침한다.

반면 잭 햄브릭(Zach Hambrick) 미시간 주립대 심리학과 교수팀 분석 결과 예체능과 학업 능력에서 노력이 차지하는 비중은 20%를 넘지 않더라는 것이다. 특히 학업에 있어서 노력(공부)의 비중은 4%에 그쳤다고 한다. 연습이 얼마나 실력을 향상시키는지 분야별로 조사해봤더니 체육은 18%로 나왔다. 박지성, 류현진의 실력 100% 중에 연습이 차지하는 비중은 18%뿐이고, 82%는 타고난 몸과 운동신경에서 왔다는 설명인 셈이다.

박지성은 뜀박질도 불편할 평발인데도 세계 최고 수준의 축구선수로 발돋움했고 LA 다저스의 투수 류현진은 오른손잡이지만 왼손 투수가 더 유리하다는 말에 초등학교 시절 공 던지는 손을 왼손으로 바꿨다. 둘 다 남들보다 몇 배 더 노력해 지금의 자리에 올랐다. 학업 분야에서는 연습의 효과가 체육보다 현저히 낮아서 연습, 즉 공부의 기여도는 4%에 불과했다. 도서관에서 밤잠 설치며 공부한들 성적에 미치는 영향은 4%뿐이고 나머지 96%는 타고난 머리에서 나온다는 것인데 머리 나쁘면 아무리 공부해도 소용없다는 뜻이다.

이에 대해 당장 학계에서 반발이 쏟아졌다. 햄브릭 교수팀의 연구가 혼자 하는 연습과 고수의 지도를 모두 뭉뚱그려 똑같은 연습으로 간주하고 있고 초보와 고수가 하는 연습을 같은 잣대로 평가하는 등 연구 방법론 자체가 틀렸다는 것이다. 이전의 유사 연구는 실력에서 노력 또는 연습이 차지하는 비중이 80%에 달한다고 평가했다. 문제의 논문을 집중 보도한 뉴욕타임스는 연습의 총량보다는 연습의 질이 중요하다며 실력 향상을 위한 효과적인 연습을 강조했다. 위의 논문에 맞춰 성과와 재능 그리고 노력의 관계를 단순화하면 다음과 같다.

$$P(\text{성과, Performance}) = T(\text{재능, Talent}) \times E(\text{노력, Efforts})$$

재능이 아무리 뛰어나더라도 노력을 전혀 하지 않으면 성과는 0이고, 본인의 재능에 맞지 않는 일을 노력을 통해 극복해 내는 것도 경쟁사회에서는 한계가 있을 수밖에 없다. 결과적으로 시간 대비 성과는 저조할 것이고, 이는 경쟁우위를 갖추지 못한다. 인생은 한 번뿐인 것으로 모든 사람에게 하루에 주어진 시간은 24시간으로 동일하기 때문이다.

어떤 일의 성과는 본인의 적성에 의해 크게 좌우되며 노력이 동일할 경우 적성에 의해 성과의 크기는 달라진다. 그런데 하루는 24시간으로 개인들에게 모두 동일하며, 노력을 경쟁상대에 비해 10배 이상 기울인다는 것은 산술적으로 쉽지 않다. 따라서 어떤 일의 성과를 결정짓는 중요한 요소는 적성이며, 요소들의 비율을 분석했을 때 적성이 노력보다 높은 비율을 가지는 것은 당연한 결과이다.

예를 들어, $P = T \times E$에서 T가 1인 사람이 들인 E 100과 T가 10인 사람이 들인 E 100을 비교해보면 첫 번째 경우 P는 100이고 두 번째 경우 P는 1,000이다. 이 경우 두 사람의 성과의 합은 $100 + 1,000 = 1,100$이며 이중 T가 전체성과에 기여한 비율은 90% 정도이다.

그러나 여기서 간과한 것이 한 가지 있는데 바로 노력의 질에 관해서이다. 위 논문이 저지른 실수는 적성이 안 맞는 사람이 기울인 비효율적인 노력까지 성과에 포함되어 있다는 데 있다. 같은 노력을 기울인다고 하더라도 고수의 지도를 받은 노력과 초보자가 혼자 하는 노력은 질적인 차이가 있을 수밖에 없다.

이 경우 노력을 단순히 시간이 아니라 노력의 질에 비례하여 그 크기를 재 산정해야 한다. 그렇게 되면 같은 시간이라도 E의 크기가 T의 크기처럼 큰 차이가 발생할 수 있기 때문에 E 역시 P에 중요한 요소가 된다. 따라서 노력의 총량도 중요하지만 얼마나 효과적인 노력을 하느냐가 중요하다.

저명 저널리스트인 제프 콜빈(Geoff Colvin)은 〈재능은 어떻게 단련되는가?〉라는 책을 통해 탁월하고 위대한 성과는 단순히 열심히만 해서도 이룰 수 없고 타고난 재능을 가지고만 있다고 달성할 수 있는 것이 아니라고 주장한다. 음악의 신동으로 알고 있는 모차르트나 골프 천재 타이거 우즈도 어릴 때는 천부적인 재능과는 거리가 먼 평범한 선수에 불과하다. 이들의 위대한 성과는 엄격한 아버지나 그 분야의 전문가에 의해 어린 시절부터 장기간의 혹독하고 전문적인 훈련의 결과이지 천부적인 재능과는 거리가 멀다는 주장이다.

제프 콜빈은 "신중하게 계획된 연습(Deliberate Practice)"을 핵심 개념으로 제시한다. 이러한 연습은 일반적 노력과 달리 해당 분야의 지도자로부터 가장 적합한 연습을 할 수 있는 설계를 세우고 그 설계에 맞춰 고도의 무한 반복훈련을 해야 하며 그 과정에서 반드시 피드백이 포함되어야 한다. 혼자 힘으로 연습하는 것은 사실상 불가능하다. "선택과 집중"이 필요한 노력으로 재미도 없고 정신적인 고통을 수반한다. 단기간의 성과를 기대하기도 힘들다. 다른 관점에서 보면 신중하게 계획된 연습을 수행할 수 있는 능력을 또 다른 천재성으로 생각할 수도 있다. "노력도 재능이다"는 말처럼 말이다.

박지성이 평발이라서 위대한 선수가 된 것이 아니다. 누군가는 박지성보다 유리한 신체적 조건을 갖췄음에도 성과를 얻기 위한 "노력"을 체계적으로 밀도 있게 하지 않았기에 박지성이 될 수 없었다. 박지성은 체계적이고 지속적인 노력으로 장점인 지구력을 방해하는 단점인 평발을 극복해냈기에 "두 개의 심장"이라는 수식어에 걸맞은 필드 장악력을 선보이며 월드클래스의 선수가 될 수 있었다. 아무나 이러한 노력을 할 수 있는 것은 아니다. 그러나 노력을 통해 성과를 얻어내는 것과, 타고난 재능만으로 성과를 얻어내는 것은 분명한 차이가 있다.

우리는 지능지수(IQ)가 높으면 성과도 비례하여 높을 것으로 예측하지만 IQ도 검사과정에서는 사교성, 정직성, 인내심, 지혜 등을 측정할 수 없고 광범위한 연구를 통해 성과와 상관관계가 없었다고 한다. 최근의 많은 연구를 통해 기억력도 습득되는 것이고 거의 누구나 기억력을 향상시킬 수 있다고 한다. 지능과 기억력이 탁월한 성과를 달성하는데 반드시 필요한 능력이 아니라는 것이다.

체스, 승마, 미식축구와 같은 스포츠 분야뿐만 아니라 비즈니스 현장에서의 빌 게이츠나 GE의 잭 웰치 회장에 이르기까지 거의 모든 분야에서 재능과 성과와의 관계를 분석하여 "신중하게 계획된 연습"의 타당성을 검증해 나간다. 어느 분야에서든 10년 정도의 고된 기간을 준비하고 훈련하여야 위대하다고 불릴만한 수준에 도달한다는 "10년 법칙"은 스톡홀름대학의 안데르스 에릭슨(Anders Ericsson) 박사가 말한 법칙이다. 10년 법칙에는 우리가 흔히 얘기하는 천재들인 아인슈타인, 피카소, 프로이트 등 위대한 업적을 남긴 사람들의 이야기가 나온다. 그들은 최소 10년간의 집중적인 노력의 투자가 있은 후 비약적인 성장을 가져와 인류에게 위대한 유산을 남겼다고 한다.

탁월한 성과가 오직 하늘로부터 특별한 재능(Talent)을 받은 소수의 사람들에 의해서만 나오는 것은 아니라는 희망의 메시지를 주고 있다. 100년에 한 명 나올까 말까한 천재가 아니더라도 제대로 목표를 세워서 꾸준히 선택과 집중의 노력(Efforts)을 하면 천재에 가까운 역량을 갖추게 되고 이를 바탕으로 큰 성과를 얻을 수 있다는 사실은 평범한 우리 모두에게 매우 희망적인 결과라 하겠다. 그러나 여기서의 노력은 "신중하게 계획된 연습"이라는 것을 다시 한 번 기억하자. 여러분이 노력의 함정에 빠지는 것을 방지하기 위해서이다.

4) "1만 시간의 법칙" 함정 피하기

말콤 글래드웰(Malcolm Gladwell)의 〈아웃라이어(Outliers)〉를 보면 "1만 시간의 법칙"이란 말이 나온다. 어떤 분야에서 성공하기 위해서는 1만 시간을 투자해야 한다는 내용이다. 아웃라이어라는 책 제목보다도 더 유명해진 "1만 시간의 법칙"은 우리나라뿐 아니라 전 세계적으로 아웃라이어를 통해 대중화된 개념이다. 우리나라에서도 1만 시간의 법칙과 관련된 여러 강의, 기사, 서적들이 넘쳐날 정도로 인기를 끌었다. 그런데 그 과정에서 "1만 시간의 법칙＝꾸준한 노력(1만 시간 분량의 노력)"으로 단순화되어 오해되는 일들이 생겨났다.

1만 시간을 산술적으로 계산하면 "하루에 3시간씩 10년"이다.

어느 분야든지 자기가 가진 재능을 찾아서 1만 시간을 노력하면 그 분야의 대가가 된다? 성공 여부는 사람마다 기준이 다르기에 어떤 상태를 성공이라 단정하기는 어렵지만, 이것이 법칙의 전부라면 대가가 되는 방법은 참 쉬운 것처럼 들린다. 그러다보니 대중들이 1만 시간의 법칙을 받아들이는 것이 쉽고 이 법칙이 설득력을 가지게 되었다. 노력의 절대적인 양을 숫자로 명확하게 제시했기 때문이다.

그렇기에 단순히 "1만 시간"에만 포인트를 잡아서 "무슨 일이던 1만 시간을 노력하면 성공할 수 있다. 환경 탓하지 말고 노력하라."는 논지의 이야기가 시중에서 많이 언급되었다. 그러나 이는 실제 책의 내용과 거리가 있는 내용이다. 사실 말콤 글래드웰이 책에서 말하는 바는 책의 내용은 "(아무나) 1만 시간을 노력할 수는 없다. 1만 시간의 노력을 하려면 그만큼 적절한 기회와 환경이 갖춰져야 한다. 따라서 환경이 노력 및 성과에 큰 영향을 미친다."는 이야기다.

하지만 저자가 의도적으로 책의 내용을 단순화했다거나 오해를 불러일으켰다는 의견도 있다. 글래드웰은 심리학자나 교육자, 연구가가 아닌 기자 출신이다. 최근 인기 경영서의 저자 중에는 기자 출신이 많다. 언론사에서 대중적 글쓰기 능력을 익힌 기자들은 어려운 전문용어 대신 쉽고 재미있는 글쓰기로 학자나 기업인 출신 경영학 저자들의 영역을 차지하기 시작했다. 〈렉서스와 올리브나무〉의 토머스 프리드먼(Thomas L. Friedman), 〈롱테일 경제학〉

의 크리스 앤더슨(Chris Anderson)도 글래드웰과 마찬가지로 기자 출신 저자이다.

기자인 글래드웰은 평생을 한 분야에 바쳐 연구한 사람이 아니라 다른 사람의 이야기를 재미있게 말해주는 이야기꾼에 가깝다. 그러다 보니 서적의 성격도 연구결과를 숫자로 증명하는 책이 아니라 대중들이 원하는 이야기를 들려주고 어렵고 복잡한 이야기는 감추거나 생략한 것으로 보이는 부분이 있는 것이다. 그러나 "1만 시간=10년"이라는 시간의 무게는 그렇게 가볍지 않다. 여러분의 노력이 헛되지 않기 위해 1만 시간의 법칙을 좀 더 자세하고 정확히 알 필요가 있다.

① 노력과 성과가 관계없는 경우 (우연 또는 운)

먼저 노력을 해서 좋은 결과가 나온 경우를 생각해보자. 아무런 노력조차 하지 않으면 당연히 성과는 없다. 그런 측면에서 1만 시간의 법칙을 알게 된 후 노력하지 않던 누군가가 노력을 시작하여 원하는 결과를 얻었다면 그것은 축하할 일이며 다행스러운 일이다. 그러나 일반적으로 우리가 원하는 성과는 아무런 노력을 하지 않던 사람이 단순히 노력만 했다고 얻을 수 있는 수준이 아닌 것이 문제이다. 이력서를 쓸 생각조차 안 하던 사람이 조금 노력을 했다고 바로 취직이 될 수 있다는 식이다. 통상 그런 일은 생기지 않는다. 발생했다 하더라도 노력이 아닌 우연의 산물이다. 그렇기에 이 경우 1만 시간의 법칙이 적용되었다고 보기 힘들다.

② 적성이 맞지 않는 경우

적성이 맞지 않는 일에 1만 시간의 법칙은 적용되지 않는다. "농구 황제" 마이클 조던이 야구에서 1만 시간을 노력했다고 "야구 황제" 마이클 조던이 되는 것은 결코 아니다. 적성에 맞지 않는 노력은 성과를 얻기 매우 어렵다. 우리는 적성과 노력의 관계를 구체적 숫자를 통해 알아보았다. (김연아와 박태환은 각각 자신의 적성에서는 20,000의 성과를 올렸지만 비적성에서는 같은 노력을 기울여도 불과 100의 성과를 얻는 데 불과했다) 그렇기에 우리는 우리에게 맞는 적성을 먼저 찾아야 된다고 강조했었다. 〈스포츠 유전자(The Sports Gene)〉의 저자 데이비드 앱스타인(David Epstein)은 "다양한 경험을 통해 자기 유전자(gene)에 맞는 분야를 먼저 찾아라. 그런 다음 죽도록 훈련하라."는 말로 적성과 노력의 관계를 설명했다.

③ 노력의 양이 적절하지 않은 경우

적성에 맞는 일을 찾았다고 하더라도 1만 시간이 충분한 시간이 되지는 못한다. 역량을 강화시키는 데 12,000시간 또는 15,000시간이 필요한 일이 있을 수 있다. 대중들에게 가장 크게 어필하는 "1만 시간"이라는 시간은 상징적 숫자에 불과하다. 1만이라는 숫자는 글래드웰이 안드레스 에릭슨의 논문에서 가져온 숫자이다. 이 논문은 바이올린 전공 학생들의 연습 시간과 실력을 분석한 논문으로, 최고 등급의 학생들은 연습량은 1만 시간, 우수 등급은 7천 시간, 평범한 학생들은 3천 시간에 머물렀다. 글래드웰은 이 논문에서 등장하는 숫자인 1만 시간에 집중하여 연습량이 실력에 가장 큰 영향을 준 요인으로 간주하고 1만 시간의 법칙을 만들었다. 우리가 도전하는 분야는 다양하고 고수가 되기 위해 필요한 시간 역시 다양하다. 따라서 우리가 1만 시간이라는 숫자에 매몰될 이유는 없다.

④ 노력의 양보다 질이 중요한 경우

에릭슨은 글래드웰의 지나친 단순화를 비판하며 2016년 〈1만 시간의 재발견(PEAK)〉이라는 책을 발간하였다. 그에 의하면 중요한 것은 제프 콜빈도 언급했던 "신중하게 계획된 연습"이다. 단순한 노력의 양은 성과와 비례하지 않는다. 아르헨티나 체스 선수들을 조사한 페르낭 고베(Fernand Gobet)의 2007년 연구가 대표적이다. 104명의 선수 중, 어떤 사람은 최상급의 기량을 갖추는 데 2년밖에 걸리지 않았지만, 무려 26년이 걸린 선수들도 존재했으며, 심지어 평생을 연습했음에도 최상급에 도달하지 못한 경우도 적지 않았다. 에릭슨은 뉴욕 타임즈와의 전화 인터뷰에서 "연습(Practice)"의 정의를 지적했다. 에릭슨이 정의하는 신중하게 계획된 연습이란 일(Work)이 아니며, 놀이(Play)도 아니다. 단순히 직장에서 해당 분야에 종사하거나 주말에 취미삼아 뭔가 연주해 보는 그런 건 연습이 아니라는 것이다.

이러한 연습의 도전 과제는 적절히 어려워야 하고 지속적으로 발전할 수 있어야 하며, 실수나 실패를 통해 개선할 수 있는 여지가 있어야 하고 그에 맞는 적절한 피드백이 필요하다. 신중하게 계획된 연습은 재미가 없고 시련과 같이 혹독한 시간이다. 이런 힘든 시간을 1만 시간 보내야 비로소 노력의 결과가 경지에 다다른다고 할 수 있다. 에릭슨은 "가장 염려스러운 점은 "무조건 열심히 하면 된다"는 생각이다. 그는 "얼마나 오래"가 아니라 "얼마나 올바른 방법인지"가 중요하다면서 신중하게 계획된 연습이 결코 쉽지 않다는 것을 강조했다.

글쓰기 능력 향상을 위한 벤저민 프랭클린의 연습 방식은 신중하게 계획된 연습의 좋은 예이다. 어떤 글을 읽고 그 의미만 적어둔 다음, 얼마의 시간이 지나서 원래의 글이 잊혀졌을 때쯤 의미만 적어둔 글을 참고하여 자신의 글을 쓴다. 프랭클린은 이렇게 의미만을 보고 적은 자신의 글과 원래의 글을 비교함으로써 글의 구성 및 어휘까지 향상시킬 수 있었다. 그는 방대한 양의 문장을 가지고 이 지루한 과정을 수없이 반복했고, 원래 문장과 비교하여 곧바로 피드백을 받았다.

⑤ 1만 시간의 법칙이 통하지 않는 분야인 경우

신중하게 계획된 연습에서 매우 중요한 부분이 바로 "피드백(feedback)"이다. 연습의 목적을 위해 자신이 하는 노력의 방향과 성과를 다시 피드백해 줄 수 있는 자신보다 앞선 사람, 그러니까 멘토(mentor)로도 부를 수 있고 마스터(master)라고도 부를 수 있는 사람이 존재해 끊임없이 연습 과정을 검토하고 교정해 나갈 수 있어야 비로소 에릭슨이 말하는 신중하게 계획된 연습이고, 그 과정의 누적이 이루어져야 역량이 개발된다는 것이다.

그런데 모든 분야에 벤저민 프랭클린의 글쓰기 연습 방법을 활용할 수 있는 것은 아니다. 예를 들면 체스나 바둑의 경우 어떤 스승(멘토)을 만나느냐에 따라 기량의 향상은 천차만별이다. 평생을 연습해도 최상급의 수준에 도달하지 못한 연구결과가 적절한 스승을 만나지 못한 경우에 해당한다. 대체로 예체능의 영역이 멘토의 멘토링과 코칭을 포함한 피드백의 효과가 크게 발휘되는 영역이다. 김연아를 예로 들면, 트리플 러츠(triple lutz)를 연습하기 위해 교과서를 보고 연습한 자신의 모습을 촬영하고 보완하는 정도로는 충분한 연습이 되기 어렵다. 점프 동작에는 교과서의 텍스트로 설명될 수 없어서 코치의 시범 또는 직접적인 동작의 교정이 필요한 노하우가 있다.

이런 영역은 우리가 생각하는 1만 시간의 법칙을 적용하기 힘든 영역이라 할 수 있다. 피드백을 받으려면, 특히 1:1 교습과 같은 경우 일반적으로 시간에 비례하는 대가를 교사에게 지불해야 한다. 이를 현실적으로 설명하면 신중하게 계획된 연습은 멘토에게 피드백을 받을 수 있는 환경의 소수만 가능한 방법이기 때문이다. 특정 영역의 경우 이러한 특수성으로 인해 우리가 원하는 수준의 연습에 한계가 있다는 것을 인지해야 잘못된 선택을 피할 수 있다.

⑥ 전략적 포기와 현실적 대안

"할아버지의 재력, 엄마의 정보력, 아빠의 무관심"이 문장은 성공적인 자녀 교육의 3요소라는 제목으로 회자되는 문장이다. 대학입시는 우리나라에서 매우 큰 의미를 가진다. 그런데 여기에 가장 먼저 등장하는 것이 바로 할아버지의 "재력"이다. 앞서 1:1 멘토링과 코칭은 예체능 영역에서 큰 영향을 발휘한다고 이야기했다. 그러나 공부의 영역 또한 누군가의 멘토링과 코칭 그리고 피드백을 통한 신중하게 계획된 연습이 그렇지 않은 연습과 질적인 차이를 가져오는 것은 명백하다. 족집게 등 고액과외는 특히 암기과목 등에 효율적이다. 그렇기에 할아버지의 재력이 3요소 중 제일 먼저 등장하는 것이다.

그러나 대학입시는 1만 시간을 투입할 정도의 시험은 아니기에 고시를 예로 들어보자. 행정고시 일반직에서 합격자들의 평균 수험기간은 3.5~4년이며, 고시생의 일과(하루 8시간 이상 공부)를 생각했을 때 이는 약 1만에서 1.5만 시간을 의미한다. 이만한 기간을 일과에 영향을 받지 않는다는 조건에서 집중할 수 있는 곳에서 자리를 잡고, 책을 사 보고, 인터넷 강의를 듣거나 학원에 가고, 끊임없이 강의와 모의고사, 첨삭으로 피드백을 받는 데 걸리는 시간과 돈을 생각하면, 1만 시간은 결코 만만한 시간이 아님을 알 수 있다.

우리가 제대로 된 1만 시간의 법칙을 인정한다는 것은 역으로 말하면 신중하게 계획된 연습을 위한 인내뿐만 아니라 1만 시간을 보낼 수 있는 경제적 자원이 존재해야만 성과를 얻을 수 있음을 의미한다. 어떤 면에서는 천재를 인정하지 않는 대신 자원이 부족한 사람은 상대적으로 성공하기 어렵다는 결론에 도달한다. 작가의 의도로 잘못 알려진 "재능을 뛰어넘는 범재의 노력" 같은 낭만적인 그림이 아니라 "사회적 조건이 개인의 능력을 극단적으로 좌우할 수 있다"는 엄중한 지적이 1만 시간의 법칙의 진실이라는 뜻이다.

한편 에릭슨은 "5살에 바이올린을 시작해서 10년 후인 15살에 최고가 될 수 없다. 13살이라는 늦은 나이에 시작해서 23살에 최고의 피아니스트가 될 수 없다. 1만 시간은 우연한 숫자에 불과하다. 그저 거장의 자질이 보이는 학생들의 평균 연습량이 1만 시간이라는 것뿐이다."라고 재능을 꽃피우기 위한 타이밍이 있다는 점을 언급했다. 스케이트나 발레 등 시작하는 타이밍이 중요한 분야가 있다. 내가 해당 분야에 재능이 있음을 깨달았다고 하더라도, 시작하기에 이미 늦었다면 전략적 포기를 해야 한다. 이처럼 우리는 나의 현재 조건을 고려하여 현실적 대안에 노력을 기울여야 한다.

⑦ 메타인지를 통해 혼자서 연습할 수 있는 분야에 도전하라

지금까지 이야기를 정리하면 신중하게 계획된 연습은 쉽게 할 수 없고 1만 시간의 법칙 역시 결국 환경이 중요하다는 결론이다. 그러나 필자가 여러분에게 하려는 이야기는 프랭클린의 글쓰기 연습과 같이 혼자서도 가능한 방식의 피드백을 통해 제대로 노력한다면 할아버지의 재력이 없더라도 성공할 수 있다는 이야기다. (만약 내가 누군가의 피드백을 받을 수 있는 조건이라면 당연히 이를 최대한 활용하는 것이 필요하다) 단, 지금까지 살펴본 바와 같이 1만 시간의 법칙은 매우 까다로운 조건들을 만족시켰을 때 비로소 발휘되기 때문에 "제대로" 하는 것이 중요하다.

우리가 공부를 할 때, 보통 틀리는 문제를 계속 틀린다. 그 부분이 약점이기 때문이다. 이미 아는 문제는 더 이상 공부할 필요가 없는 부분이다. 내가 공부해야 될 부분은 잘 몰라서 틀리는 부분이다. 그러나 우리는 내가 이미 알고 있는 것을 공부하는 데 시간을 쓰고, 모르는 것은 외면하고 싶어 한다. 그것이 우리의 본성이다. 우리가 모르는 것은 우리를 불편하게 만들기 때문이다. 그러나 그냥 편하게 할 수 있는 반복에 시간을 들여 봐야 성과는 나오지 않는다. 이런 반복은 1만 시간이 아니라 10만 시간을 들여도 기대한 성과는 얻기 어렵다. 불편한 연습, 어려운 연습을 계속해야만 발전이 있을 수 있다.

보통 수준의 선수들은 이미 자기가 할 수 있는 점프 연습을 하는 데 많은 시간을 보내는 반면 최정상급 선수들은 자기가 잘 못하는, 결국 성공하면 올림픽 메달을 안겨 주겠지만 수없이 엉덩방아를 찧어야 하는 점프 연습에 더 많은 시간을 보냈다. 김연아가 잘하는 트리플 점프에만 몰두했다면 여러 종류의 콤비네이션 점프를 해야 하는 올림픽에서 금메달을 딸 수 없었을 것이다.

위대한 성과자들은 자기가 하는 활동의 전 과정에서 특정 부분만 분리하여 그 연습에만 집중한다. 그 부분의 실력이 향상되면 비로소 다음으로 넘어간다. 넘어가기까지 무수한 반복이 필요하다. 신중하게 계획된 연습을 통해 성과를 얻는데 가장 효과적인 방법은 바로 반복이다. 최고의 성과자 역시 한도를 정하는 것이 무의미할 정도로 같은 연습을 반복한다.

이때 우리에게 필요한 것이 "메타인지(metacognition)"이다. 메타인지란 내가 무엇을 알고 무엇을 모르는지에 대해 아는 것이다. 메타인지를 통해 우리는 혼자서도 신중하게 계획된 연습의 효과를 낼 수 있다. 공부의 경우 "부족한 부분을 탐색 → 그 부분을 반복 학습 → 피드백 수용"하는 과정을 반복하면 혼자서도 충분히 1만 시간의 법칙의 도움을 받을 수 있다.

실제로 필자는 공대 졸업생으로 늦게 행정고시 준비를 시작했다. 하지만 군 제대 후 1년 만에 행정고시에 최종 합격했다. 군필자들은 다 안다. 군대에서 공부할 수 있는 형편이 되지 못한다는 것을. 필자는 해군장교로 40개월 복무했다. 결혼도 한 상태였다. 군복무 중 큰아들이 태어났다. 부모님이 고시공부를 찬성하는 것도 아니었다.

그래서 군 제대 후 1년 만에 무조건 시험에 합격해야 했다. 그렇지 못할 경우 직업도 없는 낭인이 될 판이었다. 필자는 여유로이 신중하게 계획된 연습을 할 수 있는 조건이 전혀 아니었다. 해군에 복무 중일 때 병역과 학업을 병행할 수 없었고 고시에 관해 누군가의 멘토링이나 코칭을 기대할 수 있는 상황도 아니었다.

당시 필자는 1만 시간의 법칙이나 신중하게 계획된 연습을 이해하고 필자의 공부 방식에 적용한 것은 아니었다. 하지만 일 년이라는 제한된 시간 내에 합격할 수 있던 비결을 생각해보니 자연스럽게 신중하게 계획된 연습을 활용하고 있었던 것으로 보인다. 필자는 1년간 하루에 16시간 공부했고, 스스로 철저한 피드백을 통해 "내가 모르는 분야"에 시간을 투입하였고 그 결과 합격할 수 있었다. 여러분도 필자와 같은 경험을 할 수 있기를 진심으로 기대한다.

선점해라
: 변동성의 시대에서 살아남는 법

1) 선점과 일자리의 선점

스티브 사마티노는 인간의 노동을 에스컬레이터에 비유했다. 인간의 노동은 마치 에스컬레이터와 같다. 등장하는 모든 새로운 산업과 직업, 새로운 일자리 유형은 일정 기간 노동 에스컬레이터에 들어온다. 과업을 해결하는 더 효율적인 방법을 찾을 때까지 직업이나 일자리의 유형은 에스컬레이터에 잔류하게 되는데, 그 후 에스컬레이터는 정지한다. 이러한 일자리 유형 중 일부는 요리나 의학처럼 변하지 않고 매우 오랜 시간 동안 에스컬레이터에 잔류했다. 전화 교환원, 리프트 운전자, 타자수와 같은 일부 직업 에스컬레이터도 아주 오랫동안 사람들을 앞으로 이동시키지 않았다. 이런 일자리 일부는 50년 동안이나 이동하지 않았다.

모든 직업 에스컬레이터가 이렇게 나란히 놓여 있지만, 모두가 같은 속도로 이동하고 있다고 생각해보자. 어떤 것들은 곧 멈출 것처럼 보인다. 일부는 당신의 경력이 끝날 때까지 탑승할 수 있을 것으로 보였는데, 이들 대부분은 존경받던 직업이었다. 일부 에스컬레이터는 시간이 흐르면 면적이 축소되어 탈 사람이 줄어들기도 한다. 이런 에스컬레이터에서는 가능한 한 빨리 뛰어내려야 한다. 그리고 우리가 할 일은 더 전망이 좋은 다른 에스컬레이터를 찾아 갈아타는 것이다.

그러기 위해 우리는 에스컬레이터를 단순히 타는 것으로 취급해서 그 위에 서 있어서는 안 된다. 에스컬레이터 안에서 일하고 앞으로 걸어가고 주위를 둘러보고 다른 에스컬레이터로 도약할 준비를 해야 한다. 장기적으로는 에스컬레이터에 그저 승차하는 것이 아니라 소유권을 얻으려고 노력해야 한다. 그러나 무엇보다 에스컬레이터가 멈출 때 울어서는 안 된다. 오히려 에스컬레이터가 멈출 때를 알아야 한다. 그때를 준비하고 그 시간이 왔을 때 뭔가 하는 것이 우리의 일이다. 우리는 자립해야 한다.

이 에스컬레이터는 인간이 만든 발명품인 "직업"이다. 우리는 해야 할 일을 창안한다. 오늘날 인간이 하는 일 대부분은 물리적인 측면인 먹고사는 문제로 보면 거의 필요하지 않다. 우리는 인간의 창조적 발명을 과소평가해서는 안 된다. 앞으로의 변화는 불편하고 울퉁불퉁한 전환이 될 것이다. 많은 사람이 실직하고 정서적으로 황폐해지며 경제적 어려움을 경험하게 될 것이다. 이것이 내가 이 책을 쓰는 이유이다.

올바른 지식을 갖고 이 울퉁불퉁한 노면을 잘 지나고 준비만 잘하면 필요할 때 새로 탈 수 있는 에스컬레이터를 발견할 수 있다는 사실을 나는 잘 알고 있다. 하지만 이 문제는 학교의 문제이기도 하다. 학교는 우리에게 변화하는 삶을 준비시키지 않는다. 우리에게 한 에스컬레이터를 타는 방법을 가르쳐주기는 하지만 그곳에서 다른 에스컬레이터로 이동할 방법을 가르쳐주지는 않는다.

앞서 살펴본 것처럼 기존의 일자리는 빠르게 사라지고 있다. 하이패스나 ATM기처럼 기존에도 기술개발로 인해 일자리는 감소 추세였는데, 코로나가 비대면을 강화시키고 최저임금 상승 등의 요인이 무인화를 더욱 가속시켜 많은 직업들이 사라지고 있다. 그러나 한편으로는 코딩을 활용한 AI 전문가, 프로그래머, 드론 전문가 등 새로운 직업들도 생기고 있다. 이제는 우리에게 익숙한 유튜버나 블로그 인플루언서 등도 새로운 직업으로 볼 수 있다. 새로운 직업들은 전인미답의 분야이기 때문에 선점의 기회가 있고, 정형적인 "일자리"뿐 아니라 새로운 "일거리" 또한 없어지고 생겨난다.

선점(先占)이란 무언가를 남보다 앞서서 차지하는 것이다. 1848년 1월24일 미국 캘리포니아 주 서터스밀(Sutter's Mill)에서 금이 발견되자 그 이듬해 약 8만 명이 미 서부 해안으로 몰려갔다. 이러한 골드러시(Gold rush)는 19세기 중반 미국 사회를 들끓게 했다. 서부가 발전하고 인구가 유입되는 요인이 됐다. 먼저 선점하는 사람이 상대방보다 유리한 것으로 알려져 있다. 16세기 유럽 각 국은 신항로 개척을 계기로 부와 번영을 일궜다. 신항로의 개척은 바로 선점의 역사였다. 캘리포니아 골드러시 그리고 항로의 선점을 예로 들다보니 마치 선점이란 "땅"과 "바다"의 선점처럼 느껴질 수 있다. 하지만 선점은 공간뿐 아니라 사물, 시간 및 아이디어 등 세상만물에 적용되는 것이다. 일자리도 마찬가지다.

과거로부터 지금까지도 취업준비생들의 최애(최고로 애정하는) 기업이자 꿈의 직장으로 꼽히는 삼성, 현대, SK, LG 등 대기업은 여전히 선망의 대상이지만 2020년 이후 취업시장의 분위기가 조금 바뀌었다. 2021년 취업 포털이 대학생들을 상대로 가장 취업하고 싶은 기업을 조사했는데 카카오가 1위로 2위인 삼성전자를 앞섰다. 이 설문조사 결과는 의미하는 바가 크다. 기존 대기업들을 제치고 신흥 IT기업인 카카오가 1위를 차지한 것과 네이버 등 신흥 IT 기업들도 순위에 대거 포진하게 된 것은 일자리 시장의 변화를 보여준다.

[인용] 2021년 7월 16일 금요일 잡스플래닛
대기업 vs 네카라쿠배당토 전격비교 ①

몇 년 전부터 아예 "네카라쿠배당토"라는 신조어가 생겼다. 이는 네이버, 카카오, 라인, 쿠팡, 배달의민족, 당근마켓, 토스뱅크의 줄임말로 IT 개발자에게 좋은 페이와 근무조건을 제공하는 워너비 회사들을 이르는 명칭이었지만, 요즘엔 공대생뿐 아니라 이과생, 문과생 가리지 않고 취업하고 싶어 하는 기업이 되었다. MZ세대는 자유로운 근무 환경과 높은 복지 수준 등 여러 가지 이유로 네카라쿠배당토를 대기업보다 선호한다고 한다. 대학생들 사이에 비대면 시대와 함께 호황을 누리는 IT기업 개발자 등이 고액연봉을 받는 것으로 인식됐고, 일반 대기업과 공기업에 비해 자유로운 근무환경 등이 MZ세대가 추구하는 근무 환경과 맞아떨어진 덕이다.

자아실현 욕구가 강한 MZ세대는 조직에 헌신하며 안정적인 삶을 추구하기보다는 커리어를 쌓을 수 있는 기회를 중시한다. 또한 유연하고 수평적이며, 상사의 지시를 따르기보다는 자신의 강점을 자유롭게 펼칠 수 있는 회사를 선택하고 싶어 한다. IT기업들은 이러한 젊은 인재들의 요구사항을 빠르게 파악하고 재빨리 기업문화로 편입시켰다. 이들 회사에서는 출퇴근 시간을 유연하게 조정할 수 있고 휴가를 쓸 때 눈치를 보지 않아도 된다. 복장이 자유롭고 신입도 자유롭게 의견을 낼 수 있으며 연공서열보다는 능력에 따라 보상을 받을 수 있다.

배달의민족이 대표적이다. "퇴근할 땐 인사하지 않습니다, 휴가에는 사유가 없습니다." 등 직원들의 복지를 강조하는 사내 규율은 "배민다움"이라는 말을 탄생시켰고 이것이 곧 배민의 성공 비결이라는 인식에까지 이르렀다. 이 밖에 모든 직원의 자유로운 커뮤니케이션을 위해 직급을 없애고 일괄적으로 영어 이름을 부르도록 한 카카오, 본인 전결로 자유로운 출퇴근을 보장하는 네이버, 모든 구성원들에게 투명하게 정보를 공개하는 당근마켓 등 인재들을 끌어당길 수 있는 독특한 기업문화를 선보이고 있다.

취업준비생들이 선호하는 직장은 시대상을 보여준다. 과거 우수한 인재들은 금융사·건설회사·종합상사 등을 가장 선호했고, 반도체기업·투자회사 등이 그 뒤를 이었다. 한때는 안정적인 공무원이 인기를 끌기도 했었다. 하지만 지금은 위와 같은 IT 플랫폼이 선두를 차지한다. 이처럼 시대상에 따라 인기 있는 직장은 변화한다. 그러나 IT 직장이 처음부터 인기 있던 것은 아니었다. 현재 인력난을 겪고 있는 강소기업의 처지처럼 해당 기업들도 인지도 부족과 사업 아이템이 명확하지 못하다는 이유로 인재수급에 어려움을 겪기도 했었다.

이런 타이밍에 해당 기업에 진출한 사람들은 선점의 기회를 얻었다. 필자의 지인 중에는 전문대를 졸업하고 IT 보안 쪽 경력을 쌓은 후 카카오톡이 이제 막 대중화되는 시점에 카카오로 이직하여 현재는 팀장급 경력을 쌓은 사람도 있다. 요즘 카카오의 위상이라면 지원조차 어려울 수 있었던 스펙이었지만 과거의 카카오에는 유의미한 능력이었던 것이다. 입사 후 카카오가 성장함에 따라 파격적인 연봉인상, 스톡옵션 제시 등 유리한 근무조건을 제시받았고 이에 매우 만족하며 회사를 다니고 있다.

과거에는 종합금융사, 증권사, 단자회사 등이 구직자들에게 인기가 있었다. 연봉을 많이 준다는 이유에서였다. 그러나 저금리 단기자금을 들여와 고금리 장기대출을 하는 형태의 종합금융사 등이 97년 외환위기의 주범으로 찍히게 되었다. 구조조정을 통해 수많은 종합금융사와 증권사가 퇴출되었고 남은 회사들도 인수 합병되어 현재는 우리종합금융을 제외한 모든 종합금융사가 역사 속으로 사라졌다. 돈을 보고 해당 회사에 근무하던 직원들은 하루아침에 실직자가 되었다. 단자회사와 종합금융사 업종 자체가 사라진 탓에 해당 경력으로 재취업을 하는 것도 쉽지 않았기에 이중고를 겪었다.

미래학자 제이슨 솅커(Jason Schenker)는 〈로봇시대 일자리의 미래(Robot Age: The Future of Jobs)〉에서 직업의 미래를 알고 싶다면 직업의 과거를 돌아보라고 조언한다. 그는 과거 산업 혁명기에 일어났던 직업의 변화를 살펴봄으로써 오늘날 우리가 자동화 시대에 겪게 될 직업의 미래를 예측하고 있다.

스미스(Smith)는 영어권에서 가장 흔한 성이다. 기원전 1500년부터 기원후 1800년까지, 대장장이(blacksmith)는 중세와 근세 동안 가장 흔한 직업 중 하나였다. 사람들은 이 직업에 대한 애착이 너무 큰 나머지 그들의 성을 "스미스"로 지을 정도였다. 그래서 자신들의 직업이 아예 사라진다는 것은 감히 상상할 수도 없는 일이었다. 현시대에도 누군가는 자신의 일을 소중히 여기며 생계를 꾸리고 있지만 산업혁명기의 사라진 대장장이 신세가 될 수도 있다. 위 사례에 나오는 종합금융사의 직원처럼 말이다.

카카오 이직 사례는 "뜨는 시장"의 일자리를 선점한 경우이며, 종합금융사 취업 사례는 눈앞의 돈만 보고 일자리를 구했을 때 발생할 수 있는 불행한 일이다. 그러나 아이러니하게도 "네카라쿠배당토"라는 신조어가 생기고 관련 이슈들이 생산된다는 말은 해당 분야를 선점하기에 이제는 늦었다는 것과 같은 이야기다. 신조어가 생기기 전과 비교하여 해당 기업들의 콧대는 매우 높아졌다. 입사하는 것이 어려울 뿐 아니라 기업 내부 문화도 기대와 다르다는 평이 흘러나온다. 유연한 조직문화와 수평적 커뮤니케이션 등으로 "일하기 좋은 기업"이라 불리던 IT 대기업들의 문제들이 터져 나온 것이다. 직장 내 괴롭힘과 격무에 시달리던 네이버 직원이 극단적 선택을 하고 쿠팡은 잇따른 직원들의 과로사와 노동환경이 문제시되면서 소비자들의 불매운동이 확산되고 있는 상황이다.

구직자 입장에서는 그 다음(Next) "네카라쿠배당토"를 찾아야 한다. 여러분에게 필자의 지인과 같은 기회를 제공할 수 있는 일자리 말이다. 그러나 사람은 같은 실수를 반복하기에 사람의 기록인 역사 또한 반복된다. 대기업만 쫓던 구직자들은 이제 네카라쿠배당토만을 쫓고 있다. 최소한 이 책을 읽은 여러분은 그와 같은 실수를 반복하지 않길 바란다.

2) 후회의 삼각지대와 껄무새(~할걸+앵무새)

우리나라에서 특히 많은 관객들의 사랑을 받은 크리스토퍼 놀란 감독의 영화 〈인터스텔라(Interstellar)〉. 이 영화는 "시공간"에 관해 다룬 감독의 3부작 중 하나이며 지금도 회자되는 "스테이(Stay)" 장면은 시간의 비가역성(시간은 과거에서 현재, 현재에서 미래로만 흐름)을 시각적으로 잘 표현한 장면으로 꼽힌다. 주인공은 시공간을 초월한 블랙홀에서 과거의 자신에게 지구를 떠나지 말고 그대로 머물라는 신호를 보내지만 과거는 바뀌지 않고 계속해 반복될 뿐이었다. 주인공은 반복되는 상황을 보면서 울면서 절규한다.

이처럼 시간은 한 방향으로만 흐른다. 그래서 우리는 선택하지 못한 일들에 대한 아쉬움을 크게 느낀다. 유동성의 폭발과 함께 짧은 시간 동안 수많은 위기와 동시에 기회들이 동시에 오고 갔다. 그러다 보니 외마디 탄식이 여기저기 흘러나왔다.

"살걸!", "팔걸!", "할걸!", "말걸!" 이 외침을 해석하면 다음과 같다.
"(주식 쌀 때)살걸!", "(주식 비쌀 때)팔걸!", "(공모주 투자)할걸!", "(코인투자 하지)말걸!"

이런 외침들의 공통점은 "~할 껄"로 압축된다는 점이다. 그래서 젊은 층들은 이런 자신들의 모습을 보면서 "껄무새"라는 신조어를 만들어 냈다. "~할 걸이라는 말을 앵무새처럼 반복한다는 뜻으로 특히나 요즘 개인 주식 투자자들과 코인 투자자들 사이에서 회자가 되는 신조어"가 껄무새의 정의이다.

A : 아 오늘 ○○주식 떨어지네. 어제 팔걸… 아니야 내일은 또 오르겠지?

  그럼 더 사야 되나? 샀는데 더 떨어지면 어떻게 하지?

B : 껄무새야 주식 좀 그만 봐.

껄무새처럼 반복되는 후회를 나타낸 그림으로 "월급쟁이 후회의 삼각지대"가 있다. 이 역시 결과를 모두 알고 하는 후회이기 때문에. 마치 로또번호를 다 알고 난 다음 그 번호를 고르지 못했음을 후회하는 것처럼 의미가 없는 후회이다. 그러나 이 그림이 많은 직장인들의 공감을 받은 이유는 다들 비슷한 감정을 느꼈던 경험을 가지고 있기 때문일 것이다.

껄무새가 무조건 나쁜 것은 아니다. "위험회피 본능"은 위험이 도사리고 있던 선사시대부터 DNA에 새겨진 생존본능이다. 결과를 알고 난 다음에야 그 선택이 올바른 선택인 것을 알지만, 막상 선택을 해야 하는 순간에는 결과에 대해 알지 못하기 때문에 같은 실수를 반복하는 것이다. 그렇지만 내가 계속 껄무새로만 남아있는다면 수많은 기회(위기와 함께)가 오고 가더라도 나와는 관계없는 이야기가 될 것이다.

특히 일자리에 있어서는 껄무새와 같은 태도는 전혀 도움이 되지 않는다. 껄무새의 다른 이름은 "신중함"이라고 할 수 있는데 투자 분야에서는 그러한 신중함이 실패를 줄여주고 성공에 좀 더 가까운 선택을 도울 수 있지만, 일자리 분야는 그러한 신중함이 기회의 상실을 의미할 가능성이 높기 때문이다.

아무 일자리나 빨리 취직해야 된다는 의미는 아니지만, 신중함을 이유로 취직을 계속해서 유예하는 행동은 청년들에게 인기 있던 〈메이플 스토리〉나 〈로스트 아크〉 같은 RPG 게임이나 〈던전앤파이터〉 같은 아케이드 게임을 시작했는데 사냥터로 가지 않고 마을에서 본인이 원하는 장비(무기, 방어구)를 맞출 때까지 계속 준비만 하고 있는 셈이다. 요즘 게임들은 초보를 위한 "튜토리얼(시범단계)"를 지원하는 게임도 많지만 대부분 유저들은 튜토리얼을 스킵하고 일단 필드에서 사냥부터 시작한다. 그 이유는 사냥이 성장에 가장 빠르고 확실하며 게임 조작법을 배우는데도 가장 효과적이기 때문이다.

일반적인 게임에서 사냥을 하면 경험치가 쌓이고 레벨업을 하여 강해지고 장비도 얻을 수 있다. 마찬가지로 당신이 100% 원하는 일자리가 아니더라도 취직을 해서 일을 시작해서 일을 하게 되면 업무 능력이 향상되고 금전적인 보상도 얻게 된다. 게임에서 레벨업을 하면 더 어렵지만 그만큼 보상이 큰 사냥터로 이동하여 더 큰 기회를 얻게 되는 것처럼, 경력을 쌓게 되면 이직이나 재취업 등 더 큰 기회가 올 수 있다.

> 기다리지 마라. 무엇인가를 하기 적당한 시기 같은 건 결코 존재하지 않았다.
> 지금 당장 시작하라.
> 그리고 현재 가지고 있는 무기가 무엇이든지 그걸 가지고 일을 시작해라.
> 더 나은 무기는 일을 하다 보면 장착될 것이다.
>
> — 나폴레온 힐, 미국 작가

　30대 나이에 백만장자가 된 영국의 롭 무어(Rob Moore)는 도전과 기회에 관해 다음과 같이 말했다. 롭 무어가 밝혀낸 각 분야의 최정상에 오른 500명의 공통점은 "시작하는 결단력"이다. 완벽한 자신감과 경험을 쌓을 때까지 아무 일도 시작하지 않는 사람이 매우 많다. 하지만 이런 생각은 당연히 모순이다. 시작해야 경험과 자신감을 얻기 때문이다. 당신이 망설이는 동안 부자들은 시작하기로 결단한다. 가장 뛰어난 사람은 가장 먼저 시작한 사람이다. 지금 시작하고 나중에 완벽해져라.

3) 유튜브와 인스타그램 : 취미 vs 자원

불과 몇 년 전만 하더라도 "유튜버"라는 명칭은 직업이 아니었다. 그러나 유튜브 시장이 점점 커지고 시장에서 수익을 창출하는 유튜버들의 소득이 일반인들의 예상을 훨씬 뛰어넘는 수준이라는 것이 알려지면서 자연스럽게 사람, 자본, 재능이 모이기 시작했고 최근에는 초등학생 장래희망 순위에서 3년 연속 5위 안에 들 정도로 직업의 하나로 인정받고 있는 추세이다. 한국 유튜브 채널 상위 100개 중 약 절반인 46개가 개인(일반인) 소유 채널이고 이들은 평균적으로 월 최소 천만 원에서 최대 1억이 넘는 천문학적인 소득을 올리고 있다. 임금근로자들의 평균 월 소득이 300만 원 이하임을 고려할 때 유튜버에 대한 관심이 높은 이유가 설명되는 가장 큰 부분이다.

이러한 유튜브 시장은 선점효과가 극대화되는 시장이다. 이 영상은 2005년 4월 24일 유튜브에 올라온 최초의 영상이다. 18초에 불과한 짧은 영상이고 내용은 "동물원에 있는 코끼리 코가 길다"는 내용이다. 자웨드는 이 영상 외에 그 어떤 영상도 올리지 않았다. 그러나 이 영상은 2022년 3월 현재 조회수 2억 2천만에 달하고, 영상을 올린 자웨드는 구독자가 276만 명에 달한다.

유튜브의 선점효과가 극대화되는 이유는 여러 가지인데, 다른 시장처럼 선점효과도 존재하지만 시청자가 유입되는 주 경로인 "알고리즘"이 선진입자에게 매우 유리한 구조이고, 사이트 체류시간을 늘리기 위한 시스템인 구독 시스템 충성도를 높이는 시스템으로 역시 하루라도 빨리 영상을 올린 선진입자에게 유리하기 때문에 막강한 선점효과를 누리게 된다. 이런 선점효과를 활용하면 상대적으로 초창기 작은 노력으로도 큰 성과를 누릴 수 있다. 선점효과가 얼마나 강력한지 다음과 같은 불만이 나올 정도이다.

유튜브로 돈을 벌 수 있다는 소문으로 많은 사람들이 도전하고, 그만큼 실패하는 사람도 많아지고 있다. 그러나 너무나 막강한 선점효과 때문에 후발주자들의 불만이 폭발하고 있다. 유튜브가 불공평하다는 주장이다. 후발주자들은 유튜브 시장에 뛰어들기 위해 나름대로 영상편집을 공부하고 컨텐츠 고민하고 촬영, 편집, 업로드를 하더라도 알고리즘의 선택을 받기 어렵기 때문에 조회수가 100도 나오기 힘든데 유튜브 시장에 먼저 진입했다는 이유만으로 특별한 노력 없이도 조회수가 10만, 100만이 나오는 상황을 보고 불공평하다고 느끼는 것이다.

그러나 현재 기준의 노력과 능력만 비교해서 이를 과도한 보상이라고 평가절하 하는 것은 문제가 있다. 이는 아이폰을 만들기 전의 애플 주식과 아이폰을 만들어서 스마트폰 혁신을 이룬 이후의 애플을 같은 가격에 사고 싶다는 이야기와 비슷한 뜻이기 때문이다. 지금으로부터 약 십여 년 전인 2009년, 2010년에는 사람들이 유튜브에 크게 관심이 없었다. 그때도 선구자들은 있었지만 대부분 사람들의 반응은 냉담했다. 돈을 벌 수 있다는 말에 그게 말이 되냐는 반응과 얼굴이 노출되는 게 싫다는 거부감이 있었다. 현재 선진입자들이 누리는 보상은 당시 리스크를 감수하고 시장을 크게 키운 보상이다. 그 당시 리스크와 지금 정형화된 시장의 리스크는 천지 차이라고 볼 수 있다.

선점효과를 누리기 위해서는 누구도 하지 않았던 길로 걸어가야 하는데 그 길은 외롭고 편견이 가득한 길이다. 어떤 일을 시작하는 용기와 꾸준히 해내는 끈기가 합쳐져서 비로소 성공에 도달할 수 있는 것이다. 게다가 모두가 선점을 했다고 잘되는 것은 아니다. 선진입한 사람들 중에서도 사라진 사람이 대다수이며, 선진입하였음에도 채널에 맞는 콘텐츠를 찾기 위해 여러 콘텐츠를 돌아가며 시도하는 경우도 있다.

이를 극복하는 유일한 방법은 지금 당장 시작하는 것이다. 지금 시작하는 것이 남아있는 순간 중에는 가장 빠르게 할 수 있는 방법이다. 내가 하고자 마음먹었다면 다른 사람의 성공을 부러워만 하지 말고 시작해야 된다. 첫 시작에 실패하더라도 이는 성공을 위한 시도로 카운팅 할 수 있다.

새로 생겨난 일거리(일자리) 중 유튜브를 대표적 예로 들었지만,

몇 년 사이 수많은 플랫폼 비즈니스들이 생겨났다. 디지털 플랫폼은 네트워크 효과가 극대화되어 유튜브처럼 선점효과가 극대화된다. SNS 중에는 인스타그램을 활용한 마케팅이 대표적이다. 인스타그램은 인스타마켓과 연계되어 수익을 창출할 수 있다. 특히 인스타그램은 취향에 기반한 이미지 중심의 SNS로 수익과 연결이 용이한 장점이 있다. 그러나 유튜브 대비 게시물을 올리기가 쉽다고 생각하기 쉬워 진입장벽이 낮은 것 같은 착각을 하게 된다.

인스타 마켓은 상품도 중요하지만, 관계에 기반한 거래가 이루어지는 곳이다. 물건을 고를 때 이성적 판단을 통해 구매하는 것이 아니라 판매자가 나와 어떤 관계를 형성하고 있는지가 구매에 결정적으로 작용한다. 그렇기에 나를 팔로잉하는 팔로워(팬)의 수가 1,000명 이상은 되어야 수익을 올릴 수 있기 때문에 단순히 이미지를 포함한 게시물을 올릴 수 있다고 해서 시작할 수 있는 일은 아니다. 그럼에도 우리가 보는 매체가 과거 공중파에서 케이블, 최근에는 유튜브나 개인방송 등으로 다양화 된 것처럼 기업들의 SNS를 통한 마케팅 비용이 점차 증가하고 있기에 인스타그램을 통한 홍보효과가 갈수록 커지는 것을 기대할 수 있다.

유튜브, 인스타그램, 페이스북, 트위터 등 플랫폼도 탄생하고 흥하고 망하고 사라진다. 플랫폼이 생겨나고 없어지는 건 기업이나 브랜드의 생애주기와도 비슷하다. 이용자들이 원하는 서비스를 제공하는 플랫폼은 흥하고, 그러지 못한 플랫폼은 망한다. 예를 들면 유튜브 이전에는 서비스(인프라 속도, 콘텐츠 부족 등)의 한계로 텍스트와 사진이 인터넷 콘텐츠의 주를 이뤘다. 동영상은 DVD 또는 블루레이와 같은 폐쇄적이고 독립된 미디어를 기반으로 제공됐다. 그러나 유튜브는 "동영상"을 온라인 세상과 연결시켰다. 유튜브에서는 동영상을 제작하고 편집하고 공유할 수 있었고 이동하면서도 이용할 수 있었다. 유튜브는 동영상이 가지는 막강한 힘으로 현재 위치까지 성장할 수 있었다.

기술의 개발로 과거에 상상만 하던 미래는 현실이 되었다. 불과 몇 년 전만 하더라도 할 수 없었던 일들은 어느새 당연한 일상이 되었다. 필요한 물건을 클릭 몇 번에 배달시키고 음식을 주문하거나 호텔을 예약할 때도 전화가 아닌 스마트폰을 사용하는 세상. 디지털 기술 개발과 이용자 요구에 맞춰진 특화 플랫폼이 이런 서비스를 가능하게 한다. 이러한 플랫폼 안에서 우리는 이용자임과 동시에 공급자가 될 수 있다. 현재 유튜브에서 가능한 기능들(편집, 업로드, 배포)은 이전에는 최소 방송국과 같은 규모의 조직과 자본이 필요한 일이었다. 그러나 유튜브의 존재로 인해 이제는 개인이 취미수준의 비용으로도 영상 제작과 배포가 가능해졌다.

유튜브와 같은 플랫폼을 다른 사람들과 같이 관심 있는 영상을 보는 "취미" 용도로만 사용하느냐, 예전에는 불가능했던 개인의 방송국 퀄리티 급 영상 편집과 전 세계로의 영상 배포를 가능하게 해주는 "자원(resources)"으로 인식하고 활용하느냐는 관점과 실행력의 차이이다. 3장 "들어가기" 파트에서 맥도날드 매장 앞에 서 있던 세 종류의 사람을 떠올리자. 한국 유튜브 상위 100개 채 널의 약 절반 이상이 개인이다. 이들이 유튜브계의 레이 크록이 다. 이들이 성공하고 규모가 커짐에 따라 효율적 관리를 위해 기 업의 성격을 띄게 되고 기업에 인수된 채널도 있지만, 첫 시작은 개인의 취미활동인 경우가 대부분이었다.

이처럼 현재 사라지는 일자리도 있지만 그를 대체할 수 있는 수단(일자리, 일거리)도 생겨나고 있다. 우리가 그 기회를 기회로 보 지 못하고 "유튜버가 어떻게 직업이야?"와 같은 편견에 사로잡 혀서 시도하지 않았기에 우리 곁을 스쳐지나갔을 뿐이다. 그러나 플랫폼에 생애주기가 있기에 기회는 앞으로 계속 발생할 것이다. 그만큼 변화성이 큰 시기이기 때문이다.

4) 네이버 스마트스토어와 뜨는 시장

국내에는 네이버의 "스마트스토어"가 개인들에게 새로운 기회 를 제공하고 있다. 스마트스토어는 유통업체가 아닌 개인도 플랫 폼이 제공해주는 서비스를 활용하여 상품등록, 홍보, 판매, CS 등을 모두 처리해 수익을 올리는 것이 가능하게 해준다. 이 역시 과거에는 존재하지 않았지만 지금은 존재하는, 개인에게 강력한 자원인 것이다.

2020년 기준 스마트스토어에 연 매출이 1억이 넘는 판매자가 2만6천 명으로 집계되었고, 이는 전년(2019년) 대비 40% 증가한 규모이다. 월 매출이 1억이 넘는 판매자도 2800명에 달한다. 네이버 관계자는 "신종 코로나바이러스 감염증(코로나19) 확산으로 경기가 위축된 상황에서 디지털 전환에 성공한 소상공인이 크게 증가했다"고 설명했다. 이렇듯 성공가도를 걷고 있는 스마트스토어 판매자 중 2030세대 비중이 67%로 최대에 달한다는 점은 희망적이고 청년들이 참고할 만한 뉴스이다.

2022년 기준으로 2021년 대비 매출은 평균 25% 증가했고 50% 이상 증가한 판매자는 16%에 달했다. 특히 네이버는 2030세대의 자본금이 많지 않다는 점을 파악하고 오프라인 매장이 없어 담보로 제공할 부동산이 없거나 매출이 적고 업력이 짧아 은행권 대출이 어려운 온라인 소상공인을 위한 대출 상품을 제공하고 있다. 이러한 추가 자본금 제공이 레버리지 효과를 발생시켜 더 크고 빠른 성공을 돕고 있는 것으로 확인되었다. 해당 대출 상품은 부채 리스크를 최소화하기 위해 스마트스토어에서 성장 가능성이 높고 반년 이상 꾸준한 매출을 발생시켜 능력이 검증된 이용자들에게 제공된다.

결과는 매우 긍정적이었다. 2022년 2월 "네이버 테크핀 리포트 2021"에는 이화여자대학교 연구팀의 연구결과가 게시되었다. 연구팀 분석 결과, 대출을 받은 사업자는 대출을 받지 않았을 경우와 비교해 평균적으로 거래액이 97.9% 증가한 것으로 나타났고, 상품 수 역시 261.1% 급증한 것으로 분석되었다. 반면, 대출을 받지 않은 사업자가 대출을 받았을 경우 평균 거래액과 상품 수가 각각 236.4%, 153.8% 증가했을 것으로 예상됐다.

스마트스토어 역시 선점효과가 막대한 플랫폼이다. 스마트스토어에서 판매되는 제품은 대부분 상향평준화 되어있는 공산품이다. 그렇기에 특정 제품이 차별화되어서 성공에 도달하는 것이 아니라 같은 제품도 어떻게 포장(Packaging)하느냐가 차별화의 핵심이 된다. 소비자들이 원하는 취향과 용도를 반영한 키워드를 선별하여 좀 더 많은 노출을 매출로 연결시키는 것이다. 그런데 이런 과정 역시 유튜브의 알고리즘처럼 선점한 사람들이 매우 유리한 구조가 된다. 소비자들의 관성효과와 과거 매출 등 객관적 지표도 선점스토어가 상위에 랭크되기 쉽도록 한다.

플랫폼 기업이 힘을 가지는 원천은 네트워크 효과다. 많은 이용자는 더 많은 상호작용으로 이어지고 플랫폼 자체의 가치가 커진다. 그리고 가치의 성장은 다수의 네트워크 효과가 결합된다는 점에서 기하급수적 증가이다. 스마트스토어는 판매자의 증가에서 네트워크 효과를 얻지만, 구매자나 구매대기자가 늘어나도 플랫폼의 가치는 상승한다. 디지털 경제 시대에는 네트워크 효과로 초기의 우위를 선점할 경우 그 지위가 지속되는 경향이 나타난다. 남들보다 먼저 플랫폼 사업을 시작했다는 것은 경쟁자가 수집하지 못한 데이터를 확보했음을 의미하고, 네트워크 효과와 결합되면 더 많은 활동이 더 많은 데이터와 더 높은 가치 창출로 이어진다.

온라인 시장은 빠르게 변한다. 네이버 스마트스토어도 매출은 꾸준히 성장 중이지만 성장률은 점차 감소되고 있다. 성숙기에 접어든 것이다. 4년 전 네이버 스마트스토어가 런칭했을 때는 지금과는 다른 분위기였다. 판매자들이 많지 않았고 서로 간의 경쟁이 지금처럼 심하지 않아서 무료로 노출이 보장되는 기획전 등 기회가 많았다. 무료 이벤트만 활용해도 판매를 일으켜서 시장을 선점하고 자리 잡을 수 있었다. 현재는 먼저 자리 잡은 판매자들로 인해 후발주자에게는 기회가 주어지기 어렵다. 레드오션에서는 아무리 노력해도 힘들다.

그러나 빠르게 변화하는 온라인 시장 속에 또 다른 기회가 있다. 네이버 스마트스토어의 성공으로 인해 플랫폼 비즈니스에 새로운 참여자들이 뛰어들고 있다. 또 다른 플랫폼에서는 또 다른 기회가 주어진다. 온라인 비즈니스 트렌드의 변화는 굉장히 빠르다. 변화 속에서 우리는 매번 성공과 실패의 기로에 놓인다. 변화를 미리 알아채지 못하면 위기를 맞고, 변화를 미리 알고 준비하면 성공의 기회를 얻는다.

지금까지 다룬 자원으로서의 플랫폼, 그 안의 선점효과와 유동성의 효과를 구체적 숫자로 표현해보면 다음의 표와 같다. (해당 숫자는 임의의 숫자이다.)

구분	투입 (노력, 시간, 자본)	결과 (수익)	시너지 효과 배율 (플랫폼, 선점, 유동성)
기본	10	20	X 2
플랫폼 자원	10	60	X 6
플랫폼+선점효과	10	100	X 10
플랫폼+선점+유동성	20	200	X 20

위 표의 기본 항목은 내가 전자상거래 사업을 하고 성공했다고 가정했을 때 노력과 시간, 자본 등 투입과 그로 인한 결과 즉 수익에 관한 것이다. 기본적으로 10을 투입할 경우 20의 결과가 예상된 경우 투입대비 2배의 결과가 발생한 것이다. 그런데 스마트 스토어라는 플랫폼을 자원으로 활용하면 플랫폼의 지원서비스와 네트워크 효과 발생으로 나의 투입은 그대로라도 결과는 6배 이상 커질 수 있다. 여기에 앞서 알아본 플랫폼의 선점효과가 더해지면 10배의 결과가 예상되고, 레버리지를 통한 유동성까지 더하면 최대 20배의 수익을 기대할 수 있는 것이다.

유튜브나 인스타그램, 스마트스토어 사례를 보면서 "이미 늦었다"고 말하는 사람이 있을 수 있다. 하지만 수많은 기회를 흘려보내고 후회만 남긴 껄무새처럼, 이 역시 같은 변명에 불과할 수 있다. 지금은 변동성이 큰 시기로 "선점의 힘"이 극대화되는 시기이다. 여러 비즈니스 모델들이 실험되고 있다. 세상이 엄청나게 빠르게 변화하기 있기 때문에 제2 제3의 유튜브 플랫폼이 탄생할 가능성이 대단히 높고, 이것은 기득권이 아닌 사람들에게 주어지는 기회라 볼 수 있다. 하나의 플랫폼을 놓쳤더라도 다른 플랫폼이 런칭될 수 있다. 내 몸은 최대한 가볍게 만들고 주위의 자원을 활용해 작은 노력으로 큰 성과를 거둘 수 있는 기회를 잡아보자.

5) 조숙함이 혜택을 보는 세상

플랫폼 시장에서만 선점효과가 발생하는 것은 아니다. 사실은 우리 인생 자체도 "조숙함"이라는 이름으로 선점효과가 발생하고 있다. 말콤 글래드웰의 베스트셀러 〈아웃라이어〉에는 캐나다의 하키선수들의 출생통계 이야기가 나온다. 특정 시점에 더 많은 사람이 태어나는 것은 아니므로 특별한 이유가 아니라면 통계는 동일해야 한다. 그러나 하키선수들은 주로 1월에 태어났다. 이것은 무엇을 의미하는가?

사람마다 차이는 있지만 대체로 유소년기 성장속도는 출생 후 경과시간에 비례한다. 그래서 생일이 빠른 아이들은 또래 중 덩치가 크게 마련인데, 이 점이 하키선수 선발대회에서 상대적으로 우위에 설 수 있게 해준다. 능력(ability)이 아니라 성숙도(maturity)에 기인한 우세한 지위를 보장해준다. 그리고 이렇게 선발된 선수들은 집중적인 훈련과 지원을 받게 되면서 성장발육이 앞섰다는 우연한 차이가 실제 능력 차이로 고착화된다.

캐나다 하키선수들처럼 구체적 출생통계가 있는 것은 아니지만 우리 사회에도 분명 조숙함의 효과가 발생한다. 개발도상국 성장기에 우리나라에서 성공한 사람들 중 그런 경우가 많았다. 20세 전에 조숙해서 빨리 철들고 부모 말 잘 들은 모범생들이 공부 잘해 명문대 가서 그 이후로 정해진 엘리트 코스를 따라 쭈욱 출세하는 세상이었다. 반대로 대기만성은 쉽지 않았다. 나이 들어서 뒤늦게 철들고 머리 깨어서 주경야독 공부해서 대학가도 혜택 보기 힘들었다. 사회의 기준이 "조숙한 엘리트"에 맞춰져 있기 때문에 코스에서 이탈되면 "밀어주고 끌어주는" 혜택을 받기 힘들어졌다.

우리나라는 군대라는 특수한 제도로 인해 "조숙함"의 상대적 차이가 성별에서 발생한다. 30~40년 전에는 여자들은 대학교에 가기 쉽지 않았다. 학업 자체가 쉽지 않았고 가더라도 여상(여자 상업고등학교)을 갔지만 이젠 남녀 구별 없이 대학 가니 여성들의 사회적 지위가 올라갔다. 이는 인적자원이 가장 중요한 자원인 우리사회에 매우 긍정적 변화이며 앞으로도 계속 강화될 것으로 예상된다. 여성들은 남성에 비해 조숙해서 일찍 철들고 공부에 대한 집중도도 뛰어나 명문대 진학률(서울대 로스쿨 50.7%), 고시 합격률(행정고시 51%, 외무고시 67.7%)도 높다. 누구나 원하는 직업인 의사 중 여성 비율도 점차 증가추세이다(12.1%→35.1%)

반면 남성인 청년들은 대학에 입학하자마자 군대라는 문제를 해결해야 하기 때문에 인생을 길게 보기 어렵다. 학업문제를 해결하자마자 당장 군대를 가야 한다. 그러다보니 발등에 불 떨어진 마음이 되어 더 중요한 것을 보지 못한다. 대학에 다니고 있다 하더라도 군필 또는 면제여야 자원봉사, 인턴 등 스펙 쌓기가 가능하다. 미필자는 출국도 제한이 있고 해외자원봉사도 어렵다. 게다가 어려운 경제상황과 취업난 등의 영향으로 입대지원자들이 몰리면서 한정된 수용인원으로 인해 정원이 정해져있는 군입대의 문이 좁아지고 있다.

심지어 군대를 가기 위해서 시험 공부해야 한다. 경쟁률이 높아지다 보니 학원도 다닌다. 단기장교 인원은 더욱 적다 보니 경쟁률이 박 터진다. 의경시험은 복불복으로 될지 안 될지도 모른다. 사정이 이러하니 군 면제를 신의 아들이라 할 정도이다. 군대 가서는 국방의 의무에 충실한 것이 최우선이기에 공부와 거리가 멀어진다. "복학생"이라는 이미지는 지금도 유효하다. 제대 후엔 취업하려 애쓴다. 그러나 선점효과 측면에서 여성 대비 경쟁열위에 있다.

하지만 군필 청년들이여 힘을 내자. 이제 100세 시대로 "대기만성"형이 빛 볼 날 오고 있다. 시대변화에 맞춰 살아야 한다. 앞으로 사회는 유동성과 변동성이 계속 높은 사회이고 기회는 계속 온다. 높은 변동성은 위기인 동시에 기회이다. 고착화된 사회를 상상해보라. 변화가 없고 미래에 대한 희망이 없다. 껄무새도 존재하지 않는다. 그러나 높은 변동성은 계층 이동가능성이 높다는 것을 의미한다. 스스로 잘될 거라 믿고 인내심을 가지고 끝까지 노력해야 한다.

초년급제생들이 일찍 공부에 지칠 때 대기만성형은 뚜벅뚜벅 평생학습하며 나아가면 된다. 한편으로는 욜로나 휴학 등으로 젊음을 유예하지 말고 전략을 세워 도전하고 또 도전하라. 과거에는 개인이 엄두도 못 냈던 일들을 플랫폼 자원을 활용한다면 충분히 가능해진 세상이다. 변화에 대응하기 위해 몸을 가볍게 해 다양한 경험을 쌓다 보면 본인만의 성공기준에 한 발짝씩 가까워질 것이다.

★★

"사람들이 대개 기회를 놓치는 이유는 기회가
작업복 차림의 일꾼 같아 일로 보이기 때문이다."
– 토머스 A. 에디슨(Thomas Alva Edison)

★★★★★ 4장 ★★★★★

우리가
일자리를
가지려는
이유

세대 간 이어달리기

1) 드라마 파친코와 영화 국제시장

일자리 문제는 정답이 없다. "가난 구제는 나라도 못 한다"는 속담처럼 먹고사는 문제는 삶의 근본문제이고 해결이 쉽지 않다. 더구나 4차 산업혁명과 코로나 팬데믹, 양극화 등 사회구조적 문제가 얽혀있어 어느 한 주체만의 노력으로 해결될 수 있는 문제가 아니다. 일자리 문제 해결을 위해서 끊어진 계층이동 사다리를 다시 놓는 사회전체의 노력도 필요하다. 이 일자리 문제를 해결할 아이디어를 제시할 수 있다면 노벨상은 따 놓은 당상일 정도이다.

그런데 우리가 일자리를 가지려는 이유가 무엇일까?

먹고살기 위해서? 물론 먹고사는 문제가 중요한 것은 맞지만 그게 전부가 될 수는 없다. 지금은 먹고사는 것조차 힘들지라도,

그 이후를 생각하며 꿈을 꿀 수 있어야 한다. 영철이의 가을운동회 계주(이어달리기) 개념을 "공간"에서 "시간"으로 확장시켜 보자.

우리 인생을 이어달리기라고 생각해 보자. 여러분 앞에서 열심히 달려온 주자는 여러분의 부모님이었고, 그 앞에서 열심히 달려온 주자는 조부모님이셨다. 그리고 여러분의 이어달리기 다음 주자는 바로 여러분의 자녀이다. 조부모-부모-여러분-자식 4대에 걸친 이어달리기이다.

이 글을 읽는 독자 중에 남보다 가난하게 살고 무시 받고 싶은 사람 있는가? 특히 여러분의 자녀가 남보다 가난하고 못 먹고 못 입고 못 배우길 바라는 사람 있는가? 아무도 없을 것이다. 우리가 "계층이동의 사다리"가 존재하는 사회를 중요하게 생각하고 교육을 중시하는 이유이다. 빌 게이츠는 "여러분이 가난하게 태어난 건 여러분의 잘못이 아니지만 가난하게 죽는 것은 여러분의 잘못"이라고 했다. 그냥 지금 힘들고 앞이 안 보이니까 만사 귀찮고 포기하고 싶은가? 여러분의 뒤를 뒤따라 뛸 자녀를 생각하면 죽을힘을 다해서 뛰고 싶지 않은가?

〈오징어게임〉의 전 세계적인 흥행 이후 넷플릭스 등 OTT(Over The Top, 여기서 "TOP"는 셋톱박스를 의미)에서 우리나라 콘텐츠에 관심이 많아졌다. 이에 OTT 시장에는 뒤늦게 뛰어들었지만 막강한 자금력과 절대적 충성고객을 확보하고 있는 애플은 글로벌 이용자들을 공략하기 위해 한국 콘텐츠를 활용한 "애플TV$^+$" 오리지널 시리즈를 제작하기로 결정하였다. 애플이 무려 제작비 1,000억 원을 들여 제작한 〈파친코〉는 역대 최고 제작비의 한국드라마로 기록되었다. 〈파친코〉는 재미교포 이민진 작가가 쓴 동명의 뉴욕타임스 베스트셀러 도서를 원작으로 하며 한국 이민자 가족의 희망과 꿈에 대한 이야기를 섬세하고 디테일하게 담아낸 작품이다.

파친코는 여러분의 조부모님의 부모님 시대에 해당하는 1910년대부터 1980년대까지 "4대"에 걸친 가족과 그 주변 인물들이 겪은 수난과 생존 투쟁의 역사다. 일제강점기부터 한국전쟁을 거쳐 서울올림픽에 이르기까지 격동의 세월을 살아온 가족을 통해 파란만장한 우리 민족사를 조명한 작품이다. 이 작품을 관통하는 표현은 "역사가 우리를 망쳐 놨지만 그래도 상관없다(History has failed us, but no matter)."이다. 역사라는 거대한 수레바퀴를 벗어날 수는 없지만 그래도 그 틈바구니에서 어떻게든 살아가는 개인들을 다룬 작품이다.

지금 청년들에게 나와 관계없는 이야기처럼 들릴지 모르지만, 자본이 투입된 영상물이 가지는 힘은 대단하다. 우리 아버지, 어머니, 할아버지, 할머니가 겪었거나 겪었을 수도 있는 과거의 일들이 화면을 통해 현재의 우리에게 생생하게 전달된다. 그 시절 등장인물들에게는 위로가 필요하다. "유미는 여동생과 집을 도망쳐 나와서 버려진 옷 공장에서 살았다. 겨울에 두 사람은 고열로 앓아누웠고, 여동생은 자다가 죽고 말았다. 유미는 죽은 동생의 시체 옆에서 거의 하루 내내 잠을 자면서 자신도 죽기를 바랐다. (이야기를 듣고 있던) 선자는 앉은 자세를 바꾸어 며느리를 향해 다가갔다. 아가야, 고생 참 많이 했데이.” 당시에는 이런 일이 부지기수였다. 부지기수라고해서 힘든 일이 아닌 것은 결코 아니다.

2014년 개봉해 총 1,400만 명의 관객이 관람한 영화 〈국제시장〉은 1950년대 6.25전쟁 때 흥남철수작전을 시작으로 1960년대 파독광부, 1970년대 베트남 전쟁, 1980년대 이산가족 찾기 등 한국전쟁 이후 대한민국의 역사에 드라마틱했던 모든 격변기를 몸소 겪으며 현대까지 살아온 산업화 세대인 덕수를 주인공으로 그 시대를 이겨낸 우리 아버지 세대를 조명한다. 덕수는 하고 싶은 것도 되고 싶은 것도 많았지만 평생 단 한 번도 자신을 위해 살아본 적이 없다. 그에게는 자신보다 먼저 지켜야할 가족이 있었기 때문이다.

국제시장의 마지막 장면은 드라마 파친코와 자연스럽게 이어진다. 노인이 된 주인공 덕수(영화배우 황정민 분)가 아버지 영정 사진 앞에서 독백하며 우는 장면이다. **"아버지 내 약속 잘 지켰지예. 이만하면 내 잘 살았지예. 근데 내 진짜 힘들었거든예."**

내 부모님도 그랬고 여러분의 부모님도 그렇다. 다들 열심히 뛰었다. 열심히 달렸다. 열심히 살았다. 자식들 더 좋은 거 먹이고 입히고 가르치려고 열심히 살았다. 세상 부모 마음은 다 같기 때문이다. 한데 누구나 한 번뿐인 인생이다 보니 처음으로 학교라는 데를 다녀보았고 처음으로 일이라는 걸 해봤고 처음으로 해보는 부모 노릇이다 보니 서툰 게 많았고 잘 될 거라고 기대했는데 뜻대로 되지 않는 게 많았다.

한다고 해봤는데, 최선을 다한다고 해 봤는데 지혜롭지 못해서 그랬는지 노력이 부족했는지 여전히 잘 알지 못하지만 지금 이만큼밖에 되지 않은 것이다. 모두가 가슴 속에는 상처가 많고 후회도 많다. 참 힘들게 살았는데 이만큼밖에 이루지 못한 것이다. 여러분에게 더 잘해주고 싶은 마음은 다 같았던 것이다. 앞으로 여러분도 그럴 것이다. 그러니 너무 부모 탓을 하지는 말자.

평범한 샐러리맨이었던 윤제균 감독이 영화계에서 뜨겁게 주목받는 감독으로 성장할 수 있었던 건 드라마틱한 삶의 흔적이 있어서다. 어려웠던 시절 그가 삶의 무게를 딛고 온전히 일어날 수

있었던 원동력은 바로 가족이다.

〈국제시장〉의 주인공 덕수(황정민)와 영자(김윤진)은 윤 감독의 부모 이름에서 따왔다. 윤 감독에게 〈국제시장〉은 10년 동안의 숙원사업이었다. 아버지 영화를 만들겠다는 생각을 처음 한 건 2004년. 세 번째 영화 〈낭만자객〉 실패 후 슬럼프를 겪을 당시, 첫아들이 태어나며 그는 아버지가 됐다. 다음은 국제시장 윤제균 감독의 여성중앙 인터뷰 기사를 잠시 인용한다.

> Q: 대기업에 입사했다가 영화감독의 길로 들어섰어요
> A: 1996년 LG애드에 입사했는데 1998년에 IMF 금융위기가 왔어요. 회사에서 비용을 절감한다고 그해 8월 한 달 무급휴직을 시켰죠. 결혼한 지 얼마 안 됐는데, 경제적으로 가장 힘들던 때라 아내와 이혼하네 마네 맨날 싸웠어요. 그래서 돈 없이 할 수 있는 게 뭐가 있을까 생각해보니 "글쓰기"가 있더라구요. 그래서 한 달 휴가동안 나만의 영화를 한 편 만들어 보자는 마음으로 시나리오를 쓰게 됐어요.(후략)
> Q: 배우들은 어떤 기준으로 같이 작업하나요.
> A: 가장 중요한 건 실력이죠. 연기 못하는 배우와 같이 작업하면 너무나 많은 사람이 다치니까요. 그다음은 인성을 봐요.

2) 세계 최빈국에서 3050클럽 가입국으로
: 세계화가 임금에 미치는 영향

외국에 나가면 누구나 애국자가 된다고 한다. 국내에서 볼 때는 아무런 감흥이 없던 국산 현대자동차를 해외에서 보면 그렇게

반가울 수가 없다. 할리우드의 유명 배우들이 아카데미 시상식에서 아이폰이 아닌 갤럭시로 찍은 사진이 우리나라의 SNS에서 이슈화되는 것도 같은 이유에서일 것이다. 세계화라는 말이 처음 언급되기 시작한 것이 벌써 30년이 지났다. 그사이 세계는 많이 물리적으로도 심리적으로도 가까워졌다.

눈에 보이지 않던 관세라는 장벽들이 관세철폐와 FTA 등 경제 블록화로 사라졌고 덕분에 전 세계인들이 우리나라의 현대자동차가 만든 차를 타고, 삼성전자가 만든 핸드폰을 사용한다. 하지만 세계화는 소원을 들어주는 마법의 램프가 아니다. 우리 기업들이 해외에 진출하기 쉬워진 만큼 해외 기업들도 우리나라에 진출하기 쉬워졌다. 현대자동차가 땅 짚고 헤엄치듯 독점하던 국내 내수시장은 어느새 점유율 40% 밑으로 떨어졌다. 길에서 외제차를 보는 것이 흔한 일이 되었다. 아이폰도 마찬가지다. 국내 아이폰 사용자는 20%에 달한다.

이처럼 세계화는 기업들을 "전 세계적인 경쟁"에 노출시킨다. 글로벌 시장은 적자생존의 정글이다. 전 세계 피쳐폰 시장의 70%의 점유율을 차지해 철옹성 같던 노키아의 핸드폰은 삼성전자와 애플의 스마트폰에 무대를 물려주었다. 경쟁에서 살아남기 위해선 "글로벌 스탠다드(Global Standard)"를 충족해야 한다. 그렇다 보니 전 세계를 시장으로 경쟁하는 기업들은 비용절감과 경쟁력 극대화를 위해 서로 닮아간다.

자동차를 예로 들면 GM을 위시한 미국과 폭스바겐 그룹을 비롯한 독일의 자동차 기업들이 자동차 산업의 리더 들이다. 이들과의 글로벌 경쟁에서 살아남기 위해 현대자동차는 이들 회사 출신 디자이너를 비롯해 다양한 분야의 인재들을 영입했다. 그러다 보니 2만여 개에 이르는 부품조달, 생산공정, 품질관리 등 회사의 시스템 또한 상당히 유사해졌다. 결과적으로 임금체계와 임금수준 역시 경쟁 업체들과 비슷한 수준을 유지하게 되었다. 이는 자연스러운 현상이다.

만약 현대자동차의 경쟁업체인 GM이 현대자동차가 지급하는 임금보다 월등히 높은 수준의 임금을 지급해 현대자동차와 보상 격차가 심해지면 현대자동차의 핵심인재들은 모두 GM으로 유출되게 될 것이다. 반대로 GM입장에서는 과도한 임금 지급은 곧 원가 상승으로 이어져 제품 경쟁력을 잃게 된다. 따라서 경쟁업체 간 임금은 상호 간 적정 수준을 유지하게 되고 이는 곧 임금수준의 동조화를 의미한다.

자동차를 만들 수 있는 기술(차량과 엔진 설계 및 개발)을 보유한 국가는 전 세계적으로 10여 개국에 불과하다. 상대적으로 선진국에 해당하는 나라들이 자동차를 제조해서 판매한다. 그렇기 때문에 자동차 업계의 임금 수준 또한 선진국 수준에 근접해 있다. 취업을 준비하는 청년들이 선망하는 현대자동차의 높은 급여 수준에는 이런 이유가 숨어있던 것이다.

자동차 산업의 고임금은 자동차 회사를 다니는 직원 개인의 주머니에 머무르지 않고 소비를 통해 퍼져나간다. 조선업이 호황일 때 울산과 거제에는 "지나가는 개도 만 원짜리를 물고 다닌다"는 이야기가 있을 정도로 지역경기가 활성화됐었다. 고임금으로 인한 구매력 증가의 결과가 그 지역의 전체 노동시장으로 그리고 점차 전국적으로 확산되기도 한다.

그래서 제조업을 통해 성공한 나라의 노동자들의 보수는 점진적으로 인상되어 전 세계 산업 노동자들의 보수와 어느 정도 수준을 맞추어 왔다. 하지만 제조업이 성공하지 못한 나라의 서비스업 종사자들은 여전히 가난한 상태에 있다. 가난한 나라의 이발사, 버스 운전사와 오케스트라 연주자들은 부자나라의 같은 직업인에 못지않게 유능하더라도 매우 가난한 상태에 있다.

하지만 세계화의 물결은 글로벌 수준의 제조업체를 보유하지 못한 나라들에게도 영향을 미친다. 구글, 마이크로소프트 등 다국적 기업들은 캄보디아나 방글라데시 등의 후진국에도 진출을 했다. 이들은 현지 진출을 위해 현지인을 고용한다. 그렇기에 어려운 환경에도 불구하고 유학 혹은 대학교 이상의 학업을 마친 소수의 사람들만이 다국적 기업의 높은 임금 혜택을 누릴 수 있다.

우리나라가 빠르게 경제성장을 할 수 있었던 원동력이 바로 여기에 있었다. 우리나라는 1959년부터 초등학교 무상교육이 실시되었고, 중학교 진학률도 1954년 16%대에 머물던 것이 1961년에는 38%로 증가했다. 1987년에는 100%가 되었으며, 고등학교와 대학교 진학률 역시 같은 기간 동안 각각 21%에서 80%, 6%에서 29%로 증가하였다. 2008년 고등학교와 중학교 진학률은 각각 99.7%, 99.9%이며, 대학교 진학률은 83.8%이다. 1952년 3만여 명에 지나지 않았던 대학생의 수도 1954년 6만 명, 1960년 9만 명을 훌쩍 넘겼다.

현재는 과도한 학벌주의와 "묻지 마 대학진학"이 사회 문제로 언급되고 있지만, 높은 교육열이 지금의 대한민국을 만들게 한 원동력이었음은 부인할 수 없는 사실이다. 가장 확실한 "계층이동의 사다리"로 교육이 작용했기에 국민들은 교육에 집중했다. 그리고 가진 것은 인적자원밖에 없는 대한민국이었기에 인적자원의 질을 높이는 교육은 우리나라의 생산성을 높이는 주효한 방안이었다.

1838년 세계 최초의 증기 여객선인 "그레이트 웨스틴 호"가 영국과 미국을 오가는 대서양 항로에 취항하였다. "웨스틴 호"는 처녀 항해에서 영국의 브리스톨 항을 출발한 지 15일 만에 뉴욕항에 도착함으로써 범선보다 2배 이상 빠른 속도를 과시했다. 적재량도 범선보다 몇 배나 많았다. 당연히 범선 이용은 급감하고 증기선에 대한 수요는 폭증하였다.

그간 대서양 항로를 독점했던 범선업계는 커다란 위기에 직면했다. 생존을 위한 범선업계의 대응이 시작되었다. 속도를 빠르게 하고 적재능력을 높이기 위해 범선의 크기를 확대하고 돛대를 증설하였다. 그러나 자연의 바람을 이용한 돛단배와 기술혁신을 이용한 증기선은 처음부터 경쟁이 될 수 없었다. 범선이 크기와 돛대 숫자를 늘리면 늘릴수록 그만큼 위험성도 커져 갔다.

증기선이 취항한 지 69년이 지난 1907년 12월, 드디어 올 것이 오고야 말았다. 공교롭게도 이날은 서양인들이 싫어하는 "13일의 금요일" 아침이었다. 7개의 돛과 최대 화물 적재능력의 위용을 자랑했던 "토마스 로슨 호"가 잉글랜드 남서부 실리제도 앞바다에서 폭풍에 전복되고 말았다. 승무원 17명 중 15명이 사망했다. 그 후 대서양 항로에서 범선은 사라져 갔다. 변화의 흐름을 잘못 읽고 기존 틀에 집착한 변화를 시도하다 사멸의 길을 걸은 것이다.

작고 검은 증기선이 거대한 범선을 끌고 가고 있다. 영국의 국민화가 윌리엄 터너가 그린 〈전함 테메레르(The Fighting Temeraire)〉이다. 1839년에 그린 이 그림의 원래 제목은 "해체를 위해서 최후의 정박지로 이끌려 가는 전함 테메레르"이다. 이 전함은 1805년 트래펄가(Trafalgar) 해전에서 나폴레옹과 스페인의 연합함대를 격파하며 혁혁한 위용을 보여 주었지만 이제는 구(舊)시대의 유물이 된 것이다. 붉은 저녁놀의 바다에 떠 있는 거대한 범선은 과거의 영화(榮華)를 뒤로하고 역사 속으로 사라져가고 있다.

전함 테메레르(The Fighting Temeraire), 1839, 윌리엄 터너

노르웨이 출신으로 뮈르달 상을 수상한 에릭 라이너트(Erik Reinert)는 기술혁신을 통해 범선이 증기선으로 바뀌는 과정을 지켜보면서, 기술혁신을 이룬 영역에서의 임금변화가 다른 영역에 어떻게 영향을 미치는지 잘 설명하고 있다. 다음은 1900년도 노르웨이 통계연감에 기록된 증기선과 범선 종사자의 임금이다.

구분	직업	기술적 난이도	임금(단위 : 크로네)
범선	1등 항해사	중	69
증기선	1등 항해사	하	91
증기선	기관사	상	142

위의 표를 보면 증기선보다 범선을 운항하는 것이 훨씬 더 많은 기술을 필요로 하는데도 1등 항해사의 임금은 범선보다 증기선이 30퍼센트나 더 높다. 한편 증기선 기관사의 임금은 범선 1

등 항해사에 비해 두 배가 넘는다. 따라서 증기선에 투자하여 성공한 배 주인은 자기 고장의 임금수준을 높이는 데 큰 기여를 한 셈이다.

이런 고임금은 증기선 선원들과 가족들이 그 지역에서 소비할 테고 따라서 지역의 소비수준을 높이는 데 기여할 것이다. 이렇게 형성된 고임금은 해운업같이 새로운 기술에 바탕을 둔 활동으로부터 제빵업자, 목수, 기타 그 고장의 다른 직공들에게로 퍼지고 심지어는 이발사에게까지 확산된다. 그렇게 하여 해운업에서의 기술혁신이 제빵업자와 이발사들이 새로운 제빵기술과 기계 개발, 이발기기 개발과 이발소 리모델링 등 생산성 향상에 투자할 여력이 생기게 된다.

즉 범선에서 증기선으로 이행에서와 같이 신기술에 의한 생산성 증가는 그 산업에 종사하는 항해사와 기관사 등의 고임금으로 이어지기도 하지만 영국의 헨리 7세 시대에 목격했듯이 신기술은 기술변화가 일어난 산업에서 나온 구매력의 결과가 그 지역의 전체 노동시장으로 그리고 점차 전국적으로 확산되기도 한다. 생산력 폭발이 일어나 부문에서의 임금상승이 자동적으로 모든 분야의 임금을 끌어올린다.

그래서 아리스토텔레스 시절 이래 이발사들은 생산성 향상이 거의 일어나지 않았지만 산업국가에서 이발사의 보수는 몇 차례의 생산력 폭발을 거치면서 산업 노동자들의 보수와 어느 정도 보수를 맞추어 왔다. 하지만 생산력 폭발이 없었던 나라의 이발사들은 다른 동포들과 마찬가지로 여전히 가난한 상태에 있다. 이는 대부분의 직종에서 그렇지만 특히 서비스업의 경우 매우 심하다.

부국과 빈국 간의 생활수준의 차이는 250년 전에는 두 배였다. 그에 비해 오늘날 세계은행이 낸 통계자료에 의하면 독일의 버스 운전사는 똑같이 유능한 나이지리아의 동종업자에 비해 16배나 높은 실질임금을 받는다. 같은 노동 즉 운전을 하면서도 이렇듯 엄청난 임금격차가 생기는 이유가 무엇일까?

이에 대해 에릭 라이너트는 이발사의 실질임금은 자신의 유능함이 아니라 노동시장을 공유하는 이들에게 의존한다고 주장한다. 가장 부유한 나라와 가장 빈곤한 나라 간의 임금격차가 1대 2에서 1대 16까지 벌어진 것이다. 제조업계와 노동시장을 공유하지 않는 이발사들은 계속 가난한 상태에 머물렀다.

유럽의 아일랜드와 핀란드에서는 지난 20년간 정보통신기술에서 기술혁신을 통해 선두로 나섬에 따라 임금수준이 급격히 치솟았다. 복지수준을 높이는 것은 저축과 자본 그 자체보다는 혁신이다. 세계경제는 어딘가 "이상한 나라의 엘리스"와 비슷하게 움직인다. 등장인물 중 하나는 엘리스에게 이렇게 말한다. "여기는 너무 빨리 움직이기 때문에 제자리에 있기 위해서라도 이 정도로 달려야 해" 세계경제에서는 끊임없는 혁신만이 높은 임금과 복지수준을 유지해 준다.

세계 제일의 등유 등잔 제작자는 전기가 등장하자 곧 가난해졌다. 세계 제일의 범선 제작자라는 월계관에 도취된 기분은 증기선에게 무대를 빼앗기고 나면 끝난다. 현상 유지에 안주하면 가난해지지 않을 도리가 없는 것이다. 자본주의 시스템이 그토록 역동적이 되는 까닭이 여기에 있다. 또한 이 역학은 부국과 빈국 사이에 엄청난 격차를 만들어 내는 원인이기도 하지만 개발도상국이 빈곤에서 벗어나는 것과 청년들이 일자리를 통해 자신의 삶을 형성해 나가는 지혜를 제공해준다.

승자독식의 세계 경제는 온갖 종류의 피라미드형 체계로 볼 수 있다. 그 피라미드에서는 계속 혁신에 투자하는 자만이 복지의 정점에 남아 있을 수 있다. 여기서 중요한 것은 사실 능력이 아니라고 할 수도 있다. 개발도상국의 아주 유능한 잡역부가 미국의 아주 무능한 잡역부보다 훨씬 적은 소득을 올리는 것이다.

대한민국을 예로 들어보자. 한국전쟁 직후 한국의 경제력은 아프리카 최빈국인 가나와 비슷한 수준이었고, 현재 최빈국으로 평가받는 아이티로부터 경제적 지원을 받을 정도였다. 당시 한국의 1인당 국민총생산(GNP)은 67달러에 불과하였다. 1950년대 한국의 수출품은 마른오징어, 김 등 식료품이 대부분이었고 중석과 흑연 등 일부 광산물이 있었다. 먹고 살기 힘든 이때에도 사람들은 머리를 잘라야 했고, 사람들의 머리를 잘라주는 것을 업으로 삼은 이발사가 있었다. 1950년대의 이발사가 머리를 잘라주고 받는 품삯은 쌀 한 됫박도 채 되지 않았다.

그러다 미국 등 외국의 원조로 설탕과 비료 공장 등을 짓고 공업위주의 성장을 시작하였고 경제가 급성장하기 시작하였다. 1965년에는 1인당 GNP가 100달러를 넘어섰고, 박정희 정부의 경제개발 5개년 계획이 본격화되자 세계에서 유래 없는 급속한 경제성장을 이루었다. 대한민국은 1960년대 이후 1990년대 초에 이르기까지 석유파동이 있었던 1970년대 초반과 후반을 제외하고는 평균 10%를 넘나드는 높은 성장률을 기록했다. 특히 1985년을 전후해 10.4%의 세계 1위의 연평균 경제성장률을 기록하기도 하였다.

1990년대는 단군 이래 최대의 호황이라 불리며 1990년 1인당 소득이 6000달러에서 1995년 1만 달러를 돌파하고 1996년에는 선진국 클럽이라 불리는 OECD에 가입하기에 이른다. 2019년에는 선진국의 척도 중 하나인 30-50 클럽(국민소득 3만 달러, 인구 5000만 명)에 세계에서 7번째로 진입했다.

이러한 고속성장에는 대외 수출이 가장 큰 원동력으로 작용했다. 1962년 경제개발 계획이 처음 시작되었을 때는 1억 달러에도 미치지 못했던 수출액이 1971년에는 10억 달러를 넘어섰으며 1977년에는 100억 달러, 1995년에는 1000억 달러를 넘어섰다. 2011년에는 무려 5천억 달러를 넘어서는 수출액을 달성했다. 이렇게 수출액이 늘어남에 따라 국력과 함께 실질 소득 또한 변화되었다. 다시 말해 원화의 실질 가치가 점차 증가한 것이다.

원화의 실질가치 증가는 해외여행객 수의 변화를 보면 알 수 있다. 해외여행에 필수적인 것이 바로 "외화"이기 때문이다. 해마다 휴가철이면 인천국제공항은 해외여행을 위해 출국하려는 사람들로 붐빈다. 지금은 일반화된 해외여행이지만 불과 30여 년 전만 하더라도 우리나라에서 해외로 나가는 것은 매우 어려운 일이었다.

이 당시 관광 목적의 출국은 불가했으며, 일반인이 해외에 나가기 위해서는 출장이나 유학, 해외취업 등의 분명한 사유가 있어야만 했다. 1989년 해외여행 자유화 조치로 국민들의 해외여행이 본격화되었다. 해마다 증가하는 해외여행객 수는 2005년 역사상 처음으로 1천만 명(연인원 기준)을 돌파하였으며, 2015년에는 1,930만 명으로 2천만 명에 근접하였다. 비행기를 타봤다는 이야기는 더 이상 큰 자랑이 아니게 된 것이다.

원화의 실질가치 증가를 알 수 있는 또 하나의 지수가 있다. 각국의 시간당 노동의 가치를 알아볼 수 있는 지수를 통해서이다. 마치 각국의 통화가치를 살펴볼 수 있는 "빅맥 지수(Big Mac Index)"처럼 빅맥 하나를 구입하기 위해 일해야 하는 시간을 나라별로 조사하여 발표한 것이다. 이 조사에 따르면 한국에서 빅맥 하나를 구입하기 위해서는 약 39.5분을 일해야 빅맥을 구입할 수 있었다. 이는 선진국 클럽이라 불리는 OECD에서도 10위(2014년 기준)에 해당하는 양호한 수치이다.

이를 우리에게 익숙한 "이발사의 임금"에 대입해보자. 2008년 기준 이발사의 평균 연봉은 약 1,900만 원가량이다. 우리나라의 연평균 근로시간은 약 2,100시간이며 이를 연봉으로 환산하면 이발사는 시간당 9,050원을 버는 셈이다. 빅맥 1개의 가격이 4,400원이므로 약 30분의 노동이면 한국의 이발사는 빅맥 1개를 구입(2008년 기준)할 수 있다. 그러나 똑같은 이발을 하는 멕시코의 이발사는 무려 3시간을 일해야 빅맥 1개를 구입할 수 있다. 세계 최빈국인 캄보디아, 아프가니스탄, 방글라데시의 경우 하루 종일 일하더라도 빅맥 1개조차 구입할 수 없다. 우리나라에서도 1950년대 이발사의 임금과 2008년 이발사의 임금은 그야말로 하늘과 땅 차이이다.

이러한 수치가 우리에게 의미하는 바는 무엇인가?

애국심이라는 말이 추상적이며 개인의 현실과는 동떨어진 것이라 생각할 수 있다. 막연히 자기 나라 축구팀을 응원하는 것이 애국심이라 생각하는 사람도 있을 것이다. 그러나 애국심은 우리가 느끼는 것보다 훨씬 현실적이며 우리에게 큰 영향을 미친다. 동일한 빅맥 햄버거 1개를 사기 위해 한국에서는 30분의 노동이 필요하지만, 멕시코에서는 3시간의 노동이 필요하다.

이처럼 우리가 대한민국 국민이라는 사실은 우리에게 막대한 영향을 미치고 있다. 애국심을 가지고 대한민국 국민임을 자각해야 할 필요성이 바로 여기에 있다. 대한민국이라는 울타리 안에 존재하기에 우리는 같은 노동을 하더라도 높은 실질 임금의 혜택을 받는다. 이러한 혜택은 저절로 주어진 것이 아니다. 해방 이후부터 여러분의 부모님과 부모님의 부모님들께서 피땀 흘려 이룩한 성취이다. 이것은 여러분에게 남겨진 유산이며 여러분이 후손들에게 물려줘야 할 유산이기도 하다.

우리 대한민국을 만들어 주신 조부모님과 부모님들께서도 본인들의 자식인 청년들을 나무라기보다는 넓은 마음으로 이해해주고 보듬어주는 것이 필요하다. 과거는 비록 힘들긴 하지만 선진국이라는 롤 모델을 보면서 따라갈 수 있었던 시기였고, 높은 성장률로 인내심이 빛을 볼 수 있는 개천에서 용이 나던 시절이었다.

하지만 현재는 과거와 많이 달라졌다. 본인들의 경험을 일반화해서는 안 된다. 어른들도 과거의 해결방식이 지금은 통하지 않는다는 것을 인정해야 한다. "요즘 것들은~"이라며 손가락질만해서는 안 된다. 그 청년들이 바로 우리의 아들과 딸들이고, 어른들은 대한민국이라는 사회에 공이 있는 만큼 책임도 더 있는 사람들 아니던가.

3) 캄보디아와 코리안 드림

캄보디아는 1인당 GDP 1,513달러로 아시아 최빈국이다. 캄보디아의 대표 관광지인 앙코르와트가 국가 연소득의 1/3을 충당

한다. 나머지는 농업 등 전형적인 1차 산업 국가이다. 캄보디아는 식민지 경험뿐 아니라 내전으로 약 50만 명의 지식인이 사망한 아픈 역사를 가지고 있다. 이 때문에 각종 사회문제와 빈곤문제가 여전히 캄보디아를 힘들게 하고 있다.

이 사건을 "킬링필드(Killing Fields)"라고 하는데 당시 국민 1,000만 명 중 크메르 루즈에 의해 300만 명이 살해되고 그중 지식인이 50만이었다. 글을 조금이라도 알고 있으면 지식인으로 보았다. 이에 대한 보고는 사건 후 한참 뒤에 서방에 알려지게 되었는데, 이 사건을 전해 들은 김정일은 한반도가 통일되면 우리 국민 5,000만 중에 약 1,000만이 같은 방식으로 사라지게 될 것이라 말했다고 한다.

2015년 4월 필자는 캄보디아로 봉사활동을 다녀왔다. 캄보디아의 청년들은 과거 우리나라 청년들이 꿈을 안고 중동과 독일로 떠났듯 "코리안 드림"을 꿈꾸며 우리나라로 오기를 희망한다. 캄보디아와 한국 국기가 나란히 새겨진 검정색 점퍼를 입은 그들 중 몇 명에게 말을 걸어보니 한국어를 곧 잘한다. 왜 한국에 가려 하느냐는 질문에 "난 꿈이 있어요"라고 답한다. 마틴 루터 킹 목사의 연설과 아바(ABBA)의 노래 제목이 오버랩 된다.

2014년 캄보디아에서 우리나라로 파견된 해외근로자수는 7,484명이다. 전 세계 송출 국가 중 단연 1위다. 통상 3년 체류한다 하니 약 20,000명이 한국에서 동시에 일하고 있는 셈이 된다. 필자가 보기에 캄보디아 청년들은 한국이 그들의 꿈을 실현시켜줄 "기회의 땅"이라고 굳게 믿고 있었다.

나는 그 믿음의 근거가 궁금했다. 한국 가면 돈 잘 버느냐고 재차 물었더니 한국에서 일하고 돌아온 캄보디아 근로자들 중에는 번듯한 집도 사고 농사지을 땅도 마련한 사람이 많다고 한다. 그래서 요즘은 한국에 가면 돈 번다는 입소문이 나서 한국어를 배우려는 젊은이들이 빠른 속도로 늘어나고 있다고 한다.

한국에서의 외국인(특히 저개발국가)에 대한 사회적 차별과 "사장님 나빠요~"의 주인공인 못된 한국인 사장의 인권침해에 대한 뉴스보도를 왕왕 접하던 터라 이들과 이런 얘기를 좀 더 나눠보니 적어도 캄보디아 현지에서는 인권침해를 크게 문제로 여기지 않는 듯했다. 그런 일을 미리 걱정해서 "코리안 드림"을 포기하는 젊은이들은 없다고 한다.

필자가 며칠간 자원봉사를 하며 둘러 본 캄보디아의 낙후성을 떠올려보니 "배고픔과 가난을 극복하는 길"을 찾는 게 이들에게는 당장 해결해야 할 현실적인 문제일 것이라는 확신이 들었다. 빗물을 받아 마시는 건 양반이고 심지어 동물들과 함께 웅덩이에 고인 물을 마시고 전기가 공급되지 않아 밤이면 등유 등불을 켜는 현실에서 가난 극복이 최우선의 목표일 것이라는 생각이 들었다. 바로 몇 십 년 전 대한민국의 근세사가 그러했기에 이들의 입장을 이해하기는 어렵지 않았다.

한편 우리 대한민국의 청년들은 어떠한가? 필자가 보기에 우리 한민족이 이 땅 위에 발붙이고 살아온 이래 지금만큼 우리 민족과 나라의 힘이 큰 적은 없었다. 대한민국 국가 브랜드, 삼성으로 대표되는 대한민국 기업 브랜드, 한류 문화예술 브랜드. 모두가 파워풀하다.

대다수 국민들은 인지하지 못하지만, 어느덧 우리나라도 선진국의 문턱에 진입한 것이다. 그렇기에 캄보디아 청년들에게 코리안 드림이 가능한 것이다. 우리나라 청년들은 어떻게 해야 하는가? 우리나라는 더 이상 캄보디아가 아니기 때문에 같은 전략을 쓰는 것은 불가능하다.

선진국 진입은 듣기에는 좋아 보이지만 사실상 저성장시대에 돌입했음을 의미한다. 우리나라가 더 이상 "뜨는 시장"이 아님을 의미한다. 극심한 청년실업과 냉랭한 체감경기는 이와 무관하지 않다.

그렇기에 우리나라 청년들은 유럽으로 여행을 떠날 것이 아니라 연해주, 동남아, 우즈베키스탄 등을 둘러보아야 한다. 노인들이 가득한 유럽은 거리와 공원 곳곳이 깨끗하지만 건물은 노후되고 활력이 없다. 하지만 아이들로 바글바글한 동남아는 못 살고 지저분하지만 성장과 미래가 있는 곳이다. 경영학의 경쟁전략 관점에서 보면 유럽은 "지는 시장"이고 동남아는 "뜨는 시장"이다. 경쟁우위에 서려면 첫째 역량(Competences)을 키워서 둘째 뜨는 시장(Markets)으로 가야 한다.

2014년 캄보디아에서는 수도 프놈펜 등 캄보디아 주요도시에서 치러지는 한국어능력평가시험(EPS-TOPIK)에 무려 5만여 명이 응시했다고 한다. 인구 1500만 명에 문맹률도 높은 나라에서 한국 하나의 시장을 위해 한국어를 배우고 시험을 치르는 것이니 이 정도면 엄청난 경쟁이라 아니할 수 없다.

오늘 대한민국 청년들의 꿈은 무엇이며 그 꿈을 이룰 시장은 어디인가? 스펙용 토익 점수가 아니라 "일"하기 위해서 배우고 익힌 "실용"언어는 무엇인가? 희망이 늦을 수는 있지만 없을 수는 없다. 길을 잃어도 희망을 포기하지 않으면 등대를 찾을 수 있다. 꿈과 희망은 영혼의 날개이다. 가장 큰 비극은 꿈과 희망을 이루지 못한 게 아니라 실현하고자 하는 꿈과 희망이 없는 것이다.

대한민국 청년들이여 꿈과 희망을 품고 삶을 바라보라. 해외봉사를 다녀보라. 위만 바라보지 말고 아래도 쳐다보라. 나로부터 시작하여 위로는 부모님과 조상들 아래로는 앞으로 생길 나의 자식들과 후손들의 관계를 생각해보자. 한민족의 위대한 역사를 보고 배우고 뜨거운 사명감을 가슴 가득 담아보라. 사명감이 생기는 그 순간 간절히 하고 싶은 일이 생기고 열정이 춤추기 시작한다.

2

계층이동 사다리 타기의 규칙

1) 크랩 멘탈리티(crab mentality)와 오바마의 "백인 행세하기"

"사촌이 땅을 사면 배가 아프다"는 속담이 있다. 내가 전혀 모르는 사람이 성공하건 실패하건 그건 나와 큰 상관이 없는 일이지만, 내가 아는 사람이 잘되면 이성적으로는 축하를 해줘야 한다고 생각이 들면서도 한편으로는 왠지 모르게 기분이 좋지 않은 경험을 할 수도 있다. 여러 사람들의 공통적 경험이기에 이러한 속담이 존재하는 것이다.

재작년부터 발생한 유동성 폭발은 우리 사회에 큰 변화를 초래했다. 없어진 일자리도 있지만 코로나로 인해 새로 생겨난 일자리도 있고 성공한 사업이나 투자도 생겼다. 그러다 보니 상대적으로 배가 아플 일이 많은 사회가 되었다. 다음과 비슷한 대화를 카톡이나 트위터, 페이스북 등 SNS에서 생각보다 쉽게 접할 수 있다.

A : 김○○ 말이야. 이번에 개발한 제품이 대박 나서 돈 엄청나게 벌었다던데?

B : 그래? 얼마 전까지만 해도 파산 직전이라고 들었었는데?

C : 학교 다닐 때 공부도 지지리 못하던 애 아냐?

A : 운이 좋았겠지 뭐. 자기 실력이 아니니까 곧 망하게 되어 있어.

성공한 친구 또는 지인 이야기가 나오면 격려와 덕담이 오가기 보다는 그 자리를 비난과 험담이 대신한다. 오랫동안 고생하다가 어렵게 성공한 사람일수록 옛 친구들로부터 인신공격을 당한다. 관계없는 사람들은 축하를 보내는데, 가깝게 지내던 사람들이 더 냉정하다. 회사 내에서도 이런 사례는 빈번하다. 그러나 이러한 태도와 그로 인한 행동은 개인적으로나 사회적으로 효용을 감소시켜 모두를 불행하게 만든다.

내가 할 수 없는 걸 네가 하는 건 인정할 수 없다는 치졸한 마음, 남이 나보다 잘되는 꼴을 볼 수 없는 옹졸한 마음을 가진 사람들이 많을수록 우리 사회는 더 삭막해질 것이다. 이런 마인드가 퍼져나가게 되면 우리는 스스로 피해자인 동시에 우리도 모르는 사이에 가해자가 될 수 있다. 본인 스스로는 훌륭하다고 생각하면서 타인의 생각과 계획에 대해서는 그의 형편과 처지, 학벌 등을 생각하며 얕잡아 보고 꼰대 같은 이야기를 하는 사람들이 늘어난다.

"나도 하지 못한 일을 네가 한다고? 네까짓 게? 웃기지 마."

그러나 안타깝게도 사회를 갉아먹는 암세포처럼 이미 우리 사회에 일정부분 퍼져있는 것이 현실이다. 이런 생각을 가진 사람들이 늘어나고 정도가 심해지면 "리셋 증후군(Reset syndrome)"이라는 극단적 발상에까지 이르게 된다. 영화나 드라마에서 수많은 악당들이 공통적으로 주장하는 바가 있다. 표현은 다르지만 핵심은 리셋(Reset). 세상의 "초기"이다. (악당 자신의 입장에서) 빌어먹고 망해버린 세상을 초기화하여 깨끗한 상태에서 새로 시작해야 한다는 것이다.

우리가 마음에 들지 않는 상황을 해결하는 방법은 크게 네 가지 정도로 분류해 볼 수 있다. 탈출하거나, 불만을 표하거나, 인내하거나, 방관하는 것. 이 네 가지 방법에 대해서는 다양한 의미가 있겠지만, 기본적인 전제가 하나 있다. 기존의 체제, 일종의 게임 판 자체에 대한 인정이 있다는 것이다.

그러나 이 네 가지 행동에 속하지 않는 "리셋"은 다르다. "게임 판" 자체를 엎어버리자는 것이다. 게임을 접고 각자 집으로 가든지, 아니면 새로 처음부터 시작하든지. 모든 것을 "초기=무(無)"로 돌리겠다는 것은 우리가 만들어 온 모든 것을 엎어버리는 반사회적 태도다. 리셋 증후군에 빠지면 전쟁 등 극단적 상황의 발생으로 사회 참여자 모두 처음부터 다시 시작해야 한다는 망상에까지 이른다.

실제로 부의 양극화가 심해진 작년과 재작년에 여러 커뮤니티에 눈을 의심케 하는 글들이 게시되었다. "차라리 전쟁 나서 다 같이 멸망하면 좋겠다. 서울에 핵폭탄 떨어져서 모든 게 초기화 됐으면" 극소수의 의견으로 보이지만 놀랍게도 해당 글의 작성자만 이런 생각을 하는 것은 아니었다. 비공감을 누른 사람의 숫자가 압도적으로 높지만, 공감을 누른 사람의 숫자도 적은 편은 아니었다.

여기서 한발 더 나아가 "죽창 드립"이라 불리는 섬뜩한 인터넷 문화도 존재한다. "죽창 앞에서는 너도 한 방, 나도 한 방" 이 말은 "죽음 앞에서는 우리 모두 평등하다. 아무리 부자라고 해도 죽음을 피할 수는 없다."는 의미로 부의 크기가 다르더라도 우리는 모두 같은 사람이라는 뜻이지만, 6.25 당시 우리나라에서 자행됐던 인민재판을 떠오르게 한다는 점에서 걱정스러운 사회현상이다.

그러나 양극화 현상은 우리나라뿐 아니라 전 세계적인 문제이고 리셋 증후군과 같은 감정도 많은 사람들의 공통적 심리이다. 심리학 용어에 "크랩 멘탈리티(crab mentality)"가 있는데, 이는 "자신이 가질 수 없으면 아무도 가질 수 없게 만드는 행동"을 묘사한 용어이다. 다음은 위키백과에 명기된 크랩 멘탈리티에 관한 정의이다.

[인용] 2022년 3월 15일 화요일 인터넷 위키백과 : 크랩 멘탈리티

이 표현은 게들이 양동이 안에 들어 있을 때 그들의 행동 습성에서부터 유래되었다.

어부들이 그물을 이용해 게를 잡으면 뚜껑 없는 양동이에 집어던진다. 커다란 발로 기어 나와 도망가면 어쩌려고 저러나 싶지만, 가만 지켜보면 그게 기우였음을 알게 된다. 탈출하려고 기어오르는 게가 있으면 다른 게가 벗어나지 못하도록 아래에서 잡아당긴다. 탈출이 도저히 불가능하다. 수없이 이런 광경이 반복된다. 한 마리도 양동이 밖으로 기어 나올 수 없다.

인간 행동에 있어서 집단의 한 구성원이 다른 구성원들보다 더 우월하면 다른 구성원들은 질투, 분노, 열등감, 경멸 등의 감정을 느끼면서 그 구성원의 자신감을 줄이고 성공을 방해하려는 행위를 크랩 멘탈리티라고 말한다.

양동이의 게들은 다 같이 협력해서 탈출할 수도 있었지만 결국 어부의 양동이에서 인생을 마감한 것처럼, 크랩 멘탈리티가 만연한 사회는 "물귀신 작전으로 내가 올라가는 게 아니라 상대를 끌어내려서" 평등을 맞춘다. 힘들게 노력하던 일이 성과를 거두려고 할 때, 뭔가 좀 의욕을 가지고 해보려고 할 때 주변에 토를 달거나 딴지를 거는 사람이 있다면 그가 바로 나를 끌어내리려는 내 인생의 "게"가 아닌지 고민해 봐야 한다. 서글픈 일이지만, 게는 여기저기에 수없이 포진해 있다.

크랩 멘탈리티 현상은 미국도 예외가 아니다. 미국 제44대 대통령이자 최초의 흑인 대통령 버락 오바마. 그가 대통령이 되기 전 대중들에게 자신의 존재감을 제대로 각인시킨 연설이 있다. 부인인 미쉘 오바마의 자서전 〈Becoming〉에서 언급된 2004년 7

월 민주당 전당대회 기조연설이 바로 그것이다. 뉴욕타임즈에서도 "The Speech that made Obama(오바마를 만든 연설)"이라는 제목으로 소개되었다. 다음은 기조연설의 일부이다.

Go in — Go into any inner city neighborhood, and folks will tell you that government alone can't teach our kids to learn; they know that parents have to teach, that children can't achieve unless we raise their expectations and turn off the television sets and eradicate the slander that says a black youth with a book is **acting white**. They know those things.

어디든 도심의 빈민가로 가보십시오. 그곳 사람들은 자기네 자녀 교육을 정부한테만 맡길 수 없고 부모 자신들도 아이들을 가르쳐야 한다고 말할 것입니다. 아이들이 좀 더 높은 인생목표를 갖도록 설득하고 (아이들이 공부하도록) 텔레비전을 꺼주고 책을 들고 다니는 흑인 젊은이를 보면 **백인 흉내를 낸다**고 비아냥대지 말아야 자녀들이 성공할 수 있다는 사실을 잘 알고 있습니다.

이 기조연설로 오바마는 하룻밤 사이에 무명의 상원의원에서 유명인사로 거듭나게 되었다. 이 연설에서 그는 현재 미국 흑인 사회의 문제점을 "백인 행세하기(acting white)"라는 문구로 표현했다. 흑인 젊은이가 책을 들고 다니면 백인 행세를 한다고 비아냥댄다. 백인 행세하기는 계층이동의 사다리를 올라가려는 성실한 흑인 아이가 변절자로 여겨지고, 주위 사람들인 친구나 심지어 부모로부터도 웃음거리가 된다는 이야기다. 안타깝지만 흑인들이 정말로 성공하지 못하는 이유가 사실은 (백인들이 아니라 흑인들) 스스로의 탓이라는 것이다. 미국 흑인들의 "크랩 멘탈리티" 현상이 바로 "백인 행세하기"라는 조롱이다.

흑인으로서 "인종 간 불평등 정도와 그 근본원인에 대한 연구"를 진행했던 롤런드 프라이어 교수는 학업을 전혀 장려하지 않는 환경에서 자랐다. 프라이어는 그가 열다섯 살 때 친구들이 도둑질을 하러 가자고 하자 그는 핑계를 대며 거절했다. 그날 낮에 백인 경찰에게 괴롭힘을 당했기 때문이었다. 그의 친구들은 도둑질을 감행했고 결국 감옥에 갔다.

   이 사건을 계기로 프라이어는 공부하기로 결심했다. 그러나 그가 발견한 학업에의 열정은 가까운 사람들에게 자부심은커녕 위협이 되었다. 프라이어는 자신이 텍사스 대학교에서 장학금을 받았을 때 아버지가 어떤 반응을 보였는지 들려주었다. "나는 네가 얼마나 많은 교육을 받을지, 네가 얼마나 성공하게 될지에 관심이 없다. 너는 항상 깜둥이일 테니까."

   프라이어의 아버지가 그에게 이렇게 심한 말을 한 이유를 추측해보자면 이렇다. 백인 학생의 경우 열심히 공부하는 것이 주변 사회로부터의 도피 수단이 되지는 않는다. 그의 부모, 가족, 친구들이 이미 교육을 통해 얻은 일자리에서 일하고 있기 때문이다. 그러나 빈민가 출신의 흑인 학생은 열심히 공부하면 가난, 범죄, 상실, 그리고 친지로부터 도망칠 수 있는 수단을 얻게 된다. 이는 주변의 호응을 받을 만한 일이 못 될 것이다. 사람들은 내 친구나 가족이 도피를 준비하는 모습을 보고 싶어 하지 않는다. 내 인생이 부정되기 때문이다.

한국이나 미국이나 사람들은 하나의 집단 안에서 다른 이들이 보통 이상으로 뛰어난 것을 원치 않는다고 한다. 특히 서로 비슷한 환경의 사람이 자신보다 잘나거나 많은 것을 누리면 자신도 그렇게 올라갈 생각을 하는 게 아니라 오히려 끌어내리려 한다. 자신보다 앞서가는 사람을 제거함으로 자신이 초라해지는 것을 막으려고 한다. 자기 삶을 불만족하게 하는 비교대상을 끌어내림으로 심리적 안정을 추구하려는 것이다. 자신의 무능력을 부각시켜 주며 앞서가는 그 자체가 거슬린 것이다. 같은 계층에서의 이탈자를 제거하고 통 속의 결속을 다지려는 착각을 한다.

그러나 우리는 가정, 학교, 회사 등 크고 작은 조직의 일원으로 여러 사람들과 관계를 맺으며 살아간다. 무인도의 로빈슨 크루소가 아니다. 서로 도움을 주고받고 상호관계 속에 살아간다. 다른 사람의 성공과 성취에 진심 어린 격려와 박수를 보내자. 다른 사람에게 진심으로 보낸 격려와 박수와는 결국 자기 자신에게 되돌아온다. 내가 조직 안에서 늘 타인을 끌어내리는 게와 같은 존재로 살아간다면 다른 사람 역시 결정적 순간에 내 뒷다리를 잡아 끌어 양동이를 벗어나지 못하게 만들 것이다.

내가 속으로 나보다 못하다고 여기던 사람이 큰 성취를 맛보며 나보다 앞서갈 때 그를 끌어내리기보다는 진심으로 축하해주고 그가 어떻게 성공할 수 있었는지 물어보자. 양동이를 먼저 벗어난 그가 양동이를 벗어날 수 있는 방법을 알려줄 수 있을지 모른다. 인생은 마라톤이라 앞으로 가다 보면 내가 앞설 기회가 올 수 있고, 그때 내가 그에게 길을 제시해 줄 수도 있다.

한편 우리가 현재 상황인 양동이를 벗어나서 목표로 가기 위한 노력을 할 때 양동이 안에서 끌어내리는 게가 있는가 하면, 양동이 밖에서 도움을 주려고 손을 내미는 것처럼 보이지만 사실은 전혀 그럴 마음이 없는 사람들도 있다. 오른쪽 그림은 SNS에서 많이 공유된 그림으로 "사다리 걷어차기"라는 키워드로 알려져 있다. 구덩이가 매우 깊어 구조자와 조난자가 서로 손을 뻗어도 닿지 않는 거리이다. 밖에 있는 구조자가 바로 옆에 있는 사다리를 내려주면 조난자는 구덩이를 탈출할 수 있다. 그러나 그는 절대로 그렇게 하지 않는다. 몰라서가 아니다. 구덩이에 빠진 사회적 약자에게 손을 힘껏 내밀고 큰소리로 자신이 선한 존재임을 주위에 과시하지만 정작 필요한 구조는 결코 하지 않는다.

왜일까?

사다리를 내려주면 구덩이에 빠진 조난자는 탈출하고, 동시에 구조자에게 구조를 요청하는 사람이 없어지기 때문에 더 이상 누군가를 도와주는 척을 할 수 없게 된다. "거짓 구조자"에게 조난자는 자신의 "거짓 선함"을 포장하기 위한 도구일 뿐이다. 이것은 양동이 안의 게들이 동질감을 유지하기 위해 본능적으로 끌어내리는 것과 다르다. 거짓 구조자는 철저히 계산적인 악행이라는 점에서 비판받아 마땅하다.

우리가 계층이동의 사다리를 타고 성공으로 올라가기 위해서는 우리 주변의 "게"들도 조심해야 하지만 "거짓 구조자"를 잘 판별할 수 있는 눈을 키워야 한다. 그런데 놀랍게도 이처럼 악한 사람들이 우리 사회에는 실존하고 이미 많은 권력과 재산을 가지고 있는 기득권층일 가능성이 높다. 그렇기에 그들은 여러분이 자신과 같은 위치로 올라오는 것을 싫어하면서 아닌 척, 돕고 싶은 척 위장하는 것이다.

경제학자 토마스 소웰(Thomas Sowell, 사진)은 고등학교를 중퇴하고 해병대에 입대해 한국전쟁에 참전했다. 뉴욕 할렘 출신의 그는 속칭 사회적 정의를 위한 투쟁가들(Social Justice Warriors)의 위험성에 대해 경고했다. 입만 열면 정의를 부르짖지만 오히려 온갖 부정의를 저지르는 사람들과 심지어 "정의"를 단체명에 넣곤, 불법과 탈법을 자행하는 어용권력들이 있다. 대다수 "가붕개(가재, 붕어, 개구리)"를 제외한 일부 소수가 조지 오웰의 〈동물농장〉에서 묘사된 돼지 나폴레옹 중심의 특권계급을 형성한다.

한편 이러한 특권계급의 약탈적 움직임은 주변 계급들에게도 감지되기 마련이다. LH 땅투기 사태에서 보듯 주변계급들도 "新신분제 사회"의 특권계급에 속하기 위해 호시탐탐 정보를 탐색하고 기꺼이 불법을 저지른다. 이로 인해 부의 불평등과 양극화, 교육기회의 불평등 등이 더욱 심화된다.

안타깝고 두려운 것은 이러한 불평등과 양극화 현상이 권력에 야합한 선동언론의 가짜뉴스에 의해 포장되고 왜곡된다는 것이다. 특권계급의 탐욕과 전횡 그리고 그로 인한 불평등과 부정의가 마치 경쟁과 자본주의의 구조적 모순인 것처럼 호도되며 또한 일반 대중들에게 그렇게 받아들여진다.

오늘날의 한국사회는 미국식 자본주의사회의 모습이 아니라 "높은 산봉우리 중국과 작은 나라 한국"이라는 발언에서 보듯, 중국에 사대(事大)하여 왕실과 기생권력의 명맥을 유지하면서 18세기 후반까지도 인구의 약 40%를 패륜적으로 수탈한 과거 조선의 신분제 사회와 오히려 닮아가고 있다. 평등과 정의를 내세우며 "계급사회"를 비판하던 그들이 오히려 대를 이어 "신분제(caste system)"를 영속시키려 온갖 조치를 획책한다. 우리는 선의를 내세운 가치약탈자들이 사회를 좀먹는 것에 맞서 싸워야 한다.

2) 조지 포먼의 비전(Vision)이 있는 삶

수많은 개인 비행기가 주차되어 있는 이곳은 어디일까? 여기는 바로 라스베가스 공항이다. 2015년 5월 3일, 많은 사람들이 라스베가스로 모인 이유는 바로 세기의 대결이라고 불리우는 메이웨더와 파퀴아오의 경기를 보기 위해서이다.

메이웨더는 47전의 프로 경기를 모두 승리(26KO)한 무패 복서이다. 말 그대로 프로에 뛰어들고, 단 한 게임도 진 적이 없는 대단한 기록을 가졌다. WBC, WBA의 챔피언이기도 하다. 그의 복싱 스타일은 철저한 아웃복싱으로, 상대가 그를 정확히 가격한다는 것은 불가능에 가까운 일이다. 반면 매니 파퀴아오는 필리핀의 국민 영웅 복서이며, 총 17개의 체급 중 8체급의 챔피언을 석권한 무시무시한 경력을 가진 WBO 챔피언이다. 그의 복싱 스타일은 순한 그의 인상과 달리 무자비한 인파이터이다. 이 경기를 한마디로 표현하면 "세계 최강의 창과 세계 최강의 방패가 맞붙은 매치"인 것이다.

그러나 경기는 알다시피 너무나도 시시하게 끝났다. 우리나라의 경우 SBS에서 중계료를 지불하였기에 공중파에서 중계가 되었지만, 해외에서는 이 경기를 TV로 보기 위해서는 개개인이 영화입장권처럼 시청권을 구입했어야 했다. 너무나도 재미없게 끝난 경기 때문에 이를 두고 후폭풍이 있었을 정도였다. 다음날 스포츠 신문에는 "소문난 잔치에 먹을 것 없다"는 타이틀이 대문짝만하게 실렸다. 두 사람의 이력만 놓고 보면 두고두고 회자될 세기의 명경기가 될 수도 있었을 "세기의 대결"이 "썰렁한 대결"로 끝난 이유는 무엇일까?

"역시 소문난 잔치에 먹을 것 없네요."

그 이유를 알아보기 위해 전설의 복서 조지 포먼의 두 경기를 살펴보자. 두 경기 모두 조지 포먼의 경기이지만 20년이라는 시차가 있는 경기이다.

  먼저 첫 경기는 1994년 10월 5일 조지 포먼과 마이클 무어러의 경기이다. 이 당시 조지 포먼은 45세의 도전자, 마이클 무어러는 29세의 챔피언이었다. 조지 포먼은 전성기를 훨씬 넘긴 나이의 은퇴 후 복귀한 "할아버지 복서"였고, 마이클 무어러는 35전 35승 0패의 무패 챔피언이었다. 당연하게도 내로라하는 라스베이거스의 도박사들은 모두 무어러의 승리를 점쳤다. 그러나 경기 결과는 놀랍게도 10라운드 포먼의 KO승으로 끝났다. 조지 포먼은 최고령 세계 챔피언이라는 기록을 세우면서 화려하게 부활했다.

  하지만 이런 포먼에게도 아픈 과거가 있었다. 두 번째 경기는 바로 포먼을 은퇴하게 만든 1974년 10월 30일의 경기이다. 포먼이 25세 시절, 그는 40연승(38KO)의 무패가도를 달리는 챔피언이었다. 그 당시 포먼의 상대는 32살의 늙은 도전자였다. 32살의 늙은 도전자는 바로 "나비처럼 날아서 벌처럼 쏜다"는 말로 유명한 무하마드 알리였다. 포먼은 앞서 살펴본 경기와 정반대의 입장에 서 있었다. 이 유명한 게임에서 포먼은 8라운드에서 알리에게 KO패하고 충격을 받아 결국 은퇴하게 된다.

  후에 포먼은 이날 자신이 패배한 이유를 45세에야 깨달았다고 토로했다. 32세의 알리는 싸움의 목적을 명확히 가지고 있었다.

알리는 베트남전 징집 거부로 3년간의 공백기를 가지고 있었기에 복귀전에 대한 열망이 있었고, 그로 인해 여러 고통을 견딜 수 있었지만 25세의 젊은 나이에 이미 챔피언에 올라선 포먼은 특별한 목적이 없었다.

〈우승 상금으로 빈민가의 청소년 센터를 운영한 조지 포먼〉

반면 45세의 포먼에게는 우승 상금으로 빈민가의 청소년센터를 운영하겠다는 절실한 목적과 꿈이 있었다. 비전(목적)을 세우느냐 아니냐의 차이는 나이와 신체조건 등을 극복할 정도로 극명한 결과를 가져온다.

이제 25세의 포먼과 45세의 포먼의 두 경기를 살펴보았기 때문에 메이웨더와 파퀴아오의 경기가 재미없게 끝난 이유를 이제 다들 아셨으리라 생각한다. 메이웨더와 파퀴아오의 경기는 승패에 상관없이 이미 대전료를 확정지은 상태에서 게임을 시작했다. 이런 상태에서는 둘 다 어떤 목적의식을 가지기 힘들다. 이 경기는 마치 25세에 모든 것을 다 이룬 조지 포먼과 역시 29세에 챔피언의 자리에 오른 마이클 무어의 대결이나 마찬가지였다. 둘 중에 그 누구도 이기고자 하는 열망이 없었고 오히려 패배 시 잃을 것이 너무 크기 때문에 그저 경기 시간만 때우는 썰렁한 경기는 시작 전부터 예고돼 있었던 것이나 마찬가지이다.

이 사례에서처럼 어떤 목적(Vision)을 가지고 인생을 사느냐는 매우 중요하다. 절실함의 크기가 일의 성패를 가른다. 여러분이 가족뿐 아니라 인류의 역사의 흐름에서 어떤 위치에 서 있는가를 깨닫고 큰 뜻을 품고 그에 맞는 삶을 살도록 노력하자. 우리가 막연히 개인인 나 혼자만의 성공을 위해 인생을 살아간다면 25세의 포먼처럼 포기하기 쉽다. 그러나 가족과 가문을 생각한다면 45세의 포먼과 같이 불가능해 보이는 일도 가능해질 것이다. 우리 국민 전체가 그러한 믿음으로 이뤄낸 성과가 바로 "한강의 기적"이기 때문이다.

3) 최악의 세대? 단군 이래 가장 똑똑한 세대

일해서 돈 벌어 밥 먹자.

중세 가톨릭에서 노동은 자연의 순리를 따르는 것이었다. 노동 자체가 삶의 목적은 아니었다. 토마스 아퀴나스(Thomas Aquinas)는 "노동보다는 명상을 통해서 하나님을 온전히 알 수 있기 때문에,

노동보다는 명상이 더 가치 있는 것"이라고 했다. 노동하지 않고 사는 사람이 명상을 하는 것은 노동보다 우월한 것이었다.

이런 시대에 독일의 종교개혁가 마르틴 루터(M. Luther)는 "모든 행위가 신의 명령에 순종하는 가운데 행해질 때 신을 기쁘게 할 수 있고, 믿음 안에서 거룩해지는 것"이라고 주장했다. 루터의 이런 세계관은 세속적인 일까지도 거룩하게 보는 노동윤리, 직업윤리로 발전한다.

통조림 공장에서 "일"하는 것이 그다지 매력적이지는 않지만 어떻게든 일용할 양식을 벌어야 한다. 마르틴 루터가 말했듯, 노동으로 말미암아 인간이 망쳐지는 일은 없다. 그러나 빈둥거리며 놀고 지내다 결국 신체와 생명이 망쳐지고 만 경우는 허다하다. 새가 날도록 태어난 것처럼 인간은 노동을 하도록 태어났기 때문이다.

월급을 받으며 일할 때 가장 먼저 자신과 가족을 먹여 살릴 수 있어야 한다. 여기서 "빵"은 일상의 필요를 충족시키는 것과 동의어이다. 그리스도인들은 주님께서 오늘 우리에게 일용할 양식(daily bread)을 주시기를 기도한다. 스테이크와 과자를 위해 기도하는 것이 아니라 가족을 먹일 빵을 위해 기도한다. 왜냐하면 성경에서 빵은 양식 전체, 더 확장해서 의식주의 모든 물질적 생활을 상징하는 의미로 쓰였기 때문이다.

"일"은 단순히 "돈"을 벌기 위해서가 아니라 우리 자신의 완성이며 우리는 일을 통해 우리가 사는 세계에 기여한다. 안타깝게도 많은 사람들이 자기가 진정으로 하고 싶은 일이 무엇인지 알지 못한다. 단지 급료에 얽매어 일하고 있는 사람처럼 불쌍한 인간은 없다. 그러나 청년들이 일을 하고 싶어도 현재 일자리 시장은 녹록하지 않다.

사실은 일자리뿐 아니라 우리 인생이 그렇게 쉽지는 않다. 그건 전쟁, 자연재해 등 객관적 불행이나 시대를 떠나 누구에게나 보편적으로 느껴지는 일이다. "내 손톱 밑의 가시가 세상에서 제일 아프다"는 말처럼 인생은 주관적일 수밖에 없다. 타인의 아픔이나 상처가 얼마나 큰지는 상관없이 어찌됐건 "내 손톱"의 가시가 가장 아프고 가장 큰일로 느껴지는 것이다.

인생의 주관성을 나타내는 또 다른 표현으로 "역대급 비운의 세대"라는 표현이 있다. 마치 소설같이 불행한 일만 겪은 불운한 세대를 뜻하는 단어이다. 여러분이 생각하는 비운의 세대는 언제인가? 2020년 공중파 뉴스에서는 02년생(2002년)을 지목했다. 한일 월드컵이 열렸던 2002년에 태어나 "월드컵 베이비"라는 말을 들으며 자랐지만 성장과정은 순탄치 않았다. 초등학교 1학년 때 신종플루, 중학교 1학년 때 메르스, 고등학교 3학년 때 코로나 등 중요한 학업 전환기에 전염병이 유행하여 학창시절을 전염병이 망쳤다는 이야기다.

혹자는 현재의 20대가 단군 이래 제일 불행한 세대라 말하기도 한다. 다음은 이와 관련한 서울신문의 2019년 기사이다.

[인용] 2019년 7월 31일 수요일 인터넷 서울신문
불행하다는 90년대생…행복 열쇠는 공정 · 기회

서울신문이 여론조사기관 리서치앤리서치에 의뢰해 1990년대생을 어떻게 생각하느냐고 물었다. 조사 결과 90년대생(20대)들은 스스로를 "건국 이래 최악의 세대"로 규정할 정도로 부정적으로 바라봤다.

(중략)

20대들은 스스로를 "건국 이래 최악의 세대", "부모보다 가난한 최초의 세대"라고 정의했고, 자신을 둘러싼 상황을 "가장 힘든 시기", "IMF보다 더 힘든 시기", "헬조선에 살고 있다"고 봤다. 답변 중에는 "힘들다"를 내포하는 단어가 48차례로 가장 많이 나왔다.

그러나 과연 02년생과 90년대생만이 역대급 비운의 세대일까? 기사에 달린 댓글 중 다음과 같은 댓글이 있다.

🙂 배
02년생입니다. 02년생뿐만 아니라 다른 분들도 다 힘드시죠. 한국 전쟁 시기, 1, 2차 세계대전 시기에 비하면 그래도 감사하죠ㅎㅎ 안 힘든 이들 없으니 모두 다 파이팅하고 방역 수칙 잘 지키면 분명 코로나 극복할 수 있으리라 믿습니다.
2020-11-29 01:17 신고

답글   👍 6   💬 1

현명한 02년생 학생의 댓글처럼 위 기사들이 보도된 이후 다음과 같은 게시물이 커뮤니티에 인기글을 차지했다.

〈한반도 역사상 최악의 세대 TOP 3〉

3위는 1580년대 생이다.

이들은 10대 때 임진왜란(1592~1598년)을 겪고, 30대 때 사르후 전투(1618~1619년)와 이괄의 난(1624년)을 경험했다. 40대에 정묘호란(1627년), 50대(1636년)에 병

자호란을 겪었다. 말 그대로 일생을 전쟁에 시달린 세대다.

2위는 1660년대 생이 꼽혔다.
이들은 10대 때 경신대기근, 30대 때 을병대기근을 겪으며 극심한 배고픔을 체험했다. 당시엔 일반 백성들뿐만이 아니라 고위 관료들까지 기아로 떼죽음 당했다고 한다.

1위는 1220년대 생이다.
이들은 10대 때부터 40대 때까지 무려 총 9번의 몽골 침입을 겪었다. 고려사에 따르면 1254년 한해 포로로 끌려간 포로만 약 20만7000여 명이라고 한다. 아울러 살육된 사람의 숫자는 헤아릴 수 없으며 몽골군이 지나간 마을은 모두 잿더미가 됐다고 기록돼 있다.

이 게시글이 많은 공감을 얻어 인기글이 된 이유는 90년대 생이나 02년생이나 언급되지 않는 그 어떤 세대라도 각자 자기 인생이 제일 고단하다고 느끼지만, 객관적으로 비교하면 최악의 세대라는 수식어가 어울리지 않는다는 사실이 진실이기 때문이다. 굳이 조선시대로 거슬러 올라갈 필요 없이 지금으로부터 70년 전인 1950년 6.25전쟁으로 고통을 받은 세대들이 우리 사회에 함께 살아가고 있다.

필자는 지금 청년세대들의 고통이 다른 세대에 비해 보잘것없다는 말을 하려는 것이 아니다. 인생은 누구에게나 쉽지 않다는 보편적 이야기를 하려는 것이다. 그렇기에 누구의 불행이 더 큰지 "불행자랑"하는 함정에 빠지는 것은 위험하다. 우리나라에서도 베스트셀러가 된 〈미움받을 용기〉에서 철학자는 불행자랑에 관해 이렇게 이야기 한다. "자신의 불행을 '특별'하기 위한 무기로 휘두르는 한 그 사람은 영원히 불행을 필요로 할 수밖에 없네"

시대와 환경을 탓하며 서로의 불행을 자랑하는 것은 한 번뿐인 인생에서 자기 자신과 가족 그리고 자기를 둘러싼 사회에 결코 좋은 일이 아니기 때문이다. 어느 시대이건 살기 쉽지 않았다는 말은 반대로 해석하면 기회는 언제나 있다는 뜻이기도 하다. 기회를 찾는 사람은 전쟁 이후의 절망적 상황에서도 희망을 본다. 여러분은 어떤 사람이 될 것인가? 필자가 보기에 지금 청년들은 단군 이래 가장 똑똑한 세대이다. 과거를 답습하지 않고 끊임없이 해결책을 탐색한다. 우리 청년들이 일을 통해 새롭게 만들어 갈 대한민국을 기대한다.

★★

근로를 단순히 수확의 들을 가는 쟁기로만 알아서는 안 된다.
그것은 동시에 우리들의 들판을 개척하는 귀중한 쟁기이다.
건강하게 일하는 동안 우리의 심신은 강화되며,
마음에 번식한 여러 가지 사악의 잡초 뿌리가 뽑힌다.
그리고 그곳에 행복과 기쁨의 씨앗이 뿌려져
춘하추동을 두고 무성하게 꽃이 피고 열매를 맺게 되는 것이다.
– 블레즈 파스칼(Blaise Pascal)

폴란드 출신 사회학자인 지그문트 바우만(Zygmunt Bauman, 1925~2017)은 현대 사회가 액체처럼 유동적이며, 불확실성이 지배하는 세계를 뜻한다며 "액체근대(Liquid Modernity)"라고 불렀다.

유동성이 지배하는 사회는 지구 차원의 지배 엘리트들에게는 유토피아일 수 있으나 나머지 대다수 사람들에게는 불안과 공포가 일상이 된 시대다. 대다수 사람들은 운명의 횡포에 무방비로 노출된다. 개인들은 일관된 삶의 전략을 개발하기도 인생을 설계해 꿈을 이루기도 힘들어진다. 삶의 의미를 생각하지 못한 채 끝없이 뭔가를 추구해야 하는 삶의 환경에 놓여진다.

바우만은 2012년 〈소비사회와 교육을 말하다(On Education)〉에서 지금의 젊은이를 부모의 성공담을 뛰어넘는 것이 일생의 과업이며 전후 최초로 사회적 지위가 부모보다 하강 이동될 것이라는 전망을 맞닥뜨린 세대라고 말했다. 그는 설상가상 대학 등록금이 천정부지로 뛰어올라 가난한 젊은이들은 대학 진학을 포기하고 결국 사회 내 "계급 구분이 다시 강화될 것"이라고 우려한다.

액체근대가 아니더라도 인생은 어느 누구에게도 쉽지 않고 고

달픈 과정일 수 있다. 모두가 처음 해보는 경험이기 때문이다. 하지만 필자의 동년배들 경우 베이비붐 세대로 경쟁이 치열했지만, 그래도 꿈을 갖고 미래를 설계하기 쉬웠다. 명문대 졸업장은 미래를 보증하는 수표였다. 대학 졸업 후 취직을 못해서 걱정하는 일은 드물었다.

우리 세대에게도 사다리의 꼭대기는 좁았다. 하지만 우리가 젊을 때 사다리 꼭대기의 공간은 무한정 넓으며 거기 도달하는 데 필요한 것은 대학 졸업장이면 충분하다고 믿었다. 인생을 살다보니 사다리의 꼭대기가 매우 좁다는 것을 뒤늦게 깨달았지만 그래도 사다리는 오를만한 것이었다. 사회는 역동적이었고 경제성장이 이어졌고 심지어 대학 졸업장이 없어도 사회에서 성공하는 다양한 기회들이 있었다. 지내놓고 보면 필자의 친구들과 선후배들은 "운"이 좋은 세대였다.

하지만 오늘날 청년들은 필자 세대와는 분명 다른 시대를 살아가고 있다. 유동성과 불확실성이 매우 커진 시대이다. 내가 청년들과 대화를 나눠보면, 그들은 우리 세대와 달리 사다리의 꼭대기가 무한정 넓으며 거기 다다르는 데 필요한 것이 대학 졸업장이면 충분하다고 믿지 않는다. 오히려 그렇게 믿는 것은 현실을 알지 못하는 우매함이거나, 믿는 척 행동하는 것일 뿐이다. 그렇게 믿는 것은 안타깝게도 그 외에 다른 선택권이 없기 때문일 수 있다.

불평등이 가속화되면서 "성공"의 보증수표로 여겨졌던 명문대 졸업장도 더 이상 미래를 보장받지 못하게 되었다. 지금 청년들이 직면하게 된 미래란 회신 받을 가망이 없는 입사 지원서를 쓰고 또 쓰면서 기약 없는 실업 상태를 견디거나, 꼭대기 한참 밑의 미래가 없는 불안정한 일자리를 유일한 대안으로 받아들이는 것뿐이다. 일상적 불안정 고용과 저임금에 시달리는 새로운 노동계급 프레카리아트(precariat)로 전락하기 쉽다. 이런 점을 감안하면 바우만의 전망은 우리를 몹시 우울하게 하지만 한편 우리를 현실의 냉엄함을 깨닫도록 인도한다는 점에서 유익하다.

나의 부모님은 "인간이 끈기를 갖고 노력하면 못할 게 없다"고 나의 형제들을 가르쳤다. 그들은 일제 강점기도 겪었고 6.25 전쟁도 겪은 세대이다. 필자의 아버지는 6.25 참전 용사이다. 학교에 가면 선생님들도 마찬가지 메시지로 훈화했다. 필자가 졸업한 고등학교의 교훈은 "할 수 있다. 하자. 하면 된다."였다. 이제 자식이 60이 넘었음에도 나의 어머니는 내게 같은 말씀을 하신다. 나뿐 아니라 동세대들은 거의 같은 메시지를 귀에 박히도록 듣고 자랐다. 우리 부모들은 자신들이 삶으로 배운 경험으로 우리를 가르쳤다. 다행스럽게도 그들의 메시지는 대체로 옳은 것으로 드러났다. 우리 세대가 운이 좋았기 때문이다.

하지만 이런 식의 세대 교육은 가정과 사회에 문제를 일으킨다. 우리 세대는 자신들이 도전해 성취한 것보다 더 높은 목표를 꿈꾸며 더 멀리 도달하리라 기대하도록 부모와 사회로부터 학습

되었다. 세대 간에 "성공의 재생산"이 일어나, 우리 자신이 부모 세대의 성취를 따라 잡은 것처럼 우리들의 기록도 자녀들에 의해 손쉽게 성취될 수 있으리라고 예상했다.

부모 세대는 자녀가 더 폭넓은 선택지를 가지며 각각의 선택지는 다른 선택지 보다 더 매력적이라고 기대하는 데 익숙하다. 우리 세대는 우리의 자녀들이 더 나은 교육을 받고 더 높은 학벌과 직업의 사다리에 오르며 더 부유하고 안정적인 삶을 살 수 있다고 생각한다. 우리 세대들은 (그들의 부모들이 그랬듯이 자신들의 경험을 토대로) 자녀들이 공부를 잘하면 잘 살 수 있다고 생각한다. 그래서 자신들이 성공했던 방법을 자녀들에게 강요한다.

그들은 부모의 도착 지점이 자녀의 출발 지점이라고 믿는다. 그 지점에서 더 많은 길들이 뻗어 나오며 그 길은 모두 "위"로 이어져 있다고 믿는 것이다. 안타깝지만 이것은 우리 세대들이 자신들의 경험을 그대로 연장해서 생각하는 착각일 뿐이다. 우리 세대가 잘해서 성공한 것도 있지만 정말 "운"이 좋았던 것이다. 지금 세대들이 자신들의 부모보다 성공하는 것은 부모 세대에 비해 훨씬 어려운 일이다. 이러한 점을 이해하지 못하면 부모 자식 간에 정상적인 대화는 거의 불가능하고 세대 갈등도 상존할 것이다. 이런 사회는 발전하기 힘들다는 것이 역사의 교훈이다.

나는 드라마 〈파친코〉와 영화 〈국제시장〉 예를 들면서 여러분들에게 "세대 간의 이어달리기"의 이야기를 꺼냈다. 사실 이 이야기는 내가 2016년 2월 광화문 광장에서 개최된 "제1회 청년일자리 문화제" 행사에서 특강으로 다뤘던 내용이다. 나는 당시 청년들에게 힘을 줄 수 있는 내용을 고민하다가 우사인 볼트와 자메이카 계주 팀의 사례를 소재로 하여 이야기를 구성하였다. 그리고 초등학생 시절의 가을운동회로부터 이야기를 시작하여 자메이카 팀의 계주 사례를 거쳐 계주의 개념을 공간에서 시간으로 확장시켜 계주를 우리 인생에 비유하면서 청년들에 대한 특강을 마무리했던 것이다.

인류 역사상 지금껏 기회와 위협을 동시에 내포하지 않은 삶의 형식은 없었을 것이다. 그렇기에 인생을 살아가는 우리 모두는 염려할 여지는 많지만 절망할 필요는 없다. 그럼에도 인간은 "상대적" 존재이고 우리는 세상을 "상대적" 기준으로 평가하곤 하지만 "절대적으로" 더 힘들고 덜 힘든 시대가 있고 그런 시대를 살아가는 사람들이 있다.

오늘날의 청년들이 바로 그들이다. 그러니 청년들이여, 부모만큼 잘 살 수 없다고 절망하지 말자. 각자의 불행과 불평등을 스스로의 열등함 탓으로 생각하여 현실을 바꾸려는 노력 자체를 회피하지 말자. 타인의 성과를 폄하하고 양동이 안으로 끌어내리는 양동이 속의 게가 되지 말자. 그런 노예적 삶을 살아서는 안 된다. 우리는 일을 통해 스스로의 힘으로 자신의 내일을 좀 더 개선할 수 있다. 그리고 세대 간의 이어달리기를 통해 여러분 자신을 위한 더 나은 내일, 나아가 여러분을 둘러싼 공동체 그리고 여러분의 자녀와 다가올 세대들을 위한 더 나은 미래를 만들어보자.

영화 〈인터스텔라(Interstellar)〉에서 주인공은 원인을 알 수 없는 이유로 멸종되어 가는 지구에 있는 딸(후손들)을 위해 죽음을 무릅쓰고 블랙홀에 뛰어든다. 그리고 그는 우주의 모든 지식이 담겨 있는 블랙홀에서 "답(a way)"을 찾아 시공간을 초월하여 지구에 송신한다. 여기서 놀라운 것은 지식의 저장고인 블랙홀이 사람이 이해할 수 있는 형태인 도서관으로 변형되는데, 이 도서관을 준비해놓은 존재가 바로 아득히 먼 미래의 고도로 발달된 인류라는 점이다. 즉, 인터스텔라는 인류(미래)가 인류(현재)를 구원하는 내용의 영화이다. 우주를 관통하는 세대 간 이어달리기라 볼 수 있다.

우리의 인생도 우리만의 인생이 아니다. 우리의 인생은 과거로부터 미래를 향해 연결되어있다. 인생에 답이 보이지 않을 때에는 인터스텔라의 명대사를 떠올려보자. "우리는 답을 찾을 것이다. 늘 그랬듯이(We will find a way, we always have)"

★★

"일하여 얻으라.
그러면 운명의 바퀴를 붙들어 잡은 것이다."

– 랠프 월도 에머슨(Ralph Waldo Emerson)

· 김복순, 〈경제활동인구조사 근로형태별 부가조사〉, 통계청, 2019.

· 김영빈 등, 〈직업세계와 직업정보 탐색지도〉, 사회평론아카데미, 2017.

· 김진형, "4차 산업혁명시대 인공지능은 새로운 기회", The HRD Review, 2016년 11월호, 한국직업능력개발원, 2016.

· 김흥기, 〈다빈치의 시선 : 레오나르도 다빈치의 창의적 생각기술〉, 부크크, 2020.

· 나심 니콜라스 탈레브(Nassim Nicholas Taleb), 〈블랙스완(The Black Swan)〉, 차익종 역, 동녘사이언스, 2008.

· 대니얼 서스킨드(Daniel Susskind), 〈노동의 시대는 끝났다(A World Without Work)〉, 김정아 역, 와이즈베리, 2020.

· 대니얼 핑크(Daniel Pink), 〈프리에이전트의 시대(The Future of Working for Yourself)〉, 석기용 역, 에코리브르, 2001.

· 대니얼 핑크(Daniel Pink), 〈새로운 미래가 온다 : 미래인재의 6가지 조건(A Whole New Mind, 2005)〉, 김명철 역, 한국경제신문사, 2006.

· 대니얼 핑크(Daniel Pink), 〈드라이브 : 자발적 동기부여의 힘(Drive : The Surprising Truth About What Motivates Us, 2009)〉, 김주환 역, 청림출판, 2011.

· 대럴 웨스트(Darrell M. West), 〈일자리 빅뱅이 다가온다(The Future of Work: Robots, AI, and Automation)〉, 김인수 역, 한빛비즈, 2019.

· 데이비드 워시(David Warsh), 〈지식경제학 미스터리(Knowledge and the Wealth of Nations, 2006)〉, 김민주 · 송희령 역, 김영사, 2008.

· 라이언 아벤트(Ryan Avent), 〈노동의 미래(The Wealth of Humans: Work, Power, and Status in the Twenty-First Century)〉, 안진환 역, 민음사, 2018.

· 레스트 서로우(Lester Thurow), 〈지식의 지배(Building Wealth, 1999)〉, 한기찬 역, 생각의 나무, 2000.

· 레이먼드 조(Raymond Joe), 〈상처받지 않고 행복해지는 관계의 힘〉, 한국경제신문사(한경비피), 2013.

· 로버트 라이시(Robert Reich), 〈부유한 노예(The Future of Success, 2000)〉, 오성호 역, 김영사, 2001.

· 로버트 풀러(Robert Fuller), 〈신분의 종말(Somebodies and Nobodies, 2003)〉, 안종설 역, 열대림, 2004.

· 로버트 프랭크(Robert H. Frank) & 필립 쿡(Philip J. Cook), 〈승자독식사회(The Winner-Take-All Society)〉, 권영경·김양미 역, 웅진지식하우스, 2008.

· 리처드 코치(Richard Koch) & 그렉 록우드(Greg Lockwood), 〈낯선 사람 효과(Superconnect: The Power of Networks and the Strength of Weak Links)〉, 박세연 역, 흐름출판, 2012.

· 리처드 플로리다(Richard Florida), 〈신창조계급(The Rise of the Creative Class, 2002)〉, 이길태 역, 북콘서트, 2011.

· 린다 그래튼(Lynda Gratton), 〈일의 미래(The Shift : The Future of Work is Already Here, 2011)〉, 조성숙 역, 생각연구소, 2012.

· 말콤 글래드웰(Malcolm Gladwell), 〈아웃라이어 성공의 기회를 발견한 사람들(Outliers)〉, 노정태 역, 김영사, 2009.

· 셔윈 로젠(Sherwin Rosen), "슈퍼스타의 경제학(The Economics of. Superstars)", The American Economic Review, Vol. 71, Issue 5, 1981. p845-858.

· 스티브 사마티노(Steve Smmartino), 〈위대한 해체(The Great Fragmentation)〉, 김정은 역, 인사이트앤뷰, 2015.

· 스티브 사마티노(Steve Smmartino), 〈넥스트 위너 부의 미래를 선점하라(How to Hack Your Way Throught the Technology Revolution)〉, 더 베스트 통 번역센터 역, 인사이트앤뷰, 2018.

· 안데르스 에릭슨(Anders Ericsson) & 로버트 풀(Robert Pool), 〈1만 시간의 재발견 노력은 왜 우리를 배신하는가?(PEAK)〉, 강혜정 역, 비즈니스북스, 2016.

· 애덤 그랜트(Adam Grant), 〈오리지널스, Originals〉, 한국경제신문사, 2016.

· 애덤 스미스(Adam Smith), 〈국부론(An Inquiry into the Nature and Causes of the Wealth of Nations, 1776)〉, 유인호 역, 동서문화사, 2008.

· 에드먼드 펠프스(Edmund Phelps), 〈대번영의 조건 : 모두에게 좋은 자본주의란 무엇인가(Mass Flourishing: How Grassroots Innovation Created Jobs, Challenge, and Change, 2013)〉, 이창근·홍대운 공역, 열린책들, 2016.

· 에릭 라이너트(Erik Reinert), 〈부자나라는 어떻게 부자가 되었고 가난한 나라는 왜 여전히 가난한가(How rich countries got rich… and why poor countries stay poor)〉, 김병화 역, 부키, 2012.

· 엘런 러펠(Ellen Ruppel Shell), 〈일자리의 미래(The Job: Work and Its Future In A Time of

Radical Change)〉, 김후 역, 예문아카이브, 2019.

· 우은정, 〈미국 의류 산업 동향〉, Kotra 해외시장뉴스, 2020.

· 장현진, "4차 산업혁명과 청소년 기업가정신", 행복한 교육 2017년 4월호.

· 지그문트 바우만(Zygmunt Bauman), 〈소비사회와 교육을 말하다(On Education : Conversations with Riccardo Mazzeo)〉, 나현영 역, 현암사, 2016.

· 제레미아스 아담스 프라슬(Jeremias Adams-Prassl), 〈플랫폼 노동은 상품이 아니다〉, 이영주 역, 숨쉬는 책공장, 2020.

· 제이슨 솅커(Jason Schenker), 〈로봇시대 일자리의 미래(Robot Age : The Future of Jobs)〉, 유수진 역, 미디어숲, 2021.

· 제프 콜빈(Geoff Colvin), 〈재능은 어떻게 단련되는가?(Talent is Overrated)〉, 김정희 역, 부키, 2010.

· 존 휫트필드(John Whitfield), 〈무엇이 우리의 관계를 조종하는가 보이지 않는 곳에서 마음에 흔적을 남기는 평판의 힘(People Will Talk)〉, 김수안 역, 생각연구소, 2012.

· 짐 클리프턴(Jim Clifton), 〈일자리 전쟁(The Coming Jobs War)〉, 정준희 역, 북스넛, 2015.

· 캐롤 드웩(Carol Dweck), 〈마인드셋 스탠퍼드 인간 성장 프로젝트 : 원하는 것을 이루는 태도의 힘〉, 김준수 역, 스몰빅라이프, 2017.

· 클라우스 슈밥(Klaus Schwab), 〈클라우스 슈밥의 제 4차 산업혁명(The Fourth Industrial Revolution)〉, 송경진 역, 새로운 현재, 2016.

· 토머스 소웰(Thomas Sowell), 〈시티즌 경제학(Basic Economics)〉, 서은경 역, 물푸레, 2002.

· 토머스 프리드만(Thomas Friedman), 〈세계는 평평하다(The World is Flat, 2005)〉, 김상철 · 이윤섭 공역, 창해(새우와 고래), 2005.

· 파블리나 체르네바(Pavlina Tcherneva), 〈일자리 보장(The Case for a Job Guarantee, 2020)〉, 전용복 역, 진인진, 2021.

· 찰스 그랜섬(Charles Grantham), 〈직업의 미래(The Future of Work, 2001)〉, 장호연 역, 미래의 창, 2011.

· 찰스 윌런(Charles Wheelan), 〈벌거벗은 통계학〉, 김명철 역, 책읽는 수요일, 2014.

· 한국경제연구원, "한국 기업가정신 수준, 에스토니아 · 칠레 보다 낮아", 2017.

· 함선유, 〈코로나19의 확산과 청년노동시장 변화〉, 한국보건사회연구원, 2021.

· Frank Levy & Richard Murnane, 〈The New Division of Labor: How Computers Are

Creating the Next Job Market〉, Princeton University Press, 2005.
· G. Becker, "A Theory of the Allocation of Time", Econ. J. Sept. 1965. p493-508.
· J.M. Buchanan, "An Economic Theory of Clubs," Economica, Feb. 1965. p1-14.
· Tamara J. Erickson, 〈Retire Retirement: Career Strategies for the Boomer Generation〉, Harvard Business Review Press, 2008.
· Thomas Sowell, 〈The Quest for Cosmic Justice〉, Free Press, 2002.

· 김건호, "네카라쿠배당토"를 아시나요?… 비대면 바람타고 취업 선호도 오른 IT사들, 세계일보, 2021.08.04.
· 김신영, 워런 버핏의 가치주, "돈나무 언니"의 성장주 드디어 앞질렀다, 조선일보, 2022.02.22.
· 김소라 · 김지예 · 고혜지, 불행하다는 90년대생…행복 열쇠는 공정 · 기회, 서울신문, 2019.07.31.
· 김영민, [아무튼, 주말] "역사가 우리를 망쳐 놨지만 그래도 상관없다", 조선일보, 2021.06.19.
· 김종균, 신종플루 · 메르스 · 코로나19 겪은 고3 "비운의 02년생", YTN, 2020.12.03.
· 남윤선 · 김보영, 로봇의 습격… 20년 내 현재 직업 47% 사라진다, 한국경제, 2014.02.05.
· 박나은 · 김정석, "취업이요? 왜 해요?" … 2030, 실업급여 받아 주식, 코인 올인, 매일경제, 2022.03.20.
· 박성우, 코로나에 일자리 질 "후퇴" … 청년 졸업자 절반이 "1년짜리 계약직" 취업, 조선일보, 2021. 12. 10.
· 박수호, CEO-직원 연봉 격차 갈수록 너무하네 지난해 평균 39배…삼성전자 208배 "뜨악", 매일경제, 2018.05.14.
· 박의명, "코인으로 200억 벌어 동남아 이민" … 흙수저 증권맨 "한숨" [박의명의 불개미 구조대], 한국경제, 2021.12.11.
· 박태우, 플랫폼 노동자 한해 무려 3배 늘었다…66만 명, 취업자 2.6%, 한겨레, 2021.11.18.
· 손기영, "김제동 vs 서장훈 강연 차이, 말의 느낌이 완전 다릅니다", 위키트리, 2021.04.09.
· 신태현, "정규직 허상 깨고 좋은 일자리 만들어야", 뉴스토마토, 2021.02.24.
· 이기원, 경영자의 높은 연봉은 과연 정당한가?, ppss.kr, 2017.10.05.

· 이지용 · 백상경 · 전경운 · 조성호 · 오찬종 · 양연호 · 송민근, "서빙 로봇이 더 잘해요" 작년 216만명 일자리 잃었다, 매일경제, 2021.02.14.

· 이현식, [뉴스쉽] 대(大)퇴사의 시대… 그들은 왜 사표를 냈나, SBS뉴스, 2021.10.30.

· 임주형, "왜 코인 사냐구요? 안 뒤처지려고" 2030 투자 열풍 이면엔 "벼락거지" 두려움, 아시아경제, 2021.04.23.

· 정세영 "100m를 잘 달리려면 계주를 잘 달려라", 조선일보, 2009.06.17.

· 정지웅, [비즈니스피플 인재탐구] "네카라쿠배당토"는 왜 꿈의 직장이 됐나, 비즈니스포스트, 2021.09.13.

· 정현정 · 정민수 · 조희재, "돈 없어도 일 안 해"… MZ세대가 시작한 "안티워크", 서울경제, 2022.01.21.

· 조은임, [유동성의 역습] ① 불붙는 인플레이션 논쟁… "환율 공격" 이미 시작됐다, 조선일보, 2021.01.02.

· 조하린, [브레인셀럽] 뇌가 있는 누구나 중독자가 될 수 있다, 브레인미디어, 2022.03.09.

· 홍재의 · 배소진, "잃어버린 15년" MS 부활의 비결, 머니투데이, 2019.09.06.